西班牙，
不只海鮮飯

FRESH AND TASTY

跟著官方導遊
深入西班牙美味日常

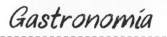

Gastronomía

ESPAÑOLA *con*
GUÍA OFICIAL

王儷瑾／著

西班牙，不只海鮮飯
跟著官方導遊深入西班牙美味日常

作　　者　王儷瑾
執 行 長　陳蕙慧
總 編 輯　曹　慧
主　　編　曹　慧
行銷企畫　陳雅雯、林芳如
美術設計　比比司設計工作室
社　　長　郭重興
發 行 人　曾大福
編輯出版　奇光出版／遠足文化事業股份有限公司
　　　　　E-mail: lumieres@bookrep.com.tw
　　　　　粉絲團：https://www.facebook.com/lumierespublishing
發　　行　遠足文化事業股份有限公司
　　　　　http://www.bookrep.com.tw
　　　　　23141新北市新店區民權路108-4號8樓
　　　　　客服專線：0800-221029　傳真：(02) 86671065
　　　　　郵撥帳號：19504465　戶名：遠足文化事業股份有限公司
法律顧問　華洋法律事務所　蘇文生律師
印　　製　成陽印刷股份有限公司
初版一刷　2020年5月
初版三刷　2023年2月20日
定　　價　460元

國家圖書館出版品預行編目（CIP）資料

西班牙，不只海鮮飯：跟著官方導遊深入西班牙美味日常 /
王儷瑾著.－初版.－新北市：奇光，遠足文化，2023.02
　　面；　公分
ISBN 978-986-98226-7-1（平裝）

1.飲食風俗　2.旅遊　3.西班牙

538.78461　　　　　　　　　　　　　　　109003998

線上讀者回函

食話食說

西班牙美食介紹

Part One

腳踏食地
旅遊&美食

食食在在
觀光餐飲篇

自序

　　在西班牙，導遊是專業，不是隨便哪個打工的留學生可以做的，只有通過官方考試的官方導遊才能在景點內導覽，沒有執照在景點講解會被取締罰款。

　　我的導遊執照是2007年考到的，先考筆試，再考口試。當時的考題分成三部分：第一部分是最簡單的，是帶團導覽的常識和技巧；第二部分是最複雜的，即當地的藝術、歷史、傳統、博物館和古蹟；第三部分則是當地目前的政治、經濟、社會和文化。第二部分又分為12個主題，除了考古遺跡、歷代藝術風格、博物館、音樂、戲劇、歷史遺產，以及相關景點、天然景觀、保護區、國家公園之外，有4個主題跟美食有關，分別是「農牧特產、佳餚美食以及美食文學」、「傳統節日、慶典及相關美食」、「葡萄酒、Cava氣泡酒和蒸餾酒的起源、名稱、製作方式及其特徵」，以及「展會跟農牧市集」。

　　由此可知，美食在西班牙的文化占有多重要的地位，如果以考試的主題比例來說，占了三分之一。

　　不過，雖然美食是一種最生活化的文化接觸，但是很多人心有餘而力不足，想嘗試西班牙美食，卻不知道該如何開始，想點菜點酒，卻不知道哪一道菜是當地特色美食、哪一種酒是當地特色美酒、哪一道菜是季節美食……

　　常有私人導覽的團員跟我說：跟你吃都可以吃到好吃的菜，我們自己都不知道該怎樣點菜。

團員因為看不懂菜單、酒單，不認識西班牙飲食，不知道烹調方式，所以不知道該點什麼菜，而且，享用美食要從清淡口味的菜和酒開始，慢慢地加重口味，這樣才能真正享受到每一道美食的滋味，而觀光客不知道哪一道菜是清淡，哪一道菜是濃厚，所以點菜其實也要有點技術。

　　也有團員問我：為什麼同一家餐廳，我們的西班牙朋友點的菜我們都不喜歡，但是妳點的菜我們都喜歡？

　　西班牙人點的海鮮飯又鹹又硬，我點的海鮮飯直接要求「不加鹽、把飯煮糊、煮爛」，團員都吃得很高興。

　　西班牙人點的Tapas絕對有西班牙烘蛋（Tortilla de Patatas）、辣味馬鈴薯（Patatas Bravas）、西班牙式可樂餅（Croquetas）及麵包（或番茄麵包），這四樣吃下去就飽了，哪有胃來裝其他好吃的小菜Tapas？

　　就是因為這樣，我才想到用我的經驗和知識，跟大家分享西班牙美食，以及很多不為人知的故事。

　　你知道巧克力是西班牙人從美洲殖民地帶來歐洲的嗎？

　　你知道西班牙人一天吃五頓飯、午餐不在12點吃嗎？

　　你知道西班牙的午休時間不是拿來睡午覺的嗎？

　　你知道西班牙的罐頭是奢侈的美食享受嗎？

　　你知道美乃滋源於西班牙嗎？

　　旅遊不只是拍照、打卡而已，在每個國家的背後，有她的民俗風情，有她的歷史故事，有她的文化背景，而美食，則是非常重要的代表文化之一。

　　在此，感謝我的家人朋友跟西班牙熱心的人們，也歡迎大家到西班牙親身體驗嘗試西班牙美食。

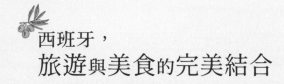

西班牙，
旅遊與美食的完美結合

　　伊比利半島的飲食自古受到不同文化的影響，從史前腓尼基人的醬汁、希臘人的葡萄酒、橄欖油、小麥，到羅馬人、迦太基人和猶太人，都把他們的飲食文化融入西班牙。

　　伊斯蘭教人從711至1492年統治半島時，帶來農業技術，引進不同的農作物例如稻米、柑橘類水果、乾果、朝鮮薊、蘆筍、茄子、香蕉、椰棗、椰子樹、茄子、菠菜、甘蔗等，使用不同的香料如肉桂、番紅花、芝麻、薑、茴香、肉荳蔻等，改變了伊比利半島的飲食習慣。

　　哥倫布發現新大陸也影響到全世界的飲食習慣，可可豆、玉米、馬鈴薯、火雞、紅椒、鳳梨、番茄、菜豆、香草、酪梨、節瓜、藜麥、向日葵、南瓜、花生、木瓜等因此引進西班牙，成為西班牙飲食裡非常重要的一部分，再轉而傳到歐洲各國。

　　現在大家熟悉的巧克力是西班牙人在16世紀從美洲殖民地帶來西班牙的，西班牙公主瑪麗亞・特雷莎在1660年嫁給法王路易十四，在婚宴上以巧克力宴請貴賓，巧克力因此從西班牙傳到法國，再傳到其他歐洲國家。

　　從18世紀開始，法國的波旁王朝入主西班牙，法國文化因此影響了西班牙的文學、習俗和美食，西班牙經典美食則在民間口耳相傳地傳承，直到現在。

　　1950年代起，西班牙開始發展旅遊業，以一年三百多天的太陽和海水清澈見底的海灘當號召，後來又以數量驚人的世界遺產為觀光資源，現在，隨著旅遊習慣的改變，西班牙在21世紀又多了一項旅遊號召：美食。

或許，這應該歸功於享譽國際的主廚亞德里亞（Ferran Adrià）和隱藏在小海灣的鬥牛犬餐廳（El Bulli）。1984年，亞德里亞擔任鬥牛犬餐廳的主廚，把分子料理發揚光大，讓鬥牛犬餐廳名揚國際。英國《餐廳雜誌》（*Restaurant Magazine*）每年公布聖貝勒格利諾（San Pellegrino）全球最佳餐廳榜，而西班牙每年都有三、四家入選十大最佳餐廳，鬥牛犬餐廳曾勇奪六次冠軍。主廚亞德里亞更被《時代雜誌》封為全球十大最具創意人物，獲選為世界上一百位最有影響力人物，還受邀到哈佛開課，並獲頒榮譽博士學位。亞德里亞讓西班牙美食在全球美食大放異彩，也激起新一代主廚的靈感和動力，現在鬥牛犬餐廳雖已沒在營業，每年西班牙都仍有三、四家入選全球最佳餐廳榜前十名，每年全世界五十名餐廳排行榜上，西班牙是前十名裡占最多的國家。從鬥牛犬餐廳開始，西班牙的主廚、名餐廳不斷成為世界美食界的焦點，包括羅卡（Roca）三兄弟開的餐廳El Celler de Can Roca、Juan Mari Arzak的餐廳Arzak，以及Martín Berasategui開的幾家餐廳，每年全世界50名餐廳排行榜上，西班牙是前十名裡占最多的國家。而主廚José Andrés在鬥牛犬餐廳實習之後，到美國闖天下，也宣揚西班牙美食。

　　除此之外，美食旅遊也或許跟西班牙人愛吃有關。根據統計，76.2%的西班牙人曾為了美食而旅遊，62.4%的西班牙人把美食當成選擇旅遊目的地的考慮因素，而有28.7%的西班牙人專門為了美食而旅遊，他們旅遊的唯一目的就是吃。從西班牙國民的美食旅遊開始，現在，西班牙的國際美食旅遊已在這十幾年成熟，許多老饕觀光客是為了西班牙美食而來，先預定好餐廳，再預定機票及住宿。

　　21世紀的西班牙美食反映了生活方式、歷史和經驗。現在，西班牙的餐飲業、旅遊業占國內生產總值的三分之一，成為西班牙旅遊的另個一面向，而享用西班牙美食，則成為另一種旅遊方式，也是認識西班牙文化傳統和歷史人文的絕佳體驗。

食話食說

西班牙美食介紹

伊比利半島的飲食自古受到不同文化的影響，
從史前腓尼基人的醬汁、希臘人的葡萄酒、
橄欖油、小麥，到羅馬人、迦太基人和猶太人，
都把他們的飲食文化融入西班牙。
你知道稻米、柑橘類水果等
是伊斯蘭教人帶來西班牙的嗎？
你知道巧克力是西班牙人在16世紀從他們的
美洲殖民地帶來西班牙的嗎？

飲食文化篇

西班牙人的飲食跟大家心目中的「西餐」差很多，
不但用餐時間不同，連習慣也不同。
你知道西班牙人一天吃五頓嗎？
你知道在西班牙普通餐廳下午七點吃不到晚餐嗎？
你知道在西班牙吃麥當勞很不划算嗎？
了解西班牙人生活中的飲食習慣，
可以讓旅遊更加精采。

當今西班牙飲食之最

西班牙是全世界最大的橄欖油產國，擁有超過全球產量的50%。

西班牙是世上最大的黑松露產國，年產量50公噸，占全球產量的40%。

西班牙是全世界葡萄種植面積最大的國家，是全球前三大葡萄酒產國。

西班牙是世上第二大番紅花產國。

冷湯（Gazpacho）、大蒜湯（Sopa de Ajo）和雜燴肉菜鍋（Cocido Gallego）是西班牙最古老的食物，始於中世紀。

全世界最貴的餐廳Sublimotion位在伊比薩島（Ibiza），每年只在6月1日至9月30日營業，12名食客共享一張大桌子，每人餐費1650歐元。

全世界最古老的餐廳在馬德里，叫做Botín，創於1725年。

西班牙是全世界最多酒吧和餐廳的國家，連小城鎮都有酒吧、餐廳，平均每175人一家酒吧、餐廳，而西班牙人每年平均花1900歐元在酒吧和餐廳裡。

西班牙人消費最多的水果是橘子和柳橙。

西班牙男人每人每年平均喝16.4公升的酒精類飲料，西班牙女人則是4.4公升，高於歐洲平均值，但不是全世界最會喝的國家。

一望無際的橄欖園。圖片提供：© TURISMO ANDALUZ。

高級餐廳的黑松露。

地中海飲食（La Dieta Mediterránea）

　　根據醫學研究，地中海飲食的好處包括：預防心血管疾病、反制大腦運作功能老化、改善慢性疾病代謝症候群、降低憂鬱與失智的風險⋯⋯

　　西班牙飲食屬於地中海飲食，自古以來，主要的食物來源是小麥、葡萄和橄欖，強調當季新鮮食材，以橄欖油為主要食用油，食用大量新鮮蔬果、豆類、堅果、麵包等，均衡食用魚類、海鮮、家禽、乳製品及雞蛋製品，並食用少量紅肉，醋和葡萄酒也是飲食的重要部分。

　　事實上，地中海飲食不是只跟食物有關，而是一種結合食材和烹飪技巧、圍著桌子共享當地時令美食的生活哲學，是地中海國家獨特的文化元素，也是地中海沿岸地區在歷史上跨文化交流下的結果，各地依照當地不同的食材創造出不同的美食，加上地中海飲食健康的烹飪方式，現今越來越受到國際的重視，成為許多國家共有的非物質文化遺產。

市場的新鮮蔬果。

▲ 到餐廳吃晚餐會吃到午夜。

一天五餐和作息時間

　　哈比人一天吃七餐（早餐、第二頓早餐、午前茶點、午餐、下午茶、晚餐及宵夜），西班牙人也不輸給哈比人，西班牙傳統標準的五頓飯是：

✻ 早餐（Desayuno）：上班之前先喝個咖啡和吃個簡單的早餐；

✻ 早上點心（Almuerzo）：上午十點半左右有個咖啡時間，再吃些點心；

✻ 午餐（Comida）：下午一點半或兩點吃中餐，所以餐廳最早一點開門；

✻ 下午點心（Merienda）：下午六、七點下班之後再吃個點心；

✻ 晚餐（Cena）：晚上八點或九點吃晚餐，所以餐廳最早八點開門。

西班牙人的早餐很簡單，咖啡加烤吐司或餅乾就解決了，十點多的時候有個早上點心、喝杯咖啡。午餐是下午一點半以後才開始，大部分的普通餐廳是下午一點開始營業，有些正式的餐廳到兩點才開門。

對西班牙人來說，西班牙的午餐是正餐，絕不能用簡單的冷三明治解決，如果無法停半個小時吃一頓像樣的餐食，就代表你的生活出了大問題。西班牙人認為，就算是趕時間，最少也要吃一個內夾蛋餅、火腿或是魷魚的三明治才可以，而且只能偶爾吃三明治，正常情況是幾乎天天吃三道式的正餐。

到了下午六點左右，小朋友放學、大人下班之後，西班牙人習慣吃個下午點心，也就是說，其他國家享用晚餐時才是西班牙人吃下午點心的時候。西班牙人要到八點半以後才吃晚餐。

西班牙人的午餐是正餐，午餐很豐盛，如果隔天要上班，為了能早點睡覺（西班牙人的十一點、十二點叫做「早點睡覺」），晚餐都是輕食，以一盤沙拉、一個三明治來解決，這樣晚餐後不需要很長的消化時間就可以上床睡覺。

如果是週末或是晚上安排夜生活，還要去跳舞跳一整夜，大家就會吃很多，因為西班牙的夜生活是午夜十二點、一點才開始，玩到隔天早上才「很早回家」睡覺，晚餐是為了一整夜狂歡的體力做準備的。

不過，如果晚餐是在正式餐廳，不管是不是週末，都會吃到午夜。

如果約晚上9點在餐廳用餐，等到出席者都到齊已是9:15之後，大家先寒暄一番，一邊聊天一邊享用香檳和開胃菜，等到真正坐下來點菜，已經是10點了。點完菜、前菜送上來，已經是10:30。前菜、主菜、甜點、咖啡這樣一道道上來，一頓晚餐吃完、喝完咖啡已將近凌晨2點。

所以，如果在西班牙受邀吃晚餐，要先吃些點心，才不會挨餓，也要有心理準備，沒到午夜是無法結束的。

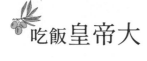

吃飯皇帝大

西班牙的午餐是最重要的一餐，大家都會吃得很正式，很少人天天以三明治當午餐。

通常辦公室都有「用餐室」，備有微波爐和咖啡機，上班族多在用餐室吃自己帶來的午餐。不過，雖然是「帶便當」，卻相當豐盛，也有前菜、主菜及甜點，大約只有一個半鐘頭的吃飯時間，所以吃完後能休息十分鐘就不錯了！

有些較大的公司有附設廚房、餐廳，提供便宜的午餐，其他如司機、油漆匠等沒在辦公室上班，就只能自備「便當」或是找家便宜的餐廳外食，而店員則有機會回家吃飯。

在西班牙，許多大城市大商店的店員都是輪班制，沒有兩、三個小時的「午休時間」，但是小城市的店員（或是大城市的小商店店員）在中午則有兩、三個小時的午休時間，店員回家吃午餐。不過，午休時間其實不是睡午覺用的，14:00下班，14:30才會到家，14:30以後才能開始用午餐，前菜、主菜和甜點吃下來，大約需要一個鐘頭，在15:30-15:40左右結束，如果要趕在16:30抵達上班地點，就必須在16:00出門，所以午餐後只有半個鐘頭午睡，如果還要換睡衣，午睡就只剩20分鐘了。所以，如果店員的上班地點離家只有五分鐘，可以有一個多鐘頭的午睡，普通店員能有半小時的午覺就要偷笑啦！

事實上，西班牙的午休時間不是拿來午睡，而是吃飯，西班牙商店中午關門是因為吃飯皇帝大。

西班牙人用餐時間晚跟時區無關

格林威治子午線經過阿拉貢地區，西班牙（和法國）應該跟英國是同一個時區，但是在二戰時，希特勒下令把德軍占領下的法國改成德國時區，英國為了戰略問題（德軍什麼時候起床打仗，英國人就什麼時候起床應戰）而改成德國時區，西班牙因為掌權的佛朗哥要跟希特勒示好，也改成德國時區。二戰後，英國改回原來的時區，但是法國和西班牙沒有。

也就是說，二戰後，不是只有西班牙沒在它的時區，法國也沒在它的時區，但是，法國的晚餐沒有西班牙這麼晚，因為西班牙人用餐時間晚的真正原因跟時區無關。

其實，西班牙人用餐真的不是普通晚，而是特別晚，不是比別的國家晚一小時，而是晚兩、三個小時。東方人晚上十點半在西班牙餐廳吃完晚餐，出餐廳時還會看到不少西班牙人正要進餐廳用餐。

如果西班牙人因時區的關係，晚了一小時吃飯，別的國家六點吃晚餐，他們應該是七點吃晚餐，但是事實上卻到八、九點，甚至十點才吃晚餐，只能說西班牙無奇不有，別的國家在下午六點吃晚餐，西班牙人在那時才吃下午點心，別的國家在九點、十點吃宵夜，西班牙人則在那時才要吃晚餐。

▲▲▲ 米其林三星餐廳Lasarte忙碌的廚師們。

用餐完繼續Sobremesa。圖片提供：© Turismo de Segovia。

Sobremesa

　　西班牙人的餐桌禮儀習慣有一點跟其他國家不同，叫做Sobremesa（發音「索布雷梅薩」），是指吃完飯後（通常是午餐）大家還坐在餐桌前的時段，通常一個小時跑不掉。

　　西班牙人的餐桌禮儀習慣是慢慢吃、慢慢享用，餐廳是慢慢上菜，一頓飯從開胃菜、前菜到主菜大約要吃兩小時，再加上Sobremesa，一頓飯最少要三小時。冬天時，天黑得早，Sobremesa的時間就會短一些，而在夏天，又是週末，Sobremesa的時間可以從甜點、咖啡、餐後消化甜酒（Chupito）、白蘭地、雪茄、琴通尼等，一直延長到傍晚七、八點，這代表一頓飯可以吃上四、五個小時。

　　所以在週末「約吃中飯」就跟「約喝咖啡」一樣，你知道何時開始，但是不知道何時結束，午餐之後繼續聊幾個小時，甚至可以聊到晚餐，因此週末約中午吃飯，大家會試著讓下午沒有其他事情要處理。

　　可別小看這個Sobremesa，酒足飯飽之後，話題開始輕鬆起來，加上人見人愛的甜點，可以讓大家談得更熱絡，交情更深，甚至可以讓很多商場老手談定生意。所以對西班牙人來說，沒有Sobremesa就像沒有結束一頓聚餐一樣。

三道式

在西班牙，標準的一頓飯是「三道式」：一道前菜，一道主菜，之後還有甜點和咖啡。

通常，魚或肉（葷菜）都歸為主菜，其他非魚非肉的食物則是前菜，像是蔬菜類（素菜）是前菜，米麵也算前菜。

在西班牙的餐廳吃三道式西餐比較耗時，吃前菜時，服務生端來盤子，一人一個盤子，前菜吃完後收走盤子，再一人換一個乾淨的盤子吃主菜，主菜吃完再把盤子收走，再一人換一個乾淨的盤子吃甜點……

也因為在西班牙一個人吃一餐要用四個盤子（前菜、主菜、甜點及放咖啡的小碟子），如果沒有洗碗機，家裡請客時家庭主婦絕對會抓狂。

米其林餐廳的前菜。

當日套餐 （Menú del Día）

西班牙餐廳多在週一到週五的平日中午提供天天換菜色的當日套餐（Menú del Día），據說這是佛朗哥發明的，是西班牙旅遊局在60年代推廣西班牙美食的方式。

當日套餐通常是主廚利用當天市場的新鮮當季食材做出的套餐，是一整套三道式的，有不少選項，大部分的餐廳提供三到六樣前菜、三到六樣主菜及三到六樣甜點，讓食客任選一道前菜、一道主菜和一道甜點，這樣三道式套餐加上酒水的價錢在10-20歐元左右，比單點固定菜單上的菜餚便宜不少，而且天天不同，物美價廉，非常適合觀光客和上班族的需求。

▲ 餐廳門口外面都會有當日套餐的選項。

傳統市場

傳統市場裡面色彩繽紛的水果。

從市場可以看出一國的美食文化，而在西班牙，有很多市場可以逛。西班牙每個城鎮都有傳統市場，如果是大城市，除了每個社區都有一個傳統市場，還有一個特別大的市場，通常稱為中央市場（Mercado Central），在那裡可以看到當地最新鮮的食材，貨色齊全，而且非常乾淨，讓買菜成為一種享受。魚攤肉攤可以依照家庭主婦的要求客製化處理，從切片、去骨、除刺、絞成肉到包裝，買回家即可直接冷凍。

傳統的西班牙媽媽除了上超市買菜，也會去各個社區傳統市場，有些較講究的媽媽還嫌社區的傳統市場太小，菜色選擇不多，會遠道到中央市場買菜。

農牧市集

很多西班牙人對吃很講究，大都有一分錢一分貨的認同，知道超市品質可以吃，但是不是最好的，因為超市大品牌品質都是大量工業化生產，品質中等而已，達不到老饕的要求。

講究吃的西班牙人喜歡在農牧市集買真材實料的食品，當場試吃，當場買，品質絕對讓人滿意。這些農牧市集的價錢比超市的稍微高一些，大家卻因為品質比超市大量生產的大品牌好太多，而願意多花一點錢。

農牧市集是週末街上常見的市集，有些是定期的，可以買到各式奶酪、蜂蜜、手工啤酒、手工巧克力、手工醃製的臘肉、手工蛋糕、手工蜂蠟蠟燭等，大部分都可以當場試吃，讓你知道，他們這些小農生產的食品貨真價實，品質優越，才賣得比超市貴。

賣奶酪、蜂蜜、果醬等的農牧市集。

西班牙人什麼都吃

西班牙人吃得很均衡，常吃的肉類有牛、羊、豬、雞、兔子、鴨等，一隻豬從頭吃到尾，還吃內臟，在市場可以看到各式牛肚、牛肝、羊肝、羊頭、牛鞭、牛睪丸……

在某些餐廳還可以吃到小牛胸腺，這是只有三至六個月大的小牛喉嚨附近的腺體（成牛沒有這個腺體），我在市場沒看過這個食材。

西班牙甚至還有一些很特別的食物，例如豬血可麗餅（Filloas de Sangre）、鵝頸藤壺（Percebes）、微體玻璃鰕虎魚（Chanquetes）等。

市場賣的內臟（左）與餐廳賣的小牛胸腺佐蝦仁（右）。

路上行道樹的橘子不能吃

西班牙很常見的行道樹是苦橘（Naranja Amarga），尤其在塞維亞，全城有四萬棵苦橘樹，橘子花（Azahar）小小白白的，散發淡淡的幽香，有點類似茉莉花，結果時滿樹都是苦橘。苦橘樹有幾個用途：

① 苦橘樹的味道可以防蚊；

② 苦橘的葉子或嫩枝也可以蒸餾萃取出苦橘葉精油Petitgrain（稱為Aceite Esencial de Naranjo Amargo或Aceite Esencial de Petitgrain）；

③ 苦橘花可以蒸餾萃取出苦橘花精油Neroli（稱為Aceite Esencial de Azahar或Aceite Esencial de Neroli）；

④ 苦橘花蒸餾過的水還可以當苦橘水，可當肌膚收斂調理液。

沒有一個用途是「直接生吃」，因為苦橘太苦太澀太酸了。

不過，可以賣給英國人做成大名鼎鼎、連英國女王都喜愛的塞維亞苦橘果醬（Seville Orange Marmalade）。除此之外，苦橘還是Cointreau酒和Beefeater酒的原料之一。塞維亞市政府每年採收將近一百萬公斤的苦橘，主要買主就是英國人。

所以，你在路上行道樹看到的橘子，是不能吃的！

◄◄◄ 橘子花（左）；塞維亞當行道樹的苦橘（下）。
圖片提供：©TURISMO ANDALUZ。

海鮮飯。

星期四海鮮飯

　　許多餐廳會在星期四把海鮮飯放到當日套餐的菜單上，至於為什麼，倒是眾說紛紜。

　　有人說，星期四是有錢人家的幫傭休息的日子，所以，前一天先把東西準備好，女主人只要把配料、白米加上高湯就可以煮出海鮮飯，或是乾脆全家外食，餐廳為了吸引客人，把豐盛的海鮮飯放在菜單裡。

　　也有人說，星期天漁夫放假，星期一才捕魚，只有沿海地區在星期一有現撈的海鮮魚獲，等到魚獲送到內陸，已是星期四了，所以餐廳就拿海鮮來煮海鮮飯。

　　還有一說，餐廳的週末生意最好，星期五是餐廳補貨、採購的日子，廚師趁星期四清冰箱，把剩下的東西煮成高湯，再把青菜、海鮮魚獲、白米加上高湯煮成海鮮飯。

　　又有人說，西班牙內戰後掌權的佛朗哥喜歡在星期四微服出巡，到馬德里的餐廳用餐，而他最喜歡的就是海鮮飯，所有馬德里的餐廳在星期四都做海鮮飯，以防佛朗哥突然駕臨。

免費Tapas

大家都知道，Tapas是西班牙的下酒小菜，卻很少人知道，至今仍有許多地方仍保有「點一杯飲料附送一盤Tapas」的「好習慣」。

這種附送的Tapas通常都是小小一盤下酒菜，也有些城市例如格拉納達很慷慨，給大大一盤Tapas，如果多點幾杯飲料，光吃酒吧贈送的Tapas就可以半飽，而食量小的東方女生，真的靠附贈的Tapas就飽啦！

目前埃納雷斯堡（Alcalá de Henares）、阿維拉（Ávila）、阿爾梅里亞（Almería）、巴達霍斯（Badajoz）、哈恩（Jaén）、萊昂（León）、薩拉曼卡（Salamanca）、塞哥維亞（Segovia）、比戈（Vigo）等城市都還有這樣的優良傳統，只要點飲料，就可以免費吃Tapas！

格拉納達的免費Tapas。

 逛酒吧

東方人喜歡逛街，西班牙人則愛逛酒吧。

西班牙是老饕的天堂，就算沒有米其林餐廳的預算，隨便都可以找到提供經濟實惠美食的小酒吧（Bar）。所以，西班牙人有所謂的「逛酒吧」，在一區到處是酒吧的地方，每家酒吧吃點Tapas，逛完一兩條街上的酒吧後就吃飽了。

傳統的逛酒吧是站著吃，不是坐著吃，而且，不管是Tapas還是Pinchos，每家只吃一種，吃完付帳，到下一家去吃另一種，很少人會在一家酒吧坐下來飽餐一頓，因為，如果在一家酒吧就填飽肚子，怎能繼續逛酒吧？

到了午夜，西班牙人則把酒吧當夜店，也是每家酒吧進去點一杯，跟朋友聊天，喝完一杯再到下一家酒吧，再點一杯，這樣可以逛一夜。

西班牙的素食

　　西班牙也有素食，分為兩種：

① <u>傳統上跟天主教的大齋期有關的素食</u>：在大齋期期間虔誠的教徒都以齋戒、施捨、刻苦等方式贖罪，不能吃肉，算是守小齋。這個規矩有不同的說法，有說僅限於紅肉，不能吃牛肉，也有說僅限於流紅色血的動物，不可以吃肉，但是可以吃魚。如今傳統的大齋期飲食習慣沒有影響到其他非信徒的飲食習慣，餐廳照常供應各式肉類食物，只有虔誠的信徒不吃肉。也因為這個原因，當東方人到西班牙餐廳說「我吃素」的時候，服務生會根據西班牙傳統的大齋期素食習慣，認為你不吃肉，但是可以吃魚。

② <u>現在跟動保有關的素食</u>：不願傷害生命而成為素食者，分成Vegetariano和Vegano，Vegetariano是吃青菜和蛋奶製品，Vegano是不吃任何動物來源的食物，連蛋奶製品都不吃。

　　這兩種西班牙素食又與台灣的宗教素食不盡相同，佛教不吃五辛，基於文化差異，在西班牙點菜時要特別注意。根據我的經驗，餐廳對「過敏」特別重

視，你如果說「不吃肉」，他們會根據西班牙傳統的素食問你「可不可以吃魚？」，你如果說「只吃青菜」，他們會根據西班牙現在跟動保有關的素食給「加了洋蔥的沙拉」，所以，若要吃不含五辛的素食，記得要跟餐廳說「對大蒜洋蔥過敏」，如果你說「我是嚴格素食者，對大蒜洋蔥過敏」（Soy vegano y tengo alergia al ajo y a la cebolla），他們一定會慎重處理，不會再問東問西啦！

西班牙餐廳可以做素食，但是變化不多，一定要先強調「我是嚴格素食者，對大蒜洋蔥過敏」。

對傳統美食的堅持

BOE是Boletín Oficial del Estado的縮寫，意指官方公報，西班牙官方公布的消息如公職人員高普考、各式新的法規法律等，一定會公告在BOE上，對於查資料非常有用。

西班牙政府很重視傳統美食，BOE也會公布美食相關法律，例如各種法定的地理標示（原產地名稱保護制度）、傳統甜點的製造方法、醃製加工肉類的分類、製造西班牙火腿的完整過程（從豬的品種、豬群的養殖、火腿的製造方式都有規定）等，BOE上都有正確的法規資料，一條條的法律條文把每個食物食品的定義、製作方式、製作過程、相關規定等都寫得清清楚楚。

也因為對傳統美食的堅持，當英國名廚奧利佛（Jamie Oliver）做出「看起來像中式炒飯」的西班牙海鮮飯（Paella），馬上引起全西班牙人的抗議，對西班牙人來說，傳統美食就是傳統美食，創新食譜是創新食譜，不該混為一談，傳統美食的傳統做法是不可褻瀆的！

對傳統美食的堅持還讓西班牙人成立燉飯維基百科（Wikipaella），讓大家可以得到最正確的燉飯做法和食材資訊，還可以上傳食譜、推薦餐廳，並有西文版、英文版、瓦倫西亞文版。

西班牙人的口味

　　以台灣人清淡的口味來說，西班牙人的口味較重，不過，要看情況。

　　一般西班牙菜餚例如煎肉、煎魚之類，其實不算很鹹，但是下酒菜或是用海鮮高湯燉煮的菜餚，例如海鮮飯、海鮮麵、墨魚飯、墨魚麵、海鮮粥等，對台灣人來說都會太鹹，因為海鮮高湯本身就是鹹的，對西班牙人來說，不夠鹹的海鮮飯、海鮮麵、墨魚飯、墨魚麵、海鮮粥，是「餐廳偷工減料，煮高湯時海鮮放得不夠多」。

　　另外，燉煮類的傳統菜比新式創意美食要鹹一些，傳統甜點則比新式創意甜點還甜一些，如果覺得菜太鹹，可搭配酒，覺得甜點太甜，可搭配咖啡，這樣就剛剛好啦！

　　西班牙人不太吃辣，辣的菜餚屈指可數，例如：紅椒辣香腸（Chorizos Picantes）、辣味馬鈴薯（Patatas Bravas）、馬鈴薯佐辣味Mojo醬（Papas Arrugás Con Mojo Picón）、馬德里式燉牛肚（Callos a la Madrileña）等，其他的西班牙美食都不辣。

西班牙廚房必備

　　除了瓦斯爐（電磁爐）、抽油煙機等熟悉配備，西班牙廚房還必備：

❀烤箱：一定是內崁式的，除了烤魚、烤肉、焗烤烘培等，還可以在大烤盤上放水，做水浴式烹調。

❀手持式攪拌棒：做甜點、副食品、沾醬必備，家家戶戶一定有一支。

❀廚房大小鍋具：不同大小的平底鍋、湯鍋、烤盤各一套，每個鍋各有用途，大小鍋具一個個疊放收納時，很像俄羅斯娃娃。

西班牙人習慣在家裡下廚，1100歐元高價的智慧型料理機Thermomix在西班牙非常暢銷，平均每3.5分鐘賣一台，讓不太會烹調又想在家煮飯的人按照料理機顯示的方式烹調，輕鬆地天天在家煮出各種美食。以西班牙人的薪水來說，捨得花1100歐元購買料理機，正代表他們家的廚房不是擺得好看的，他們真的天天在家煮飯。

西班牙人眼中的美食跟你想的不一樣

　　講到西班牙美食，大多會想到海鮮飯、火腿或烤乳豬，然而西班牙人眼中最具代表性的美食則是馬鈴薯烘蛋（Tortilla de Patatas）。這是西班牙的家常菜和著名小吃，也是年輕人「唯一」會做的菜，因為馬鈴薯烘蛋做法簡單易學，是年輕朋友聚餐時一定會嘗到的一道菜。

　　馬鈴薯烘蛋的主要材料是馬鈴薯和雞蛋，也有人加入洋蔥爆香一下，或是加入磨菇、火腿、蝦子、培根、節瓜等。所以，「加洋蔥的馬鈴薯烘蛋」和「不加洋蔥的馬鈴薯烘蛋」成為西班牙人永遠的爭議。

馬鈴薯烘蛋是西班牙人的最愛，也是最具爭議的一種美食。

Step ① 馬鈴薯削皮，切成薄片。

Step ② 切片馬鈴薯煎熟之後撈起來，加入打了四、五顆蛋（通常半公斤的馬鈴薯配四、五顆蛋）的大碗中，混合均勻。

Step ③ 倒入熱鍋，煎熟一面之後，盤子蓋在平底鍋上，翻面後繼續煎另一面即可。

西班牙人的飲食習慣跟你想的不一樣

西班牙人對飲食有一些特殊習慣：

① 早餐（或晚餐）吃牛奶配餅乾很正常，大家從小就這麼吃。

② 電影院的爆米花是鹹的。

③ 蔬菜不等於素食，西班牙的蔬菜三明治（Bocadillos Vegetales）除了有生菜之外，還加上鮪魚、火腿或雞蛋。

④ 習慣飯後刷牙。

⑤ 不常用奶油烹調，堅信橄欖油比奶油更健康。

⑥ 可樂餅（Croquetas）不是用馬鈴薯做的，而是用麵糊做的。這道菜的「原生地」是法國，「棲息地」卻是西班牙的酒吧老店，可樂餅常被酒吧當成免費贈送的Tapas。

⑦ 吃飯除了要配麵包，還要配酒，尤其是跟朋友聚餐，無酒不歡。

⑧ 在吃飯前、擺盤子刀叉之前一定要先在餐桌上鋪上桌巾，對他們來說，吃飯沒有桌巾就好像睡覺沒有床單一樣。

貨真
價食

特色飲食篇

西班牙有許多特色飲食，
從特產食材到農牧製品，從最有名的火腿到各式醃製的魚肉，
從葡萄酒到橄欖油，從不同的調酒到傳統甜點，
西班牙不是只有海鮮飯和Sangría，
認識了西班牙的特色飲食之後，
你才可以知道，到西班牙要吃什麼，
該喝什麼，如何點菜。

食物品質辨別的保護制度

西班牙依照歐盟政策，有食物品質辨
別的保護制度，以認證那些與產地或生產
方式有關的農牧產品，總共有三種標示：

在拉曼恰奶酪上有標示原產地命名保護制度
（DOP/Denominación de Origen Protegida）的
標示。圖片提供：© Consejo Regulador de La
Denominación de Origen Queso Manchego。

❁ 法定的地理標示：

保證只有真正出產於某個區域的食品
食物才能以此地名行銷出售，以求保護產地的名譽，排除誤導消費者、走味及
低劣的非真正產區食品食物。最易懂的例子是雪莉酒Jerez（英文的Sherry），
產於安達魯西亞地區的赫雷斯（Jerez de la Frontera）、聖馬利亞港（Puerto de
Santa Maria）及桑盧卡爾‧德巴拉梅達（Sanlucar de Barrameda）之間的葡萄
酒才能稱為雪莉酒。在西班牙受到法定的地理標示保護的有新鮮肉類、醃製加
工肉類、奶酪類、其他動物初級品類（蛋、蜂蜜等）、食用油和油脂類（橄欖
油、奶油等）、蔬果與穀物類、鮮魚海鮮類、其他植物初級品類（番紅花、紅
椒粉等）、胭脂蟲、麵包糕點類、葡萄酒、蒸餾酒、加味葡萄酒。又分成以下
兩種標示：

① 原產地命名保護制度（DOP／Denominación de Origen Protegida）：

某食品食物因原產地獨特的氣候、土質、水質等自然環境以及地方知識技
能等人為因素而有其特色，因而受到法律的保護。食品食物與其特徵和產地之
間有密切關係，生產過程的每個階段都必須在原產地進行。

② 地理標示保護制度（IGP／Indicación Geográfica Protegida）：

某食品食物因產地而具有特殊的品質、聲譽或其他特點，因而受到法律保
護，雖然也重視食品食物的特色和產地之間的關係，但是在食品食物生產過程
中，只要有一階段在其產區進行即可，不需要每個階段都必須在原產地進行。

❁ 傳統特產標示：

強調傳統生產的層面，保障食品食物是依照傳統原料成分，並使用傳統

生產方式製作，因此保有傳統特性。在西班牙受到傳統特色生產標示保護的有塞拉諾火腿（Jamón serrano）、農場牛奶（Leche de Granja）、杏仁餅（Panellets）、橄欖油餅（Tortas de Aceite de Castilleja de la Cuesta）。

❀ 傳統特產保證標誌（ETG／Especialidad Tradicional Garantizada）：

與特定生產方法相關的農牧產品，這些獨特的產品使用傳統材料或按照傳統方式製造。

食材

· 橄欖 ·
Aceituna

西班牙是全世界橄欖樹種植面積最大的國家，橄欖油產量最多，橄欖產量也最大。西班牙的橄欖種類很多，依照製造方式可以分成三種：

❀ 綠色：橄欖剛開始變熟、還未轉色時採摘下來。

❀ 變色：橄欖還沒完全成熟前採摘下來，顏色有紫、紅、栗色。

❀ 黑色：橄欖還沒完全成熟時就採摘下來，經過醃製呈黑色。

依照橄欖品種可以分成兩大類：

❀ A組：有Manzanilla de Sevilla、Gordal Sevillana、Azofairon、Morona等品種。

❀ 農牧市集的橄欖攤子。

市場的橄欖攤子。

❀B組：有Hojiblanca、Cacereña、Verdial、Cañivana、Picolimón、Gordalilla、Aloreña、Rapazalla、Picuda、Cordobí、Cuquillo等品種。

市面上賣的橄欖則可以分成：完整的：保留原狀，沒有去核的橄欖。去核的：保留原狀，已去核的橄欖。塞東西的：在去核的橄欖裡塞入紅椒、洋蔥、鮪魚、鯷魚、鮭魚、杏仁等。切過的：不同切法的，例如切半、切成四瓣、切環狀等。裂開的：裂開有核的橄欖。有切痕的、有皺紋的、做沙拉的、綜合的、磨成醬的，以及加

上其他醃製東西：沒去核、去核或是有塞東西的小橄欖再加上加紅椒、酸豆或其他醃製的東西。

西班牙的橄欖種類實在太多了，所以不是「你不喜歡橄欖」，而是「你沒有吃到你喜歡的那一種」，等你吃到喜歡的橄欖，就會上癮！

· 橄欖油 ·
Aceite de Oliva

西班牙是世界第一大橄欖油產國，品質卓越，名列世界最好橄欖油排行榜前十名。

橄欖油是西班牙廚房不可或缺的食材，西班牙人大都買冷壓初榨橄欖油，不論是涼拌、燉煮、香煎、熱炒、燒烤，甚至連油炸，都用同一罐冷壓初榨橄欖油。

根據歐盟法規，西班牙的橄欖油分成以下幾個等級：

❀初榨橄欖油（Aceite de Oliva Virgen）：在低溫下透過機械或物理程序萃取，保存橄欖所含的必須脂肪酸、維生素和其他天然的健康元素。分為：

① 特級初榨橄欖油（Aceite de Oliva Virgen Extra）：特優等級的橄欖油，有濃厚的橄欖果實香氣、味道和營養，酸度在0.8°以下①，以感官測試沒有缺陷。

註① 是油裡面所含的游離脂肪酸的數量指標。

② 優質初榨橄欖油（Aceite de Oliva Virgen Fino）：優等級的橄欖油，酸度在2°以下，以感官測試有少許缺陷，生食的口感、味覺不佳。

③ 非食用初榨橄欖油（Aceite de Oliva Virgen Lampante）：酸度超過2°，以前是拿來點燈用。

✤ 精煉橄欖油（Aceite de Oliva Refinado）：利用化學或物理方式，以高溫、除色、除味的精製過程處理劣質初榨橄欖油，排除雜質，酸度雖沒超過0.3°，卻是沒有香氣、味道和營養價值的橄欖油。

✤ 普通橄欖油（Aceite de Oliva）：由精鍊橄欖油與初榨橄欖油混合而成，因為加入初榨橄欖油而有少許香氣、味道，酸度沒超過1°。

✤ 橄欖渣油（Aceite de Orujo de Oliva）：橄欖果實在第一次壓榨後，經過化學精製加工後的產品，是品質最低的橄欖油，分成三種：

① 生橄欖渣油（Aceite de Orujo de Oliva Crudo）：橄欖渣經過化學精製加工後的產品。

② 精煉橄欖渣油（Aceite de Orujo de Oliva Refinado）：利用化學或物理方式，以高溫、除色、除味的精製過程處理劣質生橄欖渣油，排除雜質，酸度沒超過0.3°。

③ 橄欖渣油（Aceite de Orujo de Oliva）：由精煉橄欖渣油與初榨橄欖油混合而成，加入初榨橄欖油而有少許香氣、味道，酸度沒超過1°。

　　　　　　　　　　　　　　✤✤✤ 超市裡琳瑯滿目的橄欖油。

· 柑橘類 ·
Cítricos

柑橘類水果原產於中國和印度，10世紀由摩爾人將苦橘和檸檬引入西班牙。因為當年在西班牙南部的摩爾人喜歡水泉，有水的地方容易茲生蚊子，而蚊子不喜歡苦橘樹散發的味道，所以安達魯西亞地區栽種苦橘樹最初的用途是驅蚊。

直到15世紀，柑橘類才開始視為果樹。雖然柑橘類水果很適應西班牙地中海沿岸的氣候，但直到18世紀末引入甜橙之後，才開始大量種植。19世紀中，由於天氣條件、土壤質量和灌溉便利等因素，柑橘類水果成為瓦倫西亞地區的經濟作物，最後還外銷他國，也可以說，柑橘類水果是西班牙最有名最常見的水果之一，最有名的產地是瓦倫西亞地區和塔拉戈納省。

西班牙常見的柑橘類水果有：

❀ 柳橙：不同品種有不同產期，從10月到隔年6月都有，可以食用，也可以榨汁，在超市可以買到現榨的新鮮柳橙汁。

❀ 小甜橘：據說是從中國傳來的，鮮橘色又跟古時中國官員（叫做Mandarin）的服飾顏色一樣，所以稱為mandarina。不同品種有不同的產期，從9月到隔年5月都有，是秋冬最常見的水果，主要分為兩種，一種叫做Mandarina，另一種叫做Clementina，後者比前者小一點，沒有籽，比較甜，兩種都是皮薄汁多，好吃又便宜。

❀ 葡萄柚：產期從10月到隔年3月。

❀ 檸檬：四季都有的水果。

📷 瓦倫西亞的柑橘。圖片提供：© Turisme Comunitat Valenciana。

· 朝鮮薊 ·
Alcachofa

朝鮮薊原產於埃及，是一種在地中海沿岸生長的菊科菜薊屬植物，由阿拉伯人引進西班牙，再由西班牙人傳到美洲大陸，現在西班牙是全世界第二大產國。

它的外型像一朵由綠色葉片組成的花，也像附著在莖上的鱗片，它的莖部有大量纖維，外面綠色的硬葉纖維粗糙，均不能食用，只有裡面淺綠色和白色的嫩葉可以食用，風味絕佳，稱為「朝鮮薊心」。

朝鮮薊有很多烹調方式，可以整顆水煮、整顆燒烤，或是切掉硬殼去煮，也可以洗淨切成薄片，用炸的。

春天是盛產期，春天到西班牙旅遊的人不妨試試看！

朝鮮薊。圖片提供：© Turisme Comunitat Valenciana。

· 豆類 ·
Legumbre

豆類與穀物從遠古時期就是人類的基本食物，讓中世紀的歐洲在流行病、戰爭和飢荒之間倖存。

傳統的中式餐食，很少會燉一整鍋豆類當主食，多拿來當配料，搭配魚或肉享用。紅豆湯、綠豆湯等「甜」食才會煮一整鍋吃，但在西班牙，燉一整鍋「鹹」豆類當飯吃很常見。

從古至今，豆類一直是西班牙文化中的美食，是家家戶戶餐桌上常見的菜色，也可以放進雜燴肉菜鍋裡，跟肉、菜或臘腸一起燉煮。最常見的豆類有小扁豆、鷹嘴豆和菜豆，不同地區的菜豆名稱也各異，

◄◄◄ 農牧市集上賣的豆類。圖片提供：© Basquetour。

北部稱為Alubias或Fabas，中部叫作Judías或Judías Blancas，南部則是Habichuelas。

豆類需要事前放進水裡浸泡，還需要長時間燉煮，超市有賣已燉煮好的豆類罐頭，熟食外賣店也有賣新鮮燉煮好的豆類，只要買燉煮好的豆類，加入肉、菜、臘腸等再燉煮一下，就是一道人人愛吃的豆類美食啦！

· 馬鈴薯 ·
Patata

馬鈴薯原產於南美洲的安地斯山脈，在海拔高達3800公尺的阿爾蒂普拉諾高原上，曾是當地的主食。當地人利用氣候、通過冷卻乾燥的過程把馬鈴薯製作成馬鈴薯乾（Chuño），以儲存和長期保存。最早抵達此地的西班牙人對其用途歎為觀止，便引進西班牙。

1570年，馬鈴薯引入塞維亞，西班牙人慢慢接受它，再傳至當時西班牙統治的地區，包括現在的義大利、荷比盧（低地國），又透過巴斯克的漁夫傳至愛爾蘭。也因為它易於保存的特性，還送至當時駐軍荷比盧的西班牙大方陣當軍糧。

2016年，網友票選西班牙七大名菜，結果跌破外國人眼鏡，包括：伊比利亞火腿、加納利群島式馬鈴薯、加利西亞式章魚（底下有馬鈴薯）、瓦倫西亞燉飯、馬鈴薯烘蛋、坎塔布里亞式乳酪蛋糕、穆爾西亞式甜點。也就是說，前七名中（包括甜點），有三樣是馬鈴薯，由此可知西班牙人有多熱愛馬鈴薯。

市場裡不同的馬鈴薯。 ▶▶▶

米飯&麵包

· 米飯 ·
Arroz

10世紀，伊斯蘭文化將稻米引入西班牙，在瓦倫西亞和安達盧西亞的濕地栽種，西文的米飯Arroz就是從阿拉伯文Ar-rroz而來。到了16世紀由哥倫布帶去美洲。

所以西班牙產稻米，西班牙人也吃米飯，最有名的就是海鮮飯。

不過，西班牙人煮飯的方式跟我們不一樣。西班牙人煮飯前不洗米，認為稻穀從採收之後都是機器去穀殼去糠層，很乾淨，不需要洗。西班牙煮飯像下麵般，把米放進一鍋水裡煮沸，水滾後瀝掉熱水，就是白米飯。

西班牙人喜歡粒粒分明、散開不黏的米飯，但對台灣人來說，西班牙海鮮飯的米心都沒煮透。

瓦倫西亞的稻田。圖片提供：© Turisme Comunitat Valenciana。

· 麵包 ·
Pan

麵包在地中海飲食占有重要地位。因為外型、原料、發酵時間、烘培時間及產地的不同,西班牙有超過300種麵包,但主要材料只有麵粉、水、酵母及鹽巴。

麵包是西班牙人生活中不可或缺的食品,用餐一定要配麵包,沒吃到麵包就好像沒吃飯一樣,連吃中式料理都要配麵包,中國餐廳的炸饅頭「中國麵包」(Pan Chino),就是為一定要有麵包的西班牙人而做。西班牙人吃麵包不加奶油,偶爾沾橄欖油,主要是拿來沾醬汁吃。

西班牙人習慣每天吃麵包,而且還要新鮮現烤的麵包。在西班牙,唯一一年365天天天都開門營業的就是麵包店,西班牙人習慣每天買新鮮現烤的麵包來吃。

根據西班牙麵包師,好吃的麵包必須具備以下條件:要有重量;外殼要香脆裡面要鬆軟,還要有不規則的「大洞」;底部是平的,代表是石頭烤爐烘烤出來的;每個麵包都長得不一樣:只有大量工業生產的麵包才會長得一模一樣。

用天然酵母製作、用木材烘烤的手工麵包非常香,連鎖麵包店拿大量生產的冷凍麵團烘烤的麵包根本無法比。如果你喜歡麵包,盡量避免大型連鎖麵包店。

▲ 手作麵包店。

加工肉類 Derivados Cárnicos

　　西班牙有非常多加工肉類，最常見的是各式各樣的肉腸，把肉或內臟塞進腸衣裡。可以分類為：

❋ 腸衣：天然腸衣或人工腸衣，有標示的才是天然腸衣。

❋ 製作材料：一整塊肉或多塊肉：例如西班牙的火腿。碎肉或絞肉。肉類、內臟、血等混在一起。

❋ 添加物：香料、水、酒、澱粉等。

❋ 是否有加熱處理：加熱處理，其蛋白質全部或部分凝結，有加熱又加澱粉的叫做Fiambre。而加熱處理又分成：① 滅菌過的：不須冷藏，例如罐裝火腿（Chopped Enlatado）。② 巴斯德消毒法：須冷藏，如熟火腿（Jamón Cocido）、火雞肉火腿（Pechuga de Pavo Cocida）、香腸（Butifarra）、意式肉腸（Mortadela）等。③ 不完全加熱：須冷藏，食用前需加熱，例如血腸（Morcilla）等。

❋ 未加熱處理，分成：

① Curado-Madurado：在適當的環境條件下進行天然風乾和陳放，因自然發

▼ 超市的火腿。　　　　　　　　　　　　　　　　▼ 市場的各式加工肉類。

酵而具有獨特風味，還可以再加上煙燻過程，例如西班牙火腿、牛腿火腿（Cecina）、紅椒香腸（Chorizo）、胡椒香腸（Salchichón）、紅椒肉醬腸（Sobrasada）等，以上這些在食用前還可以加熱，基本上不須冷藏，現在為了延長品味時間，大家習慣放進冰箱，尤其是紅椒肉醬腸。

② Oreado：短時間的風乾陳放以發酵或乾燥，須冷藏，食用前須加熱，例如加利西亞火腿（Lacón）、煙燻帶骨臘腸（Botillo）、紅椒香腸等。

③ Marinado-Adobado：只用鹽、調味品和香料醃製，未經風乾處理，須冷藏，食用前須加熱，例如醃里肌肉、醃肉串。

④ Salmuerizado：用鹽水加糖、醋、其他調味品或香料醃製，須冷藏，食用前須加熱，例如醃蹄膀。

⑤ No Sometidos a Tratamiento：直接在鮮肉裡加入調味品或香料，須冷藏，食用前須加熱，例如漢堡肉、新鮮香腸。

· 火腿 ·
Jamón

火腿是加工肉類最有名的一種，外表是黃金誘人的色澤，內部是緋紅的細膩紋理，食用時用特製長刀切下薄薄一片，入口滋味甘甜誘人，細膩的油脂像雪花般融化在舌頭上，滿口生香，令人難忘。

在西班牙買火腿，一定要知道，火腿是依據豬的品種、豬腿的種類、飼養的方式和醃製的時間來分類。

豬的品種有兩種：

❋ 伊比利黑蹄豬（Cerdo Ibérico）：膚色較黑，產量少，比較珍貴，價格也較貴，是黑蹄（Pata Negra）的伊比利豬做出來的火腿，叫做伊比利火腿（Jamón Ibérico）。根據法規，伊比利豬還有細分為三種：① 100%

◀◀◀ 火腿是餐廳常見的開胃菜。圖片提供：© Carrasco Ibéricos。

伊比利豬：豬媽媽豬爸爸都是100%的黑毛伊比利豬，只有這種100%伊比利豬才可以被稱為Pata Negra。②50%伊比利豬：豬媽媽是100%的黑毛伊比利豬，豬爸爸是100%的紅毛杜洛克豬（Duroc杜洛克豬是美國品種，毛色帶紅，顏色比普通白豬深）。③75%伊比利豬：豬媽媽是100%的伊比利豬，豬爸爸是50%的伊比利豬。

꙰ 伊比利黑蹄豬。

꙰ 非伊比利黑蹄豬：不是黑蹄的豬，皮膚顏色比伊比利豬白，做出來的火腿叫做塞拉諾火腿（Jamón Serrano）。

豬腿的種類有兩種：

꙰ Jamón：後腿，油質較多，較不乾硬，價錢較貴，肉較多，如果買一條腿，重量較重。

꙰ Paleta：前腿，油質較少，比較乾硬，價錢較便宜，肉較少，如果買一條腿，重量較輕。

飼養的方式有三種：

꙰ Bellota：秋天在長滿橡樹的牧場（Dehesa）上野放（Montanera）的豬隻，完全以橡果（Bellota）、野草、香草以及其他天然食物為食，自由奔跑覓食，因此風味特別，口感細膩，香氣濃郁，生活空間受法律保障，依據不同的橡樹密度，一頭豬隻享有最少0.8-4公頃的空間。只有Bellota這個飼養方式的火腿可以在標籤上寫Dehesa或Montanera。

꙰ Cebo de Campo：自由野放的豬隻，除了橡果、野草等之外，還餵以飼料和穀物，生活空間受法律保障，一頭110公斤的豬隻最少有100平方公尺的空間。

꙰ Cebo：只吃飼料和穀物，圈養在農場的豬隻，豬群從沒生活在天然的環境裡，也沒吃過橡果，甚至連生

꙰ 野放、吃橡果的伊比利豬。

野放的豬愛吃的橡果。

活空間也較狹窄，一頭110公斤的豬隻只享有最少2平方公尺的空間。所以，味道較差，價錢最便宜。

所以，我們可以依據豬的品種、豬腿的種類跟飼養方式來分辨火腿：Jamón de Bellota 100% Ibérico是完全以橡果、野草、香草及其他天然食物為食的100％伊比利豬的後腿。Paleta de Cebo de Campo Ibérica是以牧場的橡果、野草、香草、飼料和穀物為食的非100％伊比利豬（可能是50％或75％伊比利豬）的前腿，如果是100％伊比利豬則一定會標示。

Jamón Ibérico（伊比利火腿）：

Jamón Ibérico（伊比利火腿）以完全天然的方式製造，過程是：

❄ 秋天宰殺後，開始火腿的製造。

❄ Salazón：用鹽來脫水。

火腿場的鹽山。

❄ Asentamiento：醃過豬腿放置40到60天，讓表面鹽分滲透到裡面，豬腿裡面的水分滲透到表面而慢慢蒸發。

❄ Lavado con Agua Caliente：用熱水刷洗豬腿，刷掉表面剩餘的鹽分。

❄ Secado y Maduración：保持溫度在15°到30°C，讓火腿自然風乾6到9個月。

❄ Envejecimiento en Bodega：放進地窖「陳放」，保持溫度和相對濕度。從最後這個步驟也可以分出不同等級的火腿，通常Jamón de Bellota 100% ibérico的陳放時間都在三年以上。這種好的火腿價錢不菲，買一整條火腿至少要500到1000歐元，零買一公斤則超過100歐元。

伊比利火腿的標籤有四種：

❄ 黑色標籤（Negro）：Bellota 100 % Ibérico，是完全以橡果、野草、香草及其他天然食物為食的100％伊比利豬。

❄ 紅色標籤（Rojo）：Bellota Ibérico，是完全以橡果、野草、香草及其他天然食物為食的75％或是50％伊比利豬。

❄ 綠色標籤（Verde）：Cebo de Campo Ibérico，是以牧場的橡果、野草、香草、飼料和穀物為食的伊比利

風乾中的火腿（左）；陳放中的火腿（中）；火腿上面的黑色環標代表是吃橡果的100%伊比利豬（右）。圖片提供：© Carrasco Ibéricos。

豬（可能是50%或75%或是100%伊比利豬）。

❄ 白色標籤（Blanco）：Cebo Ibérico，只吃飼料和穀物、圈養在農場的伊比利豬（可能是50%、75%或100%伊比利豬）。

另外西班牙有原產地命名保護制度，以保護食物產地的名譽，排除不公平競爭，以及誤導消費者、走味及低劣的非真正產區食物，而火腿的產地細分為：

❄ D.O.P. Dehesa de Extremadura，產於埃斯特雷馬杜拉的伊比利火腿。

❄ D.O.P. Guijuelo，薩拉曼卡省生產的伊比利火腿。

❄ D.O.P. Jabugo，威爾瓦省生產的伊比利火腿。

❄ D.O.P. Los Pedroches，產於哥爾多巴省的伊比利火腿。

❄ D.O.P. Jamón de Teruel，產於特魯埃爾省的塞拉諾火腿。

❄ I.G.P. Jamón de Trevélez，產於格拉納達省的塞拉諾火腿。

❄ I.G.P. Jamón de Serón，產於阿爾梅里亞省的塞拉諾火腿。

通常在店裡零買，請店員切，每一公斤的價格較貴。如果要便宜的，可以買一整條火腿，回家自己切薄片。自己切需要兩個工具：固定火腿的架子和刀。火腿外面一層油質不能丟，為了確保切過的火腿不會變質，要把切口用火腿本身大塊油質封住才行。

聖誕節期間，西班牙人是把一整條火腿扛回家，慢慢在節慶期間享用。西班牙人吃伊比利火腿的方式也很講

切火腿也很重要。

究，要用特製火腿架立起火腿，放置火腿架的桌子高度要適中，要用特製長刀，以手工切出一片片細薄片，切成薄片之後要現吃，才能體驗火腿風味絕佳的精華；如果是切片包裝，味道就不太一樣了。

手工切的火腿與機器切的不同，火腿肉有紋路，還有油花，要切得每片火腿薄如蟬翼，要切得直，切面要平整、每一片火腿大小要一致，油花要一樣多，擺盤要美觀，只能手工切，機器達不到這樣的要求。因此，在西班牙有「切火腿師傅」這個職業，專門以切火腿為業，理所當然地也有切火腿比賽（Concurso de Cortadores de Jamón），西班牙各地就有不少這樣的比賽，贏家可獲頒「金刀子」獎

（Cuchillo de oro）！

到西班牙遊玩，除了造訪景點，也別錯過西班牙火腿迷人獨特的風味，以了解西班牙的飲食文化和歷史！

金刀子獎得主切的火腿連擺盤都很講究。

·其他傳統醃製肉腸·
Embutido

除了火腿之外，西班牙南北各地還有各式傳統醃製肉腸，用腸衣把肉類灌製成肉腸，天然風乾和陳放，種類繁多，有不同質地、味道及口感。可分成以下幾類：

一整塊肉灌製而成：

❋紅椒里肌香腸（Lomo Embuchado 或 Caña de Lomo）：以紅椒粉、鹽及其他香料當調味料，用腸衣把一整塊完整的里肌肉製成肉腸，經過自然發酵、天然風乾及陳放之後而成，還可以再加上煙燻過程。直接切片食

用，主要調味料為紅椒粉，通常以紅色為特徵，具有獨特的香氣和風味。

碎肉或絞肉灌製而成：

❊ 紅椒香腸（Chorizo）：以紅椒粉、鹽及其他香料當調味料，用腸衣把切碎的豬肉灌製成肉腸，經過自然發酵、天然風乾及陳放之後而成，還可以再加上煙燻過程。直接切片食用，可與其他食物燉煮，主要調味料為紅椒粉，通常以紅色為特徵，具有獨特的香氣和風味，細分為chorizo、longaniza、chistorra及morcón。

❊ 胡椒香腸（Salchichón）：以胡椒、鹽及其他香料當調味料，用腸衣把切碎的豬肉灌製成肉腸，經過自然發酵、天然風乾及陳放之後而成，還可以再加上煙燻過程。直接切片食用，主要調味料為胡椒，可細分為salchichón、fuet、Salchichón de Málaga及salami。

❊ 紅椒肉醬腸（Sobrasada）：以紅椒粉、鹽及其他香料當調味料，用腸衣把絞碎的豬肉醬灌製成肉腸，經過自然發酵、天然風乾及陳放之後而成，還可以再加上煙燻過程。外表是巨大的香腸，裡面是具有醃製風味、濃稠濕潤的肉醬，切面呈現出大理石紅色外觀和肥肉的顆粒，可切開紅椒肉醬腸，挖出來塗抹在麵包上，也可以買分裝成盒的紅椒肉醬（腸），看不出「腸」的形狀，像鵝肝醬一樣塗在麵包上享用。

❊ 醃製場裡掛滿香腸（左）；市場裡各式醃製的香腸（中）；紅椒肉醬腸（右）。

加工食品

·罐頭·
Conserva

西班牙的罐頭不是臨時充飢食品，而是奢侈美食享受，可以直接吃，也可以搭配其他食材做成下酒小菜。

兩千年前，西班牙人就知道把烤熟去頭去內臟的魚放入橄欖油中醃漬，以便保存。現在，西班牙的海鮮罐頭工廠分布於海岸線附近，北部的加里西亞地區產蚌類、沙丁魚和鮪魚罐頭，巴斯克地區和坎塔布里亞地區產長鰭鮪魚罐頭，南部的安達魯西亞地區產鮪魚罐頭和扁舵鰹罐頭。

罐頭又分為兩種：① 經過加熱處理、滅菌之後的魚類、海鮮罐頭，不須冷藏，例如鮪魚、淡菜、黃鰭鮪、沙丁魚、蛤蜊、鳥尾蛤、大西洋鯖、扁舵鰹、中卷、竹蟶、章魚、扇貝、長鰭鮪魚、大蝦、鰻魚、竹筴魚等。② 醃製過後在製作過程中沒有加熱處理和滅菌，必須冷藏，例如鹽漬鯷魚罐頭。

除了海鮮罐頭，西班牙還產水果和蔬菜類罐頭，白蘆筍和朝鮮薊可說是其中高級的，主要產於納瓦拉地區和拉里奧哈地區。水果和蔬菜罐頭則產於瓦倫西亞地區和穆爾西亞地區。

西班牙罐頭的品質好到巴塞隆納知名Tapas酒館Quimet & Quimet都直接拿海鮮罐頭來當食材（沒用新

▲ 海鮮罐頭。

鮮海鮮），他們家90％的Tapas都是冷的，直接拿醃製魚肉（鮭魚、鯷魚）或是罐頭裡的海鮮加上新鮮蕃茄泥、優格、烤紅椒、橄欖油、果醋等製成世界馳名的Tapas。據說，已故美食家波登（Anthony Bourdain）在他的旅遊節目吃了Quimet & Quimet的Tapas後一臉驚喜，從此Quimet & Quimet就吸引更多老饕觀光客上門。

超市裡的各式蔬菜類罐頭。

· 鹹魚乾 ·
Mojama

早在遠古時期，人們就以醃製方式防止魚類腐壞，鹹魚乾就是一種。

鹹魚乾主要產於安達盧西亞、穆爾西亞和瓦倫西亞海岸，把鮪魚、烏魚、舒鱈、大西洋白姑魚等鹽漬、風乾而成，其中以產於安達盧西亞的鹹鮪魚乾最富盛名，受到法定地理標示的保護。

安達盧西亞早在腓尼基人、羅馬人時期就已製作鹹鮪魚乾。8世紀時伊斯蘭教者來到西班牙，帶來更高明的捕撈和鹽醃技術，還為鹹鮪魚乾取了阿拉伯名字：Mojama。

伊斯蘭信徒帶來的捕撈技術沿用至今，叫做「鮪鰹撈捕法」（Almadraba），漁民先在鮪魚遷移的路線設下漏斗狀的網子，魚群就自投羅網，然後再由漁民下海選擇捕抓目標，非目標的魚則當場放生。

現在安達盧西亞製作的鹹鮪魚乾

◄◄◄ 切片的鹹魚乾。圖片提供：© USISA。

是用體積近200公斤的鮪魚背部肉去鹽漬、風乾而成，風乾以後變硬，切成薄片來吃，是西班牙人喜歡的開胃菜，可以佐烤杏仁，搭配菲諾酒（Fino）、曼薩尼亞酒（Manzanilla）、阿蒙蒂亞朵酒（Amontillado），或是較甘甜的白葡萄酒。

· 魚子 ·
Huevas en Salazón

有孕的雌魚卵巢鹽漬乾燥而成。

亞洲通常只用烏魚做成烏魚子，魚子在西班牙比較多元化，有鮪魚子（Huevas de Atún）、烏魚子（Huevas de Mújol）、魣鱈魚子（Huevas de Maruca）、扁舵鰹魚子（Huevas de Melva）、鱈魚子（Huevas de Bacalao）等，其中以魣鱈魚子和烏魚子最具盛名。

西班牙人也把魚子切成薄片，當成開胃菜吃。

市場的魚子。

· 大西洋鹹鱈魚 ·
Bacalao en Salazón

魚類不易保存，大家開始把大西洋鱈魚用鹽醃製，以方便鱈魚的保存和運送。

市場都有專賣鹹鱈魚的攤子，烹煮前先用水浸泡一、兩天，每6至8小時換水，把鹽分泡出來（這個過程在西

市場的大西洋鹹鱈魚（左）；泡水的大西洋鹹鱈魚（右）。

班牙文叫做El Desalado），然後按照一般魚類的方式烹煮，味道和我們習見的鹹魚不同。

雖然鹹鱈魚的產地在西班牙東北部及北部大西洋海岸，料理方式卻是各地不同，有香煎、有焗烤，也有加番茄燉煮和加生菜當沙拉等。鹽分泡出來後一點也不鹹，口感特別Q嫩！

· 鹹沙丁魚 ·
Sardinas de Bota

整條魚鹽醃後，以頭朝外、尾朝內的方式，整齊排放在稱為"Bota"②的圓桶中，然後經過壓榨而成，所以稱為「圓桶的沙丁魚」（Sardinas de bota），自古以來，是人民在飢荒和戰爭期間最方便果腹的食品。

據說，以前是把鹹沙丁魚包裹在牛皮紙中零賣，大家直接把那一包鹹沙丁魚放在門框邊，關門將其壓碎並直接食用。後來又衍生出其他食用方式，可以直接油炸，或當作西班牙披薩（Coca）的外餡，也可以加入其他食物煮成一道菜。

註② Bota在西班牙語有不同意思，可以當「圓桶」，例如製作鹹沙丁魚的圓桶，或是拿來做索雷拉陳釀系統釀製雪利酒的橡木桶，可以當「靴子」。

整齊排放在圓桶的鹹沙丁魚。圖片提供：© USISA。 ▶▶▶

·鯷魚·
Boquerón & Anchoa

同一種鯷魚，在西班牙因為食用方式不同，而有三種名稱：

❀ Bocarte：新鮮的鯷魚，捕抓之後直接食用。

❀ Boquerón：醋漬的鯷魚，捕抓之後直接用醋醃，保有其白色色澤。製作方式簡單，是西班牙人會在家裡自製的開胃菜。

❀ Anchoa：鹽漬的鯷魚，用整條魚鹽醃一段時間成為棕色，然後去魚刺切成薄片，放進油裡存放。因為需要時間鹽醃，不一定在家裡製作，而是購買現成的鹽漬鯷魚。

❀❀❀ 餐廳吧檯上的鯷魚，白色是Boquerón，棕色是Anchoa。

·仿鰻魚苗·
Gulas

鰻魚苗（Angulas）產量少，價格昂貴，所以，90年代初，有家以捕抓鰻魚苗起家的企業開始以魚漿為原料，製成仿鰻魚苗，外貌幾可亂真，口感較柔嫩，成為在超市冰藏區可以買得到平民飲食。

·乳酪·
Queso

西班牙乳酪品質優越，是每年世界乳酪獎（World Cheese Awards）獲獎最多的國家之一，但是出口量不大，所以沒有國際名聲。

西班牙的畜牧業發達，乳酪種類很多，大小、形狀、顏色、質感各異。

市場的乳酪（左）；浸泡香料
橄欖油的乳酪（右）。

有新鮮的，也有經過長時間發酵的；有乾硬的，也有濃稠滑順的膏狀乳酪可直接沾麵包吃；有「無殼」的，也有「硬殼」的；有外殼平滑和外殼粗糙的，也有外殼有黴菌的；有內部無孔和內部有孔的；有從外面發酵到裡面，也有一整塊裡外一起發酵的；有牛乳酪、綿羊乳酪、山羊乳酪，也有混合牛奶羊奶製作的。

牛乳酪清淡綿密，油質較少；綿羊乳酪層次分明，油質較多；山羊乳酪味道濃郁，油質較少。牛奶產量多，含牛奶比例越多的乳酪越便宜。西班牙北部主要生產牛奶乳酪和綿羊乳酪，中部生產綿羊乳酪，地中海沿岸生產山羊乳酪，而混合型的乳酪則生產於西班牙各地，幾乎一半一上的乳酪都屬於混合型的。

西班牙人不像義大利人和法國人常把乳酪拿來加熱融掉來做菜，而是很豪邁地直接把乾硬的乳酪切塊，搭配紅酒、麵包、葡萄或乾果，甚至還可以「加工」，把乳酪浸到加入香料的橄欖油之後再配紅酒或麵包吃。也可以磨成碎屑撒在其他食物上、加熱之後拌沙拉、加在液狀鮮奶油裡成為沾醬，而新鮮的乳酪（Queso Fresco）還可以當甜點。

・蜂蜜・
Miel

雖然西班牙養蜂業只占畜牧產量的0.44%，但是養蜂業跟農作物的授粉、生物多樣性的維持和自然環境的保護有密切關係，所以養蜂業有超出經濟的價值。因為氣候關係，西班牙是歐盟國家最大的蜂蜜產國之一，西班牙每年生產34000公噸品質優良的蜂蜜，坎塔布里亞、加利西亞、安達盧西亞、卡斯提亞-拉曼恰、加那利群島、埃斯特雷姆杜拉等地產的優質

農牧市集裡各種不同的蜂蜜。

蜂蜜都有受到法定地理標示的保護。常見的有橙花蜂蜜、尤加利蜂蜜、迷迭香蜂蜜、橡樹蜂蜜、百里香蜂蜜、栗樹、帚石楠、蘆葦、枇杷、刺槐蜂蜜、杏仁蜂蜜等。

品質優良的西班牙蜂蜜在國際市場的價錢較高，所以每年產的34000公噸蜂蜜中，20000公噸是出口用的。本國超市販售的「普通蜂蜜」，則是從中國、波蘭、比利時、義大利、墨西哥、烏拉圭、古巴、阿根廷、瓜地馬拉等國進口的30000公噸中低品質及價錢的蜂蜜。所以要買西班牙產的高品質蜂蜜，只能在農牧市集或草藥店才買得到。

香料

· 番紅花 ·
Azafrán

西班牙海鮮飯用的番紅花是世界上最昂貴的香料，也是古時候的料染。

番紅花栽種不易，因為是三倍體，必須以人工進行無性繁殖，而能當香料用的是這種紫色小花的雌蕊柱頭，必須在開花季節的清晨採收，然後以人工採摘雌蕊柱頭，一朵花只有三根柱頭，一公斤番紅花需要25萬朵紫色小花，所以貴得有道理。

最負盛名的番紅花產地是拉曼查（La Mancha），也是唐吉訶德的故鄉，所以拉曼查的番紅花（Azafrán

de La Mancha）上面有唐吉訶德的logo。因為品質最好，價錢最貴，一公斤在3000歐元左右。通常十人份的海鮮飯只需要0.1公克的番紅花，用量不多，成本不算貴。

10月底是採摘番紅花的季節，番紅花的重要產地孔蘇埃格拉（Consuegra）有番紅花節，想知道西班牙人如何收採番紅花，怎樣人工採摘雌蕊柱頭，可以去體驗一下。

番紅花的花朵（上）；採摘番紅花的花朵（左）；番紅花節，以人工採摘雌柱頭（右）。
圖片提供：© Turismo de Consuegra。

·黑松露·
Trufa Negra

黑松露是真菌類，因為價格高，香氣濃烈特別，常當作「香料」用。

松露是一種長在橡樹土底下的天然蕈菇，外型不規則，有點像橢圓的薑。因為生長在地下，無法從地表辨別，而豬非常喜愛松露，所以以前都是帶著豬去橡樹林找松露。然而豬找到松露後，怎樣把松露從豬的嘴裡搶回來，卻是大問題，所以後來改訓練狗來找松露。

當黑松露在16世紀風靡法國、義大利時，西班牙卻對黑松露沒有興趣，據說是因為它的香氣產生令人愉悅的興奮感，被視為不莊重，並認為嚴重影響健康，再加上一些跟惡魔和性有關的民間傳說，黑松露在傳統天主教的西班牙遭到忽略。

雖然西班牙很多地區自古就盛產野生松露，卻沒有人吃。據說在內戰期間，在特魯埃爾省（Teruel）前線的士兵挖戰壕時，曾挖出一堆「黑馬鈴薯」，沒人重視，直到後來法國人來到那裡，才發現那一片土地底下有「森林的黑金」。

野生天然的松露越來越少，西班牙因為橡樹林多，土質、氣候均適合人工種植黑松露，許多地區開始種植黑

市場的松露。

松露，現在，西班牙是全世界最大的黑松露產國。

韋斯卡、卡斯特利翁、索里亞、拉里奧哈、阿瓦拉、納瓦拉、萊里達、巴塞隆納、昆卡、阿爾巴塞特等地都是西班牙黑松露的產地，其中特魯埃爾、索里亞跟韋斯卡這三省是最大產區，產松露的小鎮會在1、2月舉辦松露節。

西班牙人卻不會行銷，雖然產很多黑松露，卻沒有馳名國際，許多黑松露就這樣被法國人買去，再高價賣到世界各地。

阿拉貢的黑松露。圖片提供：© Turismo de Aragón。

· 紅椒粉 ·
Pimentón

15世紀，西班牙人從美洲帶來紅椒，16世紀時在西班牙種植。而現在西班牙料理相當重要的調味料紅椒粉就是紅椒曬乾後研磨而成。

它是西班牙名菜很常見的烹飪原料，例如加利西亞式章魚（Pulpo a la Gallega）、里奧哈式馬鈴薯（Patatas a la Riojana）、辣味馬鈴薯（Patatas Bravas）等，而各式醃製肉腸，紅椒粉更是不可或缺的基本香料，例如紅椒香腸（Chorizo）、紅椒小香腸（Chistorra）、紅椒肉醬腸（Sobrasada）等。

市面上的紅椒粉有三種：甜紅椒粉（Pimentón Dulce）、辣紅椒粉（Pimentón Picante）及酸甜紅椒粉（Pimentón Agridulce）。

紅椒粉是做紅椒香腸最重要的香料（左）；埃斯特雷馬杜拉的紅椒粉（右）。圖片提供：© Turismo de Extremadura。

醬料

· 油醋醬 ·
Vinagreta

西班牙人吃生菜沙拉只用三種調味料：橄欖油、醋和鹽，少數人還加胡椒，基本上就是用油醋醬來拌生菜沙拉。有時可以直接把鹽、醋和初榨橄欖油放進生菜沙拉裡，在盤中攪拌，有時也可以先調好橄欖油、醋及鹽，再淋在沙拉上。

西班牙人最重視油醋醬的橄欖油品質，一定要用特級初榨橄欖油。至於醋，就有很多選擇，紅酒醋、白酒醋、雪莉酒醋、摩地納香醋、甜醋等都可以。

· 大蒜香芹油醬 ·
Aceite de Ajo y Perejil

傳統西班牙菜大都吃原味，常常只是煎一下或炭烤一下而已，大蒜香芹油醬就是家庭主婦的萬用醬，可以直接淋在煎魚、煎肉、煎海鮮、煎蔬菜、烤魚、烤肉、烤蔬菜上。

這種由橄欖油和切碎大蒜及香芹做成的綠色醬汁，叫做Aceite de Ajo y Perejil或是Aliño de Aceite, Ajo y Perejil，最簡單的方式就是把橄欖油、大蒜及香芹放入攪拌，直接用手持式攪拌棒切碎大蒜和香芹，再加橄欖油混勻，也有人先切碎大蒜和香芹，再拌入橄欖油。

◀◀◀ 淋上大蒜香芹油醬的魚。

· 美乃滋 ·
Mayonesa

美乃滋Mayonnaise這個字來自法文，但其實美乃滋源自西班牙，稱為Mayonesa，或是Mahonesa，因為源於西班牙一個叫做馬翁（Mahón）的地方。

馬翁是巴利阿里群島（Islas Baleares）的梅諾卡島（Menorca）的港口。1756年，英法因七年戰爭而交戰時，法國海軍擊敗英國艦隊，占領位於地中海的梅諾卡島。當時的法軍在馬翁港嘗到當地人用橄欖油、蛋黃、大蒜、醋用研缽磨成的沾醬，非常喜歡，就把這個沾醬的做法帶到巴黎，再從巴黎傳到全世界。

根據美食歷史學家，美乃滋的做法最早出現在14世紀的食譜Llibre de Sent Soví。1756年前一直默默無名，直到法軍攻占梅諾卡島，才帶到巴黎，為了紀念馬翁這個地方，法國人就把這個沾醬稱為Mahonnaise（源於Mahón的）。

西班牙家庭很少買市面上賣的美乃滋，習慣現做現吃，用手持式攪拌棒只需幾分鐘就很容易打出風味絕妙的美乃滋。

美乃滋除了可以當沾醬，還是做俄羅斯沙拉的重要食材。

· 惡魔沾醬 ·
Salsa Diabla

西班牙沾醬的辣味版，就是在西班牙沾醬裡加入胡椒和辣椒。

惡魔沾醬。劉靜宜攝影。

· 西班牙沾醬 ·
Salsa Española

這個沾醬歷史久遠，曾出現在1627年的食譜裡，那一年，西班牙公主安娜·瑪麗亞嫁給法王路易十三，帶了幾個西班牙宮廷御廚到法國。婚宴上，法國王公貴族對這些西班牙宮廷御廚的手藝異常驚豔，對這道沾醬更是讚不絕口，從此法國御廚稱其為「西班牙沾醬」。

西班牙沾醬可作為許多調味醬的基礎，用於搭配肉類，是用肉類、大骨高湯加上麵粉製成的醬料，再佐以洋蔥、胡蘿蔔、番茄、蘑

△ 西班牙沾醬。劉靜宜攝影。

菇等，再以百里香和月桂葉調味，最後加上加烈酒而成。

· 蒜蓉醬 ·
Alioli

源於傳統地中海料理，搭配海鮮麵、炸馬鈴薯塊等，味道絕美。All是「大蒜」，i是「和」，Oli是「橄欖油」。傳統做法顧名思義，就是把大蒜和適量的鹽放入研缽，然後慢慢加入少許橄欖油，磨到成為膏狀為止。

· 辣味沾醬 ·
Salsa Brava

一種微辣的沾醬，常用於搭配炸馬鈴薯塊。西班牙最有名的辣味馬鈴薯（Patatas Bravas）就是用此沾醬，是用橄欖油、麵粉、辣椒粉、甜椒粉、高湯等調製而成，有些人還加上大蒜、番茄、洋蔥等。

△ 馬鈴薯上面紅色的沾醬是辣味沾醬。

· Mojo醬 ·

源自加納利群島的微辣沾醬，由
特級初榨橄欖油、紅椒或芫荽、大
蒜、鹽、辣椒粉、孜然、醋製成，有
兩種顏色，綠色的叫做Mojo Verde，
通常用於搭配魚類海鮮，紅色的叫做
Mojo Rojo，用於搭配肉類。

加納利群島的Mojo醬。圖片提供：© Gran Canaria。

· 綠醬 ·
Salsa Verde

綠醬是西班牙廚房中最常用的一種
醬料，起源於巴斯克地區，但遍及整
個西班牙，以橄欖油、大蒜、麵粉、
香芹、葡萄酒和魚高湯製成，通常用
於搭配魚類和貝類，尤其是鱈魚和蛤
蜊。

· Romesco醬 ·

源自加泰隆尼亞地區的沾醬，堪稱
「萬用醬」，是吃烤大蔥時必備的沾
醬，也可以配烤蔬菜、配魚、海鮮和
肉類。做法是用磨碎的烤番茄、烤大
蒜、烤麵包、烤乾紅椒，加入磨碎的
杏仁、榛果，再加上橄欖油、醋、鹽
和胡椒調製而成。

香炸蘆筍佐Romesco醬。 ▶▶▶

西班牙小吃

〜 · Tapas、Pintxos、Montaditos · 〜

大家來西班牙都會試試有名的「下酒小菜」Tapas。最早，客人到酒館喝酒，酒館就附贈小菜Tapas，給客人配酒，讓客人先墊點食物在胃裡，比較不會醉，而且小菜越吃越有味道，酒會越喝越多。一直發展到現在，小菜的種類越變越多，Tapas（複數）成了獨特的典型小吃，由眾多別出心裁的小菜Tapa組成，演變成為主食。

西班牙文El tapeo，是指西班牙享受美食的特別風俗。Tapas是「蓋子」的複數。但是，為什麼「小菜」叫做「蓋子」呢？據說，Tapas的起源有三種說法：

13世紀時，西班牙國王阿方索十世接受御醫的建議，以葡萄酒治病。為了避免空腹喝酒，便叫御廚準備一小碟小菜配葡萄酒。後來國王病癒後，下令卡斯提亞地區的酒館不能單賣葡萄酒，客人點酒一定要加點其他東西配酒，以小菜「蓋住」酒精的影響力。

15世紀時，西班牙的天主教雙王，因車夫從酒館喝酒出來，酒後駕車常發生意外，因此規定酒精類飲料一定要配小菜，以小菜「蓋住」酒精的影響力。

國王阿方索十三世巡視卡地茲時，想品嘗當地有名的雪莉酒，偏偏那一天颱風，酒館主人為了怕風沙掉進酒杯裡，拿了一片火腿蓋在杯口，成了酒杯的「蓋子」，國王很欣賞這種吃法，喝完一杯雪莉酒後，再要一杯

▲▲ 裝成一小盤上菜的Tapas。

「有蓋子」的雪莉酒，從此以後「蓋子」就成了「小菜」的通稱了。

西班牙各地「下酒小菜」的烹調方法都獨具特色，北部的特色在於海鮮，東南地區是蔬菜，南部則以油炸的魚類為主，中部地區的特色是香腸或肉類製品。

在西班牙，除了正餐之外，還有各式小吃小菜，可以下酒，也可當點心，Tapas、Pintxos（Pinchos）、Montaditos和Bocadillo同屬於這類小吃點心，但是，它們的呈現的方式和吃法都各有不同之處。

用木籤串成的Pinchos（上）；數木籤算帳（下）。

Pintxos（Pinchos）

以小型串燒的方式呈現，底下有麵包，用牙籤串起來的Tapas，一人一份，叫做Pinchos，源自北部巴斯克地區（寫成Pintxos），傳遍全西班牙，但仍以聖塞巴斯提安和畢爾包的Pintxos最著名，看起來令人垂涎，吃起來更是美味，讓人回味無窮。

Pintxos還有一個很有趣的特色，吃完後，用來串Pintxos的木籤不能丟掉，因為最後是以「你吃了多少Pintxos，你的盤子上有多少木籤」的方式來算帳。

Montados

Montaditos跟Pintxos（Pinchos）很像，但是沒有牙籤，也是一人一份。

常見Tapas

是一小盤一小盤，大家一起合吃每一小盤中的下酒小菜，有點像中式吃法，而且，別忘了配酒。

吃Pintxos（Pinchos）不需要菜單，看到喜歡的自己動手拿，而一小盤一小盤的Tapas則需要菜單，在此跟大家分享幾道最經典的Tapas：

冷盤

❀ <u>醃菜</u>：橄欖、小黃瓜。

❀ <u>醃肉</u>：火腿、紅椒香腸。

❀ <u>醃魚</u>：醋醃鯷魚（Boquerones en Vinagre）、醃小鯷魚（Anchoa de La Escala）。

❀ <u>乳酪</u>：最有名的是拉曼恰的乳酪（Queso Manchego）。

❀ <u>麵包</u>：番茄麵包（Pan con Tomate）。

❀ <u>生菜沙拉</u>：海鮮沙拉、俄羅斯沙拉、鹹鱈魚沙拉。

橄欖（左上）；醋醃鯷魚（左下）；醃製香腸（中）；番茄麵包（右上）；俄羅斯沙拉（右下）。

熱食

❀ <u>素食蔬菜類</u>：炸小青椒（Pimientos de Padrón）、香煎蕈菇（Setas a la Plancha）、香炸朝鮮薊（Alcachofas Fritas）、油封朝鮮薊（Alcachofas Confitadas）、蒜蓉馬鈴薯（Patatas Alioli）、辣味炸馬鈴薯（Patatas Bravas，馬鈴薯佐美奶滋和辣醬）。

❀ <u>蛋類</u>：馬鈴薯烘蛋、碎蛋（Huevos Rotos／Huevos Estrellados）。

❀ <u>肉類</u>：醃肉串（Pincho Moruno）、不同口味的香炸可樂餅（Croquetas，

不是用馬鈴薯做的，是用麵糊做的）、炸紅椒香腸（Chistorra Frita／Chorizo Frito）、番茄肉丸子（Albondigas）、香煎米血腸（Morcilla）、紅酒燉紅椒香腸（Chorizo al Vino Tinto）、蘋果西打酒燉紅椒香腸（Chorizos a la Sidra）、燉牛尾（Rabo de Toro）、馬德里式燉牛肚（Callos a la Madrileña）、香炸培根片（Torrezno）。

炸小青椒（左上）；馬鈴薯蛋餅（左下）；辣味炸馬鈴薯（中）；蘋果西打酒燉紅椒香腸（右上）；馬德里式燉牛肚（右下）。

❋ 蝦類：香辣蒜蝦（Gambas al Ajillo）、烤蝦串（Brochetas de Langostinos）、香煎大蝦（Langostinos a la Plancha）、香煎紅蝦（Gambas rojas a la Plancha）。

❋ 章魚：加利西亞風味章魚佐馬鈴薯（Pulpo a la Gallega）、加利西亞式章魚（Pulpo«á Feira»）。

❋ 淡菜：清蒸淡菜（Mejillones al Vapor）、番茄醬汁淡菜（Mejillones a la Marinera）、白酒醋汁淡菜（Mejillones a la Vinagreta）。

❋ 香炸海鮮：香炸魷魚（Calamares Fritos／Calamares a la Romana／Calamares a la Andaluza）、香炸小魚（Pescaditos Fritos）、香炸蝦餅（Tortillitas de Camarones）、香炸中卷（Chipirones fritos／Chipirones a la Andaluza）、香炸鱈魚球（Buñuelos de Bacalao）。

❄ 香煎海鮮：香煎墨魚（Sepia a la Plancha）、香煎蛤蜊（Berberechos a la Planch）、香煎竹蟶（Navajas a la Plancha）。

❄ 其他：加利西亞式餡餅（Empanada Gallega）、紅椒鑲肉／魚（Pimientos del Piquillo Rellenos de Carne／de Pescado）、炒麵包屑（Migas）。

❄❄ 香辣蒜蝦（左上）；加利西亞式章魚（左下）；白酒醋汁淡菜（中上）；香炸魷魚（中下）；香煎竹蟶（右）。

·西班牙三明治·
Bocadillo

亦稱Bocata，小的Bocadillo也稱為Bocatín，是把一條烘烤過的法國麵包切一半，塗上番茄汁、橄欖油或美乃滋，再夾入各式食物，有冷的和熱的，可以當早餐、點心、午餐、晚餐、宵夜吃。通常冷的夾乾酪、鮪魚罐頭或是臘肉，例如紅椒香腸、胡椒香腸、紅椒肉醬腸、火腿等，熱的夾各式肉片、蛋、煎烤過的蔬菜、生菜等。

❄ 烘蛋三明治。

無酒不歡

　　20年前，西班牙美酒清一色產於拉里奧哈地區，現在其他產區的酒也在西班牙和全世界獲得好評。

　　西班牙各地區有各自的美食和飲料。到加泰隆尼亞地區沒試試Cava氣泡酒非常可惜，到了南部當然要嘗嘗當地著名的雪莉酒，到巴斯克地區吃Pintxos別忘了點一杯Txakoli白葡萄酒，到加利西亞地區吃海鮮佐Albariño白葡萄酒是絕配，到阿斯圖里亞斯地區要喝一下當地的Sidra蘋果西打酒，到坎塔布里亞地區則要試試葡萄蒸餾酒Orujo……

▾ 葡萄酒專賣店。

· 西班牙葡萄酒 ·
Vino

西班牙氣候溫暖少雨，早在三千年前就有釀酒的歷史。19世紀法國的葡萄樹因為根瘤蚜蟲害而大量死亡，酒商開始向西班牙買葡萄酒，製酒商也紛紛帶著最新的葡萄品種和釀酒技術搬到未受蟲害的西班牙，拉里奧哈和加泰隆尼亞的佩內德斯（Penedés）地區因此成為最大受益者，吸收了法國的釀酒技術並成功打入國際市場。

▲ 西班牙最貴的幾款葡萄酒。

如今西班牙是世上種植葡萄面積最大的國家，有超過一百萬公頃的葡萄園，產量是全球前三名。20世紀前半受內戰及戰後經濟影響，葡萄酒產業重量不重質，20世紀後半受惠於經濟復甦，西班牙酒莊開始更新培植和釀酒技術。1972年訂定原產地名稱的保護制度。全國有96個原產地命名保護的法定產區，以及42個地理標示保護的准法定產區。加入歐盟後，必須遵循歐盟規範標準，酒莊的新一代投入更多時間精力，將百年傳統融合現代新科技，釀造出品質優異的葡萄酒。

傳奇的酒莊Vega Sicilia以及釀酒家Peter Sisseck的酒莊Dominio de Pingus都在杜埃羅河岸這一區。名釀酒家

Álvaro Palacios則來自拉里奧哈的釀酒世家，他在普歐拉特（Priorat）和比耶索（Bierzo）這兩產區釀造的L'Ermita和LaFaraona是現在西班牙最貴的葡萄酒之一。其他最貴的紅酒還包括Pingus、Vega Sicilia、L'Ermita、La Faraona、Teso La Monja 2008、Clos Erasmus 2004等。

2008年，西班牙官方將葡萄酒依據法定產區和釀酒標準分成三個等級：

❋ DOP（Denominación de Origen Protegida）：原產地命名保護制度，葡萄酒生產過程中每個階段都必須在原產地進行。又細分為五種：① 法定產區酒（Denominación de Origen）；② 優質法定產區酒

（Denominación de Origen Calificada）；③ 優質產地酒（Vino de Calidad con Indicación Geográfica）；④ 優質酒莊酒（Vino de Pago）；⑤ 特優質酒莊酒（Vino de Pago Calificado）。

❊ IGP（Indicaciones Geográficas Protegidas）：地理標示保護制度，在葡萄酒生產過程中，只要有一階段在其產區進行即可，不需要每個階段都必須在原產地進行，是指鄉村餐酒（Vino de la Tierra）。

❊ VINO：普通餐酒。

另外，按陳年時間可以劃分為：

❊ 新酒（Vino Joven或是Vino del Año）：葡萄酒沒有裝入桶中陳釀，製成後馬上裝瓶上市。

❊ 佳釀葡萄酒（Vino de Crianza），根據法規有：

① 紅葡萄酒：需要最少陳釀兩年，最少六個月在木桶內（在某些地區如拉里奧哈要求置於橡木桶12個月），第三年才可上市。

② 粉紅葡萄酒或白葡萄酒：需要最少陳釀18個月，最少六個月在木桶內，第二年才可上市。

西班牙的葡萄園。

✻ 陳年佳釀葡萄酒（Vino de Reserva），根據法規有：

① 葡萄酒：最少陳釀三年，最少一年在木桶內，第四年才可上市。

② 粉紅葡萄酒或白葡萄酒：需要最少陳釀兩年，最少六個月在木桶內，第三年才可上市。

✻ 特級珍藏葡萄酒（Vino Gran Reserva）：只有少數極好的年份才會釀造的等級。

① 紅葡萄酒：需要最少陳釀五年，最少一年半在木桶內，第六年才可上市。

② 粉紅葡萄酒或白葡萄酒：需要最少陳釀四年，最少六個月在木桶內，第六年才可上市。

～～～ · 西班牙汽泡酒 · ～～～

在西班牙，有氣泡的酒分成三種：Cava、Vino Espumoso和Vino Gasificado。

Cava採用傳統香檳做法，先以製造葡萄酒的做法進行第一次發酵，發酵後加入精選酵母和少量的糖，裝瓶後再進行瓶內第二次發酵。Cava的意思是「酒窖地洞」，就是讓酒液在恆溫處第二次發酵的地方。

第二次發酵過程中，裝瓶的葡萄酒平放，讓酵母自然發酵，產生的碳酸氣融解到酒中變為有氣泡的葡萄酒。第二次發酵後，裝氣泡酒的瓶子就傾斜倒放在木架上，定期轉動，讓發酵後的殘渣逐漸集中到瓶口，然後把瓶口冰凍，發酵殘渣就在瓶口結為一小塊冰。開瓶後，瓶內的壓力噴出殘渣，然後補上濃縮酒精糖液、原本同一款的汽泡酒或是其他葡萄酒等，灌滿後封瓶就成為汽泡酒了。

而依照糖分比例，汽泡酒Cava可以區分為絕乾－不甜（Brut Nature）、乾－不甜（Brut）、微甜（Seco）、甜（Semiseco）、絕甜（Dulce）。

Cava受到嚴格的法定產區制度保護，一定要擁有以下三個條件才能稱為Cava：

① 只能用傳統香檳法（讓葡萄酒在瓶中第二次發酵）來釀造。

② 有限制生產地域，目前只限於西班牙的159個城鎮，佩內德斯是最有名的產區。

③ 有限制葡萄品種，白Cava只能用Macabeo、Xarel.lo、Parellada、Malvasía和Chardonnay這五種葡萄品種來釀造，紅Cava只能用Garnatxa tinta、Monastrell、Pinot Noir和Trepat（只能拿來釀造粉紅Cava）這四種葡萄品種來釀造。沒用這些葡萄釀造的氣泡酒不能稱為Cava。

採用香檳做法的Cava。

葡萄酒在瓶中第二次發酵。

Vino Espumoso

用傳統香檳法（讓葡萄酒在瓶中第二次發酵）來釀造，但是不產於Cava限制的生產地域或沒有採用Cava限制的葡萄品種的氣泡酒，叫做Vino Espumoso（Sparkling Wine的西班牙文統稱）。例如：如果是用Moscatel（麝香葡萄）做的氣泡酒就不能叫做Cava，只是Vino Espumoso而已。

Vino Gasificado

Vino Gasificado則是在葡萄酒裡以人工方式加入「不是來自葡萄酒」的二氧化碳，中文也叫做氣泡酒，但是跟Cava和Vino Espumoso又差很多。

以下幾個方式可以分辨Vino Espumoso和Vino Gasificado：

✤瓶子：Vino Espumoso的瓶子較厚，因為必須承受較大的壓力，Vino Gasificado的瓶子較薄，是普通的酒瓶。

✤瓶塞：Cava和Vino Espumoso的瓶塞一定是一頭較大的圓形軟木塞，Cava的軟木塞底有個四角星狀的標誌，Vino Espumoso 的軟木塞底有個長方形或是圓形標誌，Vino Gasificado的瓶塞大多是普通葡萄酒的圓柱狀軟木塞，如果Vino Gasificado的瓶塞也是一頭較大的圓形軟木塞，軟木塞底的標誌也不同，是三角形的。

※ 汽泡：Vino Espumoso的汽泡較細較小，從杯底的中心往上升起，Vino Gasificado的汽泡較大。

※ 分類：Vino Espumoso的分類跟Cava一樣，依據所含的糖分可以分成Brut Nature（絕乾）、Extra Brut（特乾）、Brut（乾）、Extra Seco（微甜）、Seco（甜）、Semi Seco（特甜）、Dulce（絕甜），而Vino Gasificado則沒有分類。

※ 標籤：Vino Espumoso和Vino Gasificado有不同的標示。

所以，下次別人用中文說「這是來自西班牙的的氣泡酒」時，要先問清楚，「到底是Cava、Vino Espumoso還是Vino Gasificado喔！」

·西班牙蘋果西打酒·
Sidra

除了用葡萄釀酒，西班牙還有蘋果釀的酒，叫做Sidra，蘋果西打酒[3]，它的產區是北部的阿斯圖里亞斯地區。

蘋果西打酒的酒精濃度只在5度跟6度之間，比起葡萄酒比較不容易醉，可以分成三種：

※ 傳統天然蘋果西打酒（Sidra Natural Tradicional）：只能用22種法律規定的品種釀造，未經過濾，需要特別的「倒酒方式」，具強烈的稻草金黃色。

※ 新式天然蘋果西打酒（Sidra Natural Nueva Expresión）：主要由12種法律規定的品種釀造，已過濾，不需要特別的「倒酒方式」，具金綠色調的杏黃色，微帶氣泡。

※ 氣泡蘋果西打酒（Sidra Espumosa）：絕乾–不甜，經過兩次發酵而成，跟Cava氣泡酒類似，但是Cava氣泡酒一定在酒瓶內進行第兩次發酵，氣泡蘋果西打酒則可以裝瓶後進行第二次發酵，也可以直接在加壓酒桶中進行第二次發酵。

阿斯圖里亞斯的天然蘋果西打酒有個特別的「倒酒方式」，服務生一手將玻璃酒瓶高舉過頭，一手把玻璃杯

註③ 蘋果酒，sidra（英語是Cider）音譯為西打，所以，有人把sidra翻譯成蘋果酒，也有人翻譯成西打酒，我乾脆直接翻譯成蘋果西打酒。

天然蘋果西打酒的「倒酒方式」。圖片提供：© Turismo Asturias - Pelayo Lacazette。

低放在身前，慢慢地把酒瓶傾斜，瓶口朝下，淡金黃色的蘋果西打酒就漸漸從瓶口流入，從高處衝進置於下方的玻璃杯，跟杯子內側撞擊，產生泡沫，能帶出它本身的香氣，就是一杯不到半滿的、帶泡沫的蘋果西打酒了。倒酒之後，要馬上喝，不然這種倒酒方式帶出的香氣就會消失，所以蘋果西打酒沒有「喝一杯」的，都是一次倒四分之一杯左右，傳統上沒有「乾杯」這件事，大家習慣共用杯子，會留一點蘋果西打酒清洗杯緣，讓下一個人喝。

這個蘋果西打酒的「倒酒方式」在西班牙文就是Escanciar la Sidra，當地口語是Echar el Culín。而阿斯圖里亞斯的蘋果酒是全世界唯一要這樣倒酒的蘋果酒，也是因為這樣，蘋果酒是用大杯口的玻璃杯喝，杯口太小無法這樣倒酒。

蘋果西打酒依照糖分比例，可以分成微甜（Seca）、甜（Semiseco）、絕甜（Dulce）。

· 雪莉酒 ·
Jerez

雪莉酒產於安達魯西亞地區的赫雷斯、聖馬利亞港及桑盧卡爾-德-巴拉梅達之間，採用麝香葡萄、帕洛米諾葡萄（Palomino）及佩德羅-希梅內

斯葡萄（Pedro Ximénez），以索雷拉陳釀系統方式釀造。因其獨特的酵母菌，葡萄汁的糖分發酵後仍能繼續發酵，形成酵母薄膜（稱為酒花Flor del Vino），一方面與酒液繼續產生作用，也防止酒液跟空氣接觸而氧化，因而賦予雪莉酒豐富特殊風味。

接著，發酵後進行取樣和第一次分類和「加烈」過程：酒體輕顏色淡的可以拿來釀製菲諾酒（Fino）或曼薩尼亞酒（Manzanilla），添加高酒精度的葡萄烈酒，加到15度可以保持酒花，繼續生物陳釀（Crianza Biológica）。酒體粗顏色濃的可以拿來釀製俄洛羅索酒（Oloroso），添加高酒精度的葡萄烈酒，加到17度，讓酒花消失，轉成氧化陳釀（Crianza Oxidativa）。然後這些酒液會被填入橡木桶[④]，開始索雷拉陳釀系統，但是在橡木桶頂部留下兩個拳頭的空間給酵母薄膜成長。

雪莉酒的索雷拉陳釀系統是一種很特別的陳釀系統，新酒裝入堆疊好幾層的酒桶中，酒桶的排列是越上層的酒越新，越底層的酒越陳年，而酒莊每年會從最底層（第一層）的酒桶中取出酒液裝瓶，然後從第二層桶中取出酒液補上，再從第三層桶中取出酒液補到第二層……這樣一來，不同陳年階段的酒液就會被調配在一起。

半年或一年之後，要重新鑑別，進行第二次分類：某些菲諾酒或曼薩尼亞酒在索雷拉陳釀系統出現變化，酒花消失，結束生物陳釀，開始氧化陳釀，成為阿蒙蒂亞朵酒（Amontillado）。某桶俄洛羅索酒經過鑑別之後，因為其味道特別，有俄洛羅索酒厚重酒體，卻另外帶有精緻特殊的香氣，所以釀酒師在橡木桶上以一豎標記（Palo），再次鑑別後確定其特色，再以一橫標記（Cortado），就認證為帕羅科爾達多酒（Palo Cortado）。

註④ 在產地的稱法是Bota，就是圓桶的意思。

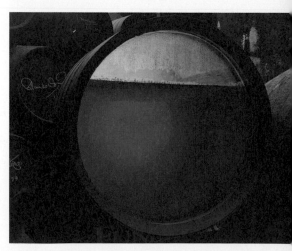

酒桶裡的酵母薄膜（酒花）。

索雷拉陳釀系統。

因為雪利酒有分索雷拉的陳釀年份，酒瓶上會有特別標示，VOS是超過20年的，VORS是超過30年的。

雪莉酒很多元，顏色從透明淡金色、銘黃色、琥珀色到深暗色，味道從「像喝汽油一樣」的干（Dry）到「像喝糖漿一樣」的甜，可以從開胃菜、前菜、主菜配到甜點。細分為：

✤ 高度酒（Generosos），細分為：

① 菲諾酒：銘黃色，加烈至15度～15.5度，由生物陳釀而成。

② 曼薩尼亞酒：顏色透明淡金，只產於桑盧卡爾-德-巴拉梅達，釀造方式跟菲諾酒一樣。

③ 阿蒙蒂亞朵酒：淺琥珀色，釀造前期跟菲諾酒一樣，屬於生物陳釀，但是後期進行氧化陳釀。

④ 俄洛羅索酒：琥珀色，加烈至17度～18度，由氧化陳釀而成。

⑤ 帕羅科爾達多酒：紅褐色，加烈至17度～18度，具有俄洛羅索酒的厚重酒體，以及阿蒙蒂亞朵酒的精緻香氣。

◀◀◀ 參觀雪莉酒酒莊。

❈ 高度烈酒（Generosos de Licor）

① 淡色奶油酒（Pale Cream）：金黃色，甜化菲諾酒或曼薩尼亞酒。

② 中級酒（Medium）：琥珀色，是甜化的阿蒙蒂亞朵酒（或其他生物陳釀的酒）。

③ 克林姆雪利酒（Cream）：淺棕色，是甜化的俄洛羅索酒（或其他氧化陳釀的酒）。

❈ 自然甜酒（Dulces Naturales）：葡萄曝曬成帶有高糖度的葡萄乾，萃取其葡萄汁之後，部分發酵而成。

① 佩德羅希梅內斯（Pedro Ximénez）：以佩德羅-希梅內斯葡萄葡萄釀造的自然甜酒。

② 麝香葡萄酒（Moscatel）：以麝香葡萄釀造的自然甜酒。

· 西班牙蒸餾酒 ·
～ Bebida Espirituosa ～

西班牙也有不少蒸餾酒，在此列舉幾項受產地名稱制度保護的蒸餾酒：

❈ 加利西亞地區的渣餾白蘭地（Orujo de Galicia）：葡萄果渣蒸餾而來，除了加利西亞地區渣餾白蘭地，還有草香渣餾白蘭地、咖啡渣餾白蘭地。

❈ 赫雷斯的白蘭地（Brandy de Jerez）：葡萄酒蒸餾而來，16世紀開始在赫雷斯生產，酒精度在36至45度之間，採用帕洛米諾品種的葡萄。

❈ 納瓦拉的黑刺李渣餾白蘭地（Pacharán de Navarro）：黑刺李浸泡茴香渣餾白蘭地蒸留而來，酒精度在25至30度之間。

❈ 茴香渣餾白蘭地（Chinchón）：小茴香籽浸泡渣餾白蘭地後經過銅鍋蒸餾器蒸餾而來，酒精度在35至74度之間。

❈ 加那利群島的蜜蘭姆酒（Ron miel de Canarias）：蘭姆酒加入甘蔗渣蒸白蘭地、水、糖、植物萃取和至少2%的蜂蜜，18世紀開始在加那利群島生產，酒精度在20至30度之間。

❈ 馬翁的琴酒（Gin de Mahón）：杜松子浸泡之後經過銅鍋蒸餾器蒸餾而來，酒精度在38至48.5度之間。

❈ 阿利坎特（Alicante）地區的渣餾

白蘭地：此地區有四種受到產地名稱制度保護的蒸餾酒，酒精濃度在40跟55度之間的茴香渣餾白蘭地、酒精濃度在15跟25度之間的咖啡渣餾白蘭地、酒精濃度在25跟35度之間的西班牙薰衣草渣餾白蘭地以及酒精濃度在22跟40度之間的草香渣餾白蘭地。

❋ 阿斯圖里亞斯地區的蘋果西打渣餾白蘭地（Aguardiente de Sidra de Asturias）：蘋果西打酒蒸餾而來，酒精度在37.5至72度之間。

❋ 佩內德斯地區的白蘭地（Brandy del Penedés）：渣餾白蘭地蒸餾而來，酒精度最少36度。

❋ 加泰隆尼亞的核桃渣餾白蘭地（Ratafía Catalana）：核桃浸泡後經過蒸餾而來，酒精度在24至30度間。

❋ 巴利阿里群島群島的渣餾白蘭地：此地區有三種受到產地名稱制度保護的蒸餾酒，酒精濃度在24跟38度之間的草香渣餾白蘭地、酒精濃度在20跟50度之間的草香渣餾白蘭地、以及酒精濃度在22跟40度之間的正雞納龍膽渣餾白蘭地。

▲ 加利西亞地區的蒸餾酒。圖片提供：© Turismo de Galicia。

·西班牙加味葡萄酒·
Vino Aromatizado

葡萄酒中加入香科或果汁而成，西班牙最有名的加味葡萄酒是：

苦艾酒或香艾酒（Vermú，英文Vermouth）：一種加入中亞苦蒿、香草植物等調配浸釀而成的加強葡萄酒，帶有淡淡優雅的香草香料甘香。

橘子甜酒（Vino Naranja del Condado de Huelva）：一種加入苦橘皮調配浸釀而成的加強葡萄酒，帶有清淡的橘香。

特色酒精飲料

=======~~~~~ · 開胃酒Vermú（亦稱Vermut）· ~~~~~=======

Vermú的英文是Vermouth，中文翻譯成苦艾酒或香艾酒，是一種加入中亞苦蒿、香草植物等調配浸釀而成的加強葡萄酒，帶有淡淡優雅的香草香料甘香。紅Vermú帶甜味，白Vermú較乾，在西班牙拿來當開胃的餐前酒。喝Vermú（Tomar un Vermú）是西班牙的傳統飲食社交習慣，和朋友喝Vermú當開胃酒，再配一點洋芋片、橄欖、海鮮罐頭等小菜，邊吃喝邊聊天。這個習俗在最近這幾年又流行起來，許多城市都有專門讓人Tomar un Vermú的酒館，而這些酒館的桌上還會放一個蘇打瓶（sifón），讓客人依照自己要的濃度，在Vermú裡加一點蘇打水。

‹‹‹ 在開胃酒Vermú裡加一點蘇打水。

·水果酒·
Sangría

Sangría是西班牙最有名的雞尾酒。據說可以追溯到19世紀初，農民用田地的農產品例如葡萄酒、水蜜桃、蘋果、柳橙等調製而成。也有人說早在18世紀，英國人就在他們的殖民地安地列斯群島喝這種調酒。

Sangría是用紅葡萄酒加上柳橙汁、檸檬汁、糖、切丁檸檬、柳橙、水蜜桃、鳳梨、蘋果、香蕉等各式水果，再加上一點白蘭地（或是苦艾酒）、一點碳酸飲料（汽水）、一點香料（丁香、肉桂、八角茴香）等調製而成，調好後要等一兩個小時，水果的味道融入Sangría，才有其獨特的風味。

在西班牙還有幾種另類Sangría，可以用白葡萄酒取代紅葡萄酒，而在盛產汽泡酒Cava的加泰隆尼亞地區，用Cava調成Sangría de Cava，在盛產蘋果酒Sidra的阿斯圖里亞斯地區，則用Sidra調成Sangria de Sidra。

西班牙最有名水果酒Sangría。

·夏日紅酒·
Tinto de Verano

夏日紅酒是西班牙的消暑冷飲，做法非常簡單，只是紅酒加冰鎮的蘇打水La Casera而已，再加幾個冰塊，還可以依據個人喜好加幾片檸檬，就是夏日紅酒啦！

· 瓦倫西亞之水 ·
Agua de Valencia

　　瓦倫西亞地區常見的調酒，以橙汁混合氣泡酒、伏特加、琴酒以及糖而成，是當地常見的夏日消暑飲料。

· 燃酒 ·
Queimada

　　在加利西亞每年的聖若翰洗者之夜喝的一種特殊酒精類飲料，把渣釀白蘭地、白糖、橘皮、檸檬皮、咖啡豆放進陶缽點火，攪拌、熄火後分裝在小碗裡，趁熱喝掉。

燃酒（Queimada）。Pablo Zunzunegui攝影。

· Risol ·

　　咖啡、糖、肉桂、玫瑰花瓣和渣餾白蘭地製成的調酒，是哈恩農村地區的冬天暖身調酒。

· Kalimotxo ·
Calimocho

　　Kalimotxo是一種很簡單的調酒，源於巴斯克地區，深受年輕人喜愛，直接把便宜的紅葡萄酒和可樂倒杯裡，就成了Kalimotxo了。至於比例，看個人喜好，因為甜甜的，容易喝多，很容易醉喔！

· Rebujito ·

Rebujito是西班牙南部常見的調酒，可以說是重要的節慶美食之一，就是雪莉酒其中的曼薩尼亞酒或菲諾酒，再加上汽水Sprite或7Up。甜甜的，容易喝多，很容易醉！

‡ Rebujito。

‡ 餐後助消化的Chupito。

· 消化甜酒 ·
Chupito

在西班牙吃一頓飯是從頭喝到尾，餐前有開胃酒，用餐時有配菜的葡萄酒，餐後還有消化甜酒，小小一杯，叫做Chupito，也稱為Licor Digestivo（助消化的酒），大部分都屬於渣餾白蘭地，蒸餾而來。西班牙各地都有產，從Pacharán、Orujo、Aguardiente到Licor de Limón或Licor de Café，據說有幫助消化的功能，但可能只是西班牙人找個藉口繼續喝酒而已。

·啤酒·

啤酒是常見的夏季飲料,西班牙各地常喝的品牌不同,馬德里及整個中部地區是Mahou,加利西亞、阿斯圖里亞斯、坎塔布里亞、瓦倫西亞跟巴利阿里群島地區是Estrella Galicia,安達魯西亞和埃斯特雷馬杜拉地區是Cruzcampo,阿拉貢和巴斯克地區是Ambar,加泰隆尼亞地區是Estrella Damm,穆爾西亞地區是Estrella de Levante,加納利群島是Dorada。

值得一提的是,其中Estrella Damm的Inedit這一款出身非凡,是由西班牙名廚亞德里亞及其elBulli餐廳的侍酒師團隊調配出來的,香氣濃郁,泡沫細緻,質地綿密,風味絕佳,在西班牙的許多米其林餐廳都有供應。

酒吧則有各式啤酒以及不同的點啤酒方式,大致上可以分為桶裝生啤酒、瓶裝罐裝啤酒、加檸檬或檸檬汽水的Clara等。

此外,西班牙還有不同的啤酒喝法。在加泰隆尼亞地區,大家常喝的是啤酒加檸檬,叫做Clara。在其他地區,Clara是啤酒加汽水(Gaseosa),最常見的汽水品牌是La Casera。

啤酒加檸檬汽水(Gaseosa de Limón)則有更多名稱,在瓦倫西亞稱為Champú,在馬約卡稱為Shandy,在巴斯克和坎塔布里亞地區稱為Pica,在Guipúzcoa和Navarra地區稱為Lejia,大部分地方則稱啤酒加檸檬汽水為Clara de Limón。

◀◀◀ Inedit。

特色無酒精飲料

· 莫斯托 ·
Mosto

製造葡萄酒時要先把顆粒狀的完整葡萄壓碎，讓葡萄汁流出來，而這壓碎流出的「葡萄汁」就是Mosto，發音是「莫斯托」，可以說Mosto就是「未發酵的葡萄酒」，是製造葡萄酒的第一個步驟產生的「半成品」。因為能拿來釀酒的葡萄除了有特定品種之外，它的成熟度、甜度等都有其規定，Mosto和普通葡萄汁不同，跟tapas配起來很棒！

· 油莎漿 ·
Horchata

一種類似豆漿和杏仁露的冷飲，是西班牙傳統的夏季飲品，用油莎草的塊莖（Chufa）製作而成。

油莎草是莎草科莎草屬植物，原生於地中海沿岸，它的塊莖微甜、可食、帶堅果味，油莎草的塊莖在瓦倫西亞地區用來做成Horchata，而瓦倫西亞老店Santa Catalina的Horchata可配Fartón麵包享用。

Horchata這個名稱有個傳說。阿拉貢國王交馬一世在13世紀遠征瓦倫西亞時，當地村女拿一杯油莎草塊莖漿飲料獻給國王，國王喝過後用道地的瓦倫西亞語說：「Això no és llet, això es or, xata!」（這不是油莎草塊莖漿，這是黃金，無知小女孩）。Horchata這個字就是從這句話的最後兩個字Orxata演變而成。

夏季飲品Horchata。▶▶▶

·熱巧克力·
Chocolate Caliente

　　巧克力原產於中美洲，是一種加上胡椒、辣椒等的飲料，是液體，不是固體。16世紀，西班牙彼德拉修道院的修士到中美洲後，寄了一包可可豆回修道院，附上調製的食譜，因此彼德拉修道院的廚房在1534年成為歐洲第一個做出巧克力的地方，從此以後直到20世紀初，巧克力都被西班牙人視為一種飲料，只是改了調味料，加上糖。後來西班牙公主瑪麗亞·特雷莎在1660年嫁給法國的路易十四，在婚宴上以巧克力宴請貴賓，巧克力因此從西班牙傳到法國，然後傳到其他歐洲國家。西班牙的熱巧克力跟大家想的巧克力牛奶不同，湯匙放在上面不會沉下去，是質地濃稠、略帶可可苦味的熱巧克力。事實上，巧克力之於西班牙人就像茶對於英國人一樣，西班牙人喝巧克力就像其他歐洲人喝咖啡一樣，糖要自己加上去（店家沒有加糖），所以不會過甜。

　熱巧克力。

·巧克力牛奶·
Leche con Cacao

　　不習慣喝西班牙傳統濃稠的巧克力，可以在咖啡廳點普通的巧克力牛奶，服務生會給一杯熱牛奶和一小包巧克力粉，直接把巧克力粉溶在熱牛奶裡，就是我們熟悉的巧克力牛奶了。西班牙的兩大巧克力粉品牌是Nesquik和Cola-cao。各有支持者。

◀◀◀ 超市賣的巧克力牛奶。

·巧克力奶昔·
Batido de Chocolate

　　西班牙最早的巧克力奶昔是Cacaolat，1931年調配出來，特色是最後底下的巧克力沉澱，巧克力的味道越喝越濃。現在西班牙超市還有Pascual、Puleva、Cola Cao Shake、Nesquik Shake等其他品牌。

巧克力奶昔。 ▶▶▶

· 咖啡 ·
Café

　　其他歐洲國家在17世紀已開始流行咖啡，西班牙因為巧克力的關係，到18世紀才引進咖啡。1764年，第一家咖啡館Fonda de San Sebastián開在馬德里，巴塞隆納的第一家咖啡館則開在1781年。雖然西班牙人起步較晚，但是因為殖民地產咖啡豆，從19世紀開始，馬德里的咖啡館成為討論藝術和文學的文化空間，而當時的知識份子、藝術家、文青聚會的咖啡館則稱為Café de Levante。

西班牙的咖啡可以分成

　　只有咖啡跟水，不加任何其他東西：① Café Solo（黑咖啡）② Espresso（濃縮咖啡）③ Café Largo（長黑咖啡）④ Café Corto（短黑咖啡）⑤ Café Solo Doble（雙份咖啡）⑥ Café con Hielo（咖啡加冰塊）。

　　咖啡加水沖泡出來之後，再加上牛奶、或奶泡、或鮮奶油、或煉乳：① Cortado（濃縮拿鐵咖啡）② Café con Leche（咖啡加牛奶，一半咖啡，一半牛奶）③ Café Bombón（黑咖啡加煉乳，亦稱Café Goloso或Café Biberón）④ Cappuccino（卡布奇諾）⑤ Café Vienés（維也納咖啡）。

　　加上酒精類飲料的咖啡：Carajillo（卡拉希悠），是咖啡加上白蘭地或威士忌、茴香酒、渣餾白蘭地蘭姆酒等。西班牙各地有不同的Carajillo（卡拉希悠）變化版，有的杯底先放一層煉乳，加上一層黑咖啡，再加上酒精類飲料，甚至有的還再加上奶泡等，因為比重不同，一杯咖啡有不同的層次，看起來很美。

　　除此之外，某些地區還有當地的特色咖啡。

西班牙
著名甜點

· 烤布丁 ·
Flan

這是西班牙餐廳的當日套餐常見的甜點選項，用雞蛋、牛奶及糖隔水加熱至凝成布丁而來。

· 蛋奶糊 ·
Natillas

也是西班牙餐廳的當日套餐常見的甜點選項，用蛋黃、牛奶、香料、糖及玉米粉（或勾芡的澱粉類）隔水加熱至濃稠糊狀製成。

烤布丁。

· 炸鮮奶 ·
Leche Frita

西班牙餐廳的當日套餐常見的甜點選項，做法較複雜，先把牛奶、糖、香料、玉米粉（或勾芡的澱粉類）加熱至濃稠糊狀，再把這濃稠糊狀的牛奶糊放入冰箱冷卻結塊，然後再把塊狀的牛奶糊沾粉和雞蛋油炸。

餐廳套餐常見甜點：炸鮮奶。

· 蛋黃布丁 ·
Tocino de Cielo

也是西班牙餐廳的當日套餐常見的甜點選項，用蛋黃和糖混勻之後烘培（或隔水加熱）做成，上面有焦糖。

· 牛奶肉桂香炸麵包 ·
Torrijas

復活節的應景甜點，但西班牙家庭隨時都可以吃。用麵包或吐司浸泡在加了白葡萄酒、檸檬皮或是肉桂的牛奶裡，裹蛋下去油炸至金黃而成，食用前再淋上蜂蜜或糖粉。早在1600年，就是專門給孕婦生產時和產後吃的甜食，用來幫助孕婦產後的恢復。後來，因為復活節前的大齋期間不能吃肉（算是守小齋，不吃會流血的動物的肉），修女就拿麵包沾牛奶（以白葡萄酒、檸檬皮或是肉桂調味）裹蛋下去油炸，加上蜂蜜或糖粉，做成Torrijas，一來填飽肚子，二來讓這個不能吃肉的大齋期禁忌「甜一點」，三來讓大家在不能吃肉的期間多一點熱量。

· 巧克力佐油條 ·
Chocolate con Churros/Porra

　　濃稠熱巧克力佐油條是天冷的星期天早餐首選，麵糊油炸做成。西班牙油條有粗細之分，粗的叫做Porras，細的叫做Churros，但在某些地方，例如Málaga的百年老店Casa Aranda則剛好相反，粗的叫做Churros，細的叫做Porras。

　　通常，粗的有加酵母粉或蘇打粉，油炸之後質感較鬆軟，炸成一大圈，然後再剪開，口感比較像我們的油條。細的沒有加酵母粉或蘇打粉，油炸之後質感較脆硬，而且是直接搓成一小圈或一小條，油炸之後不需要剪開。

※※※ 粗的油條。

· 聖雅各杏仁蛋糕 ·
Tarta de Santiago

　　西班牙北部加利西亞地區的傳統糕點，源於1577年的杏仁蛋糕（Bizcocho de Almendra）和皇家蛋糕（Torta Real），用杏仁粉、雞蛋、糖及奶油烘培而成，上面用糖粉做出聖雅各十字的花紋，是到朝聖之地終點必吃的甜點。

※※※ 聖亞各伯杏仁蛋糕。圖片提供：© Turismo de Galicia。

·奶酪蛋糕·
Quesada Pasiega

西班牙北部坎塔布里亞地區的傳統糕點，用雞蛋、糖、奶油、凝乳（或新鮮奶酪）和麵粉，以檸檬、肉桂調味，放入烤箱烘培而成。

·牛奶燉飯·
Arroz con Leche

阿斯圖里亞斯地區的傳統甜點，以牛奶和糖來燉煮米飯，把煮爛的「稀飯」加上肉桂和檸檬皮調味後，放冰箱而成的甜點。Arroz con Leche原意是「牛奶燉飯」，但這道甜點一半像加糖的稠稀飯，一半像布丁，所以也稱為「米布丁」。

牛奶燉飯。

·蝸牛甜麵包·
Ensaimada

17世紀就有文獻記載，介於蛋糕和麵包之間，外貌螺旋狀，吃起來香甜鬆軟，用高筋麵粉、雞蛋、酵母、砂糖、水，豬油（現在大都改用奶油製作）做成。蝸牛甜麵包是巴利阿里群島最常見的早餐，可以有不同夾心和口味，常見的內餡有糖漬南瓜纖維，奶黃、鮮奶油、巧克力等。在狂歡節時還有紅椒肉醬腸甜麵包，把巴利阿里群島最有名的兩種食物，一甜一鹹地和在一起。另外，也有沒夾心，但是外面以杏桃點綴的蝸牛甜麵包。

· 加利西亞可麗餅 ·
Filloas

西班牙北部加利西亞地區的甜點，用麵粉、牛奶、雞蛋調成的麵糊煎成。

· 坎塔布里亞式蛋糕 ·
Sobao Pasiego

西班牙北部坎塔布里亞地區的傳統糕點，用奶油、雞蛋、糖及麵粉烘培而成。是當地人常吃的早餐之一。

· 炸甜甜球 ·
Buñuelos

一種鬆鬆軟軟的油炸麵團，口感跟甜甜圈很類似，大部分的甜點店做的是實心的球狀甜食，有些Buñuelos中間有一個小洞。

△ 炸甜甜球。　　　　　　　　　　△ 焦糖布丁。

· 焦糖布丁 ·
Crema Catalana

加泰隆尼亞地區的傳統甜點，用蛋黃、糖、牛奶、玉米粉（或勾芡的澱粉類）製作成奶黃，上面撒糖粉，烤熱後表面就會覆上一層焦糖。

·聖女大德蘭蛋黃糕·
Yema de Santa Teresa

　　阿維拉地區名產，蛋黃和糖做出來的蛋黃糕，雖然有點甜，配咖啡卻剛剛好。不含麵粉，適合麥麩過敏的人。

·「睡衣」·
Pijama

　　Pêche Melba是法國主廚艾斯可菲（Auguste Escoffier）在1892或93年於倫敦Savoy飯店工作時創製的甜點，是桃子、覆盆莓果醬佐香草冰淇淋。艾斯可菲非常喜歡當時在皇家歌劇院演唱的澳洲女高音梅爾巴（Nellie Melba）的歌聲，便以她的姓氏替這道甜點取名為Pêche Melba。

　　1951年，七道門（7 Portes）餐廳是美國第六艦隊在巴塞隆納靠港時軍官最愛去的餐廳，而Pêche Melba則是那些美國軍官最愛的甜點。美國軍官點完Pêche Melba，七道門餐廳的服務生把Pêche Melba這個甜點名稱一個傳一個，最後聽起來就像西班牙文的Pijama（睡衣），而七道門餐廳則趁機把Pêche Melba改良一下，成為一道水果、雞蛋布丁佐冰淇淋和鮮奶油的甜點。

　　從此以後，水果、雞蛋布丁佐冰淇淋和鮮奶油就叫做「睡衣」，並從七道門餐廳流傳出去，最後風行整個西班牙。這是一道標準的西班牙甜點，分量超大，熱量破表，有人試過嗎？

🍴 高熱量的甜點「睡衣」。

·蛋糕卷·
Brazo de Gitano

Brazo de Gitano的西文原意是「吉普賽人的手臂」，就是有夾心的蛋糕卷。據說因為外形像手臂，加上烘烤過後的蛋糕卷呈棕色，像吉普賽人的手臂。另有一說是以前的甜點師傅利用剩餘的原料做出的蛋糕卷，贈送給幫他們修鍋爐的吉普賽人，讓他們可以夾在手臂下帶回去，所以稱為「吉普賽人的手臂」。

西班牙零食

❋薯片（Patatas Fritas）：薯片是西班牙常見的下酒零食，超市有各種口味的薯片，西班牙人最常吃的是「家常原味」薯片。最近這幾年的美食專賣店有越來越多的「美食薯片」，標榜以橄欖油製作，撒上高級岩鹽或海鹽，連知名主廚艾伯·亞德里亞（Albert Adrià，Ferran Adrià的弟弟）的品牌La Cala 都有生產「美食薯片」。另一個讓你吃個夠的桶裝薯片Bonilla a la vista也是西班牙的「美食薯片」品牌。

❋堅果（Frutos Secos）：西班牙生產許多種類的堅果，如杏仁、榛果、葵花子等，除了烘過原味的堅果之外，還有烘過加鹽的、油炸過加鹽的、有外裹焦糖的、有外裹蜂蜜的等等，吃起來脆香可口。

▲▲▲ 西班牙兩個零食薯片的品牌。

▲▲▲ 無花果乾。

❊ 香炸豬皮（Cortezas de Cerdo）：
用豬皮本身的油質炸到酥脆而成，做
法跟我們的炸豬皮差不多，是一種中
西通吃的傳統零食。

❊ 無花果（Higo）：西班牙產無花
果，可以吃到新鮮無花果，還可以買
到無花果餅（Pan de Higo）和無花果
乾（Higo Seco），無花果餅可以算
是西班牙聖誕節的應景甜點之一，而
無花果乾則可以拿來烹調、做甜點。

　其他零食還有爆米花、瓜子、葡萄
乾、椰棗、乾燥水果。

逢食遇節

\ 1-3 /

季節飲食篇

西班牙物產豐饒，
馬鈴薯、大蒜、番茄、胡蘿蔔、茄子、節瓜、南瓜、洋蔥、萵苣、蘿蔔、
小黃瓜、青椒、紅椒、韭蔥、大頭菜、高麗菜、菾蓬菜等常年都有，
但是，每個季節各有不同的季節飲食，
夏天吃沙拉、冷湯，冬天就吃熱乎乎的
「用湯匙吃的菜餚」（Platos de cuchara）。

春季飲食

當地美食

✿ 水果：酪梨、杏桃、草莓、覆盆子、奇異果、檸檬、小橘子、蘋果、水蜜桃、柳橙、橘子、桃子、枇杷、梨子、香蕉、葡萄柚、櫻桃。

✿ 蔬菜：除了四季都有的蔬菜，還有朝鮮薊、芹菜、綠花椰菜、花椰菜、苦苣、蘆筍、菠菜、豌豆、蠶豆、嫩蔥、蒜苗、大蔥。

✿ 肉：春季是狩獵季節，在市場可以看到野兔、鵪鶉、野鴨等野味。

　　每年2月、3月加泰隆尼亞有一樣特別的時菜：大蔥（Calçot），比我們平常吃的蔥粗一點，蔥頭和一整隻蔥差不多大小，長度大約有20公分，不辛辣。大蔥用烤的，吃法是先圍上吃大蔥用的紙圍巾，用手抓住大蔥上方沒有烤焦的部分，剝掉焦黑的外皮，把中間熱騰騰的蔥芯拉出來，然後沾上Salsa Romesco醬，最後高高舉起大蔥，抬起頭對著大蔥底部咬下去。通常吃大蔥時，還要配一些肉類，例如Butifarra（香腸）、炭烤羊肉、牛肉、豬肉等。

　　春天也是朝鮮薊盛產的季節，它是在地中海沿岸生長的菊科菜薊屬植物，花蕾可以用來煮菜，有不少做法，帶有一種甘甜味。另外，春天也產蘆筍，可以去郊外採野蘆筍，也可以在市場買到新鮮的當季蔬果。

市場賣的Calçot大蔥（左上）；烤大蔥（左下）；朝鮮薊（中）；蘆筍（右）。

⚘ 節慶美食 ⚘

· 狂歡節 ·
Carnaval

　　在2月或3月、大齋期（Cuaresma，亦稱「四旬期」）之前舉行的天主教慶典，趁著大齋期來臨之前趕緊飲酒作樂。狂歡節的西班牙文叫做carnaval，跟carne（肉）有關，因為在復活節前40天的大齋期不能吃肉，大家利用大齋期之前的狂歡節大吃大喝一頓，肉類當然是不可少的食物。西班牙各地狂歡節的美食：

🥄 加利西亞和阿斯圖里亞斯地區：燉肉菜鍋（Cocido do Entroido）、炸麵餅（Orejas de Carnaval）、胡桃甜餡餅（Casadiella）。

🥄 加泰隆尼亞地區：雞蛋香腸佐蛋餅（Botifarra d'Ou i Truita）和松子甜麵包（Cocas de llardons）。

🥄 安達盧西亞地區：狂歡節麵餅（Tortas de Carnaval）、狂歡節凝乳（Cuajada de Carnaval）、小菜（Tapas）以及蝦米餅（Tortillitas de Camarones）。

巴利阿里群島：肉醬腸甜麵包（Ensaimadas de Tallades）。

🥄 加納利群島：蜂蜜甜麵包（直譯是「蜂蜜湯」Sopas de Miel）。

　　在Vilanova i la Geltrú小鎮，有個「打蛋白霜戰」和「打糖果戰」的活動，愛甜點的人只要張開嘴巴就可以吃到蛋白霜，還可以撿到一堆糖果。

🥄 Buñuelos de Cuaresma（炸甜甜球）。

· 聖灰星期三和大齋期 ·
Miércoles de Ceniza

　　狂歡節的最後一天，也是禁食刻苦的大齋期的開始。40天的大齋期為了淨化心靈，教徒不能吃肉，算是守小齋。有人說不能吃紅肉，例如牛肉，也有說是僅限於流紅色血的動物，不可以吃肉，但可以吃魚。而魚類不易保存，大家把大西洋鱈魚用鹽醃製，以便保存和運送至內陸，鱈魚就成為大齋期的應景食物。不論海邊或內陸都有鱈魚的各式料理，有香煎的、焗烤的、加番茄燉煮的，也有加生菜當沙拉。烹煮前先用水浸泡24到48小時，把鹽分泡出來，然後按照一般魚類的方式烹煮，味道和我們習見的鹹魚不同。大齋期的知名美食有：炸大西洋鹹鱈魚球（Buñuelos de Bacalao）、大西洋鹹鱈魚燉馬鈴薯、菠菜（Potaje de Vigilia con Bacalao y Espinacas）、巴斯克地區的大蒜橄欖油醬汁香蒜鱈魚（Bacalao al Pilpil）、加泰隆尼亞地區的大西洋鹹鱈魚沙拉（Esqueixada de Bacalao）、甜甜球（Buñuelos de Cuaresma）等。

▲ 大蒜橄欖油醬汁香蒜鱈魚。

· 瓦倫西亞的火節／法亞節 ·
Las Falla

◀◀◀ Horchata。圖片提供：© Turisme Comunitat Valenciana。

　　在3月15-19日舉行，為了紀念木工主保聖人聖若瑟，也含有春天除舊布新的意味。火節最常見的美食就是瓦倫西亞著名的燉飯、香炸南瓜麵餅（Buñuelos de Calabaza）、巧克力佐油條和油莎漿佐甜麵包（Horchata de Chufa con Fartóns）。

· 聖週 ·
~ *La Semana Santa* ~

　　復活節是每年春分月圓之後的第一個星期日，聖週從活節前一個星期天開始，為期一星期。西班牙聖週應景的甜點是牛奶肉桂香炸麵包（Torrijas）。據說，每年聖週期間光是馬德里的糕點店就會賣掉將近30萬公斤的Torrijas de Semana Santa！

　　而穆爾西亞、瓦倫西亞、加泰隆尼亞、阿拉貢和卡斯提亞-拉曼恰地區的主復活日應景糕點則是Mona de Pascua，是一種用水煮雞蛋裝飾的糕點，後來在加泰隆尼亞地區漸漸演變成用巧克力雞蛋裝飾的糕點，有巧克力城堡、巧克力足球場、巧克力卡通造型人物等。

　▲ 復活節應景甜點巧克力Mona de Pascua。　　　　　▲ Rebujito。

· 塞維亞的4月春會 ·
~ *Feria de Abril* ~

　　4月或5月初之間，始於1847年的牲口市集，後來漸漸演變為世界知名的節慶。在4月春會最常見的食物是tapas、香炸小魚、馬鈴薯蛋餅、香炸蝦米薄

餅、蝦、冷湯。雪莉酒是最常見的飲料，例如曼薩尼亞酒（Manzanilla）和菲諾酒，還有一種叫做Rebujito，是曼薩尼亞酒或菲諾酒混合檸檬汽水的飲料。

· 赫雷斯的馬節 ·
Feria del Caballo

5月初，始於1284年的馬匹市集，現在沒有馬匹買賣，只有吃喝跳舞慶祝。馬節常見的美食是伊比利火腿、乳酪及香炸小魚等。雪莉酒是最常見的飲料，例如俄洛羅索酒和菲諾酒，Rebujito也很常見。

· 馬德里的聖依西多祿節 ·
Fiestas de San Isidro

5月15日前後，是馬德里主保聖人的瞻禮日。常見的傳統節慶美食是馬德里雜燴肉菜鍋（Cocido madrileño）、燉飯、碎蛋佐火腿、羊肚、香炸魷魚圈三明治（Bocadillo de calamares）、蛋卷、雞蛋酥餅（Rosquillas de SanIsidro）。

此外，春天還有不少美食節慶，最重要的如下：

✽ 奶酪節（Feria del Queso de Trujillo）：每年5月在埃斯特雷馬杜拉地區的Trujillo舉行。

✽ Ribeiro白葡萄酒節（Feria del Vino de Ribeiro）：每年5月在加利西亞地區的Ribadavia舉行。

✽ 蘆筍節（Feria del Espárrago de Dicastillo）：每年5月在納瓦拉地區的Dicastillo舉行。

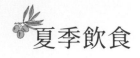

夏季飲食

🥄 當地美食 🥄

❊ **水果**：杏桃、無花果、櫻桃、歐洲李、芒果、水蜜桃、蜜瓜、榲桲、桃子、蟠桃、梨子、香蕉、西瓜。

❊ **蔬菜**：除了四季都有的蔬菜，還有豌豆、四季豆、甜菜、松露。

　　西班牙人吃東西冷熱分明，而夏天最消暑的食物莫過於冷湯了。這個冷湯源於盛產蔬菜的西班牙南部安達魯西亞地區。據說，最原始的冷湯是西班牙南部農民利用隔夜的麵包、橄欖油、大蒜、鹽、醋等作成的混合物，後來，在西班牙各地演進出不同版本的冷湯，例如Ajo Blanco、Salmorejo等。而現在我們喝的冷湯Gazpacho的重要原料「番茄」，是19世紀才被加進去的，因此，現在冷湯Gazpacho的特色就是它橘紅色的顏色。在各式西班牙冷湯Gazpacho之中，又以安達魯西亞冷湯（Gazpacho Andaluz）最負盛名，但是，這道冷湯仍會因廚師、配料、比例而有不同的口味。

🌸🌸🌸 夏季盛產櫻桃（上左）；蜜瓜跟西瓜（上中）；無花果（上右）；夏季水果（下）。

在這邊跟大家分享幾道西班牙常見的夏季美食，絕大部分是冷的、清爽的、沙拉蔬果類的、冰涼消暑的食物。

❋ 安達魯西亞式冷湯（Gazpacho Andaluz）：用泡軟的麵包，加上番茄、青椒、黃瓜、大蒜、橄欖油、大蒜、鹽、醋等研磨成的混合物。

夏季最有名的冷湯（上）；海鮮沙拉（Salpicón de Marisco）（左）；沙拉（中）；馬鈴薯烘蛋（右）。

❋ 哥爾多巴式冷湯（Salmorejo Cordobés）：跟安達魯西亞式冷湯很像，但是只用番茄，較濃稠，大蒜較多，上面會加點切碎的水煮蛋和火腿。

❋ 杏仁冷湯（Ajoblanco）：用杏仁、泡軟的麵包、大蒜、橄欖油、醋和鹽研磨成的混合物。

❋ 甜瓜佐火腿（Melón con Jamón）：另一種享用火腿的方式。

❋ 沙拉（Ensalada）：除了普通沙拉，還有海鮮沙拉（Salpicón de Marisco）、番茄烤紅椒沙拉（Zorongollo）、大西洋鹹鱈魚沙拉（Esqueixada）。

❋ 加利西亞式章魚（Pulpo a la Gallega）：吃溫的，不吃熱的。

❋ 燉飯（Paella）：全年都吃，但是夏天海灘餐廳最常煮的一道菜。

❋ 馬鈴薯烘蛋（Tortilla de Patatas）：冷的吃起來也很棒，夏天吃冷的。

❋ 杏仁冰淇淋（Helado de Jijona／Helado de Turrón de Jijona）。

夏季消暑的飲料有以下幾種：

❋ Sangría：水果酒。

❋ Tinto de Verano：夏日紅酒，紅酒加汽水。

🥂 Kalimotxo（Calimocho）：紅葡萄酒加可樂。

🥂 Clara（Cerveza）：啤酒混檸檬或啤酒混檸檬汽水。

🥂 Rebujito：安達魯西亞地區常見調酒，是曼薩尼亞酒或菲諾酒混合檸檬汽水。

🥂 Zurracapote：拉里奧哈地區常見的水果調酒，是葡萄酒混檸檬、肉桂、水蜜桃、橘子、香蕉等水果以及糖。

▲ Sangría。

🥂 Agua de Valencia：瓦倫西亞地區常見調酒，橙汁混氣泡酒、伏特加、琴酒以及糖。

🥂 Agua de Murcia：穆爾西亞地區常見的調酒檸檬汁混氣泡酒、伏特加、琴酒以及糖。

🥂 Agua de Sevilla：塞維亞地區常見的調酒威士忌混干邑白蘭地、鳳梨汁、氣泡酒、蘭姆酒、君度、奶油以及肉桂粉。

🥂 Pomada（Menorca）：梅諾卡島產的琴酒（Gin Xoriguer）混檸檬水。

　　其他夏季消暑非酒精飲料還有：大麥茶（Agua de Cebada）、蛋白霜牛奶（Leche Merengada）、油莎漿（Horchata de Chufa）、冰咖啡（Café con Hielo)、檸檬冰沙（Granizado de Limón）。

🥄 節慶美食 🥄

· 施洗者聖約翰之夜 ·
Noche de San Juan

　　6月23日晚上慶祝一年中最短的一夜，西班牙人在這一夜和親戚朋友聚餐，烤肉、烤魚是最常見的節慶美食。在加泰隆尼亞地區、阿拉貢東部、瓦倫西亞和巴利阿里群島吃一種叫做Coca de San Juan的甜點，在加利西亞地區則喝Queimada酒，有除晦氣的功效。

▲▲▲ 施洗者聖約翰之夜應景的甜點 Coca de San Juan。

· 阿羅（Haro）的打酒戰 ·
Batalla del Vino

　　從最早朝聖時以當地盛產的紅酒舉行洗禮，演變成每年6月29日用紅酒互相噴灑的慶祝活動，愛酒的人去那臉只要張嘴就可以。打完酒戰還可以吃用葡萄藤烤出來的羊肉。

· 潘普隆納（Pamplona）的奔牛節 ·
Los San Fermines

　　當地主保聖人的節慶，在7月6-14日舉行，因為海明威而聞名國際，大家一清早在圍起來的巷弄間把鬥牛趕進鬥牛場。節慶飲食是燉牛肉（estofado de toro）、番茄香蒜鱈魚（Bacalao ajoarriero）、荷包蛋佐臘腸（huevos fritos con chistorra）、白菜豆燉（las pochas）、火腿肉片佐番茄醬（magras con tomate）等。

· 馬拉加的春會 ·
Feria de Málaga

　　1487年8月19日，馬拉加正式成為天主教雙王管轄的卡斯提亞王國，因此大家把那一天當節慶來慶祝，後來成為當地一年一度最盛大的慶典。常見的節慶飲食是Cartojal甜酒、炸小魚（Pescaítos fritos）、炭烤沙丁魚（Espeto de sardinas）、截形斧蛤（Coquinas）、水煮蝦（Gambas cocidas）及杏仁冷湯（Ajo blanco）。

· 布紐爾（Buñol）的番茄節 ·
La Tomatina

　　源於1945年年輕人用番茄打群架，現在每年8月的最後一個星期三從早上11點到12點那一天，市政府供應番茄，讓大家拿番茄當「武器」砸人。番茄節沒有特別的節慶美食，主角就是「番茄」。

· 塔拉宋納（Tarazona）的西波特加托節 ·
El Cipotegato

　　另類番茄節，在8月27日那一天，全村的人一邊猛追著穿著丑角服裝的主角，一邊拿番茄砸他，直到他到廣場，爬上廣場中央的銅雕為止。

　　夏天還有以下最重要的美食節慶：

※ 國際大蒜節（Feria Internacional del Ajo）：每年7月底在卡斯提亞拉曼洽的Las Pedroñeras舉行。

※ albariño白葡萄酒節（Fiestas del Albariño）：每年7月底、8月初在加利西亞地區的Cambados舉行。

※ 章魚節（Fiestas del Pulpo）：每年8月在加利西亞地區的Carbaliño舉行。

蘋果西打酒節（Fiesta de la Sidra Natural）：每年8月在阿斯圖里亞斯地區的Gijón舉行。

秋季飲食

♬ 當地美食 ♬

❀ 水果：酪梨、柿、釋迦、覆盆子、石榴、無花果、奇異果、檸檬、小橘子、芒果、蘋果、水蜜桃、榲桲、柳橙、桃子、梨子、香蕉、葡萄。

❀ 蔬菜：除了四季都有的蔬菜，還有野菇、朝鮮薊、綠花椰菜、乳薊、紫甘藍、花椰菜、白苦苣、苦苣、菠菜、四季豆、甜菜。

❀ 堅果：杏仁、榛子、栗子、核桃、松子、葵花子。

　　以美食的角度來說，9月最重要的收成就是釀酒的葡萄採收，10月底則是採摘番紅花的季節。

石榴（左上）；柿子和釋迦（左下）；榲桲（右）。

市場各式的菇菌類。

秋天也是採菇季節，懂菇的西班牙中北部人會去野外採菇，不懂得分辨毒菇的人就到市場買現成的。菇類的食譜不少，可以當配料，也可當主食，還可以燉、烤、煎、炸等。而從10月開始，西班牙很多城市的街頭就有烤栗子的攤子，栗子的香味帶來深秋的氣息。

從11月中一直到3月中是採黑松露或是冬季松露的季節，也是冬天唯一能在市場買到新鮮松露的季節。

✎ 節慶美食 ✎

· 西班牙各產酒區的釀酒葡萄豐收節慶 ·
Fiesta de la Vendimia

西班牙文Vendimia是「採摘釀酒葡萄」，葡萄收成後，一定要好好大肆慶祝一番，在西班牙各個產酒地區都會慶祝，日期不盡相同，基本上都在8、9月。

⚐⚐ D.O. Arlanza的葡萄採收。圖片提供：© Ruta del Vino Arlanza。

· 薩拉哥薩的聖柱聖母節 ·
Fiestas del Pilar

聖柱聖母是薩拉哥薩的主保聖人，在10月12日前後，成千上萬穿著各地傳統服飾的人們會到聖柱聖母馬利亞主教座堂前面獻花，城裡有諸多慶祝活動。常見的節慶飲食是下酒小菜（Pinchos）、烤羔羊（Ternasco Asado）、番茄香蒜鱈魚（Bacalao Ajoarriero）、琉璃苣佐馬鈴薯（Borraja con Patatas）、番茄紅椒香蒜雞（Pollo al Chilindrón）。

· 西班牙中、北部城市的烤栗子節 ·
castañada on Magosto

在加利西亞地區、阿斯圖里亞斯地區、坎塔布里亞地區、巴斯克地區都有烤栗子節，在10月底、11月舉行，全城的人聚在一起生火、烤栗子、烤肉、烤臘腸，歡度豐收的秋季。

· 孔蘇埃格拉和馬德里德霍斯的番紅花節 ·
～ Fiesta de la Rosa del Azafrán Consuegna ～
Jornadas del Azafrán Madridejos

10月底也是採摘番紅花的季節，西班牙最有名的番紅花產地有番紅花節。

· 諸聖節 ·
～ Día de Todos Los Santos ～

教會融合了原始民間信仰和基督理念，以11月1日來紀念所有被列入聖品的聖人，也是西班牙人追思死者的日子，算是掃墓節。在這一天，應景的甜點是Buñuelos de Viento和Huesos de Santo，另外跟家人朋友到郊外烤栗子也是一種慶祝活動。

秋天最重要的美食節慶還有：

✳ 釀酒葡萄豐收節慶（Fiestas de San Mateo）：每年9月在西班牙最重要的葡萄酒產區拉里奧哈地區的Logroño舉行。

✳ 海鮮節（Fiesta del Marisco）：每年10月在加利西亞地區的Ogrove舉行。

✳ 渣釀白蘭地節（Fiesta del Orujo）：每年11月在坎塔布里亞地區的Potes舉行。

▲ 諸聖節應景的甜點Huesos de Santo。

冬季飲食

✎ 當地美食 ✎

❋ 水果：酪梨、柿、釋迦、覆盆子、石榴、無花果、奇異果、檸檬、小甜橘、蘋果、柳橙、梨子、香蕉、葡萄、葡萄柚。

❋ 蔬菜：除了四季都有的蔬菜，還有朝鮮薊、芹菜、綠花椰菜、乳薊、紫甘藍、花椰菜、白苦苣、苦苣、菠菜、豌豆、蠶豆、松露。

❋ 肉：冬季是狩獵季節，在市場可以看到野兔、鵪鶉、野鴨等野味。

西班牙人冬天就吃熱乎乎的「雜燴肉菜鍋」，用西班牙人的說法，就是「用湯匙吃的菜餚」，西班牙冬季用湯匙吃的美食如下：

❋ 馬德里式燉牛肚（Callos a la Madrileña）。

❋ 燉小扁豆（Lentejas）：由小扁豆、五花肉、臘腸、番茄、胡蘿蔔、洋蔥、大蒜、月桂葉等食材燉煮而成，材料隨地區而有不同。

❋ 雜燴肉菜鍋：西班牙南北各地都有雜燴肉菜鍋，名稱不同，南部的叫做

番茄長年都有，種類繁多（左）；小甜橘（右）。

Puchero，馬德里的叫Cocido Madrileño，加利西亞的則是Cocido Gallego，坎塔布里亞的叫做Cocido Montañés，卡斯提亞-雷昂的叫做Cocido Maragato，加泰隆尼亞的叫做Escudella i Carn d'Olla，基本上就是把各式肉類和臘腸熬成濃湯，加上各式蔬菜，煮成一大鍋，差別只是加的肉類、臘腸、蔬菜種類不同而已。

✿長鰭鮪魚燉馬鈴薯（Marmitako）：長鰭鮪魚和馬鈴薯、洋蔥、青椒、大蒜等食材燉煮而成。

✿阿斯圖里亞斯式豆肉鍋（Pote Asturiano）：豬肉和阿斯圖里亞斯臘肉、白菜豆、阿斯圖里亞斯臘腸、阿斯圖里亞斯血腸、馬鈴薯、大蒜等燉煮而成。

✿大蒜濃湯（Sopa de Ajo）：大蒜、火腿爆香後，加入麵包、調味料、高湯，最後打上一顆蛋的濃湯。

✿臘腸白豆煲（Fabada Asturiana）。

✿權勢鍋（Olla Podrida）：紅菜豆、臘腸、血腸、排骨、嘴邊肉、豬蹄等燉煮而成。podrida源自"poderida"，是以前有權勢的人才吃得起的菜餚。

✿拉里奧哈式馬鈴薯（Patatas a la Riojana）：馬鈴薯、臘腸、紅椒、洋蔥、紅椒粉等食材燉煮而成。

✿雜燴肉菜鍋的前菜（左上）；雜燴肉菜鍋的主菜（左下）；臘腸白豆煲（右）。

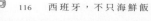

※ 烘烤飯（Arroz al Horno）：高湯、米、鷹嘴豆、馬鈴薯、番茄、排骨、五花肉、血腸、翻紅花、橄欖油等烘烤而成。

※ 馬鈴薯鱈魚泥（Atascaburras）：馬鈴薯、鱈魚、大蒜、橄欖油混合而成的馬鈴薯鱈魚泥，上面放水煮蛋和核桃。

🥄 節慶美食 🥄

· 愚人節 ·
Día de los Santos Inocentes

　　為了紀念那些被希律王殺死的無辜嬰兒們，教會把「原始民間信仰」在聖誕節和新年之間慶祝的瘋人節（Fiesta de los Locos），以一個天主教的節慶「神聖無辜者節（Día de los Santos Inocentes）」來代替，以玩笑惡作劇來慶祝12月28日這一天，所以這一天是西班牙的愚人節。在Ibi這個地方，這一天有個麵粉節（Els Enfarinats de Ibi），大家直接拿麵粉和雞蛋攻擊對方，讓麵粉和雞蛋齊飛。

· 聖誕節 ·
La Navidad

　　西班牙聖誕節的特色是大吃大喝，聖誕大餐以海鮮、烤乳豬、火雞等大魚大肉為主。此外還有不少聖誕節的應景甜食：

※ Turrón（杏仁糖）：用蜂蜜（或糖）加入烤過去殼的杏仁而成的長方磚形或圓片狀甜點。有各種口味，硬的傳統Turrón叫做Turrón de Alicante，有點像我們的牛嘎糖，可以看到一顆一顆的杏仁；軟的傳統Turrón叫做Turrón de Jijona，看

不到一顆一顆的杏仁，因為是用磨碎的杏仁製作，有點像花生糖泥的糖磚。另外還有焦糖蛋黃、松露、巧克力、椰子等口味。

❋ Polvorón（杏仁糕）：有點像是台灣的綠豆糕，口感柔細，酥鬆易碎，是用麵粉、奶油或豬油、糖、肉桂加上磨碎的杏仁做成。現在也有椰子、巧克力等口味，最有名的產地是塞維亞省的Estepa鎮。

各種口味的Turrón（杏仁糖）（左上）；聖誕節前超市的Turrón（杏仁糖）（中上）；Polvorón（杏仁糕）（右上）。Mantecado（豬油糕）（左下）；Mazapán（杏仁糖糕）（中下）；Rosco de Vino（甜酒圈）（右下）。

❅ Mantecado（豬油糕）：用麵粉、奶油或豬油、糖和肉桂等（有些還加上磨碎的杏仁）去做的「豬油糕」，但奶油或豬油比例比Polvorón還要高，並加上蛋白，最有名的產地是塞維亞省的Estepa鎮。

❅ Mazapán（杏仁糖糕）：用杏仁和糖做成的甜點，是托雷多的名產。嘗過Mazapán的人都說很甜，配咖啡剛剛好，對愛吃甜食的人來說，這可是甜食聖品！

❅ Rosco de Vino（甜酒圈）：用麵粉、奶油或豬油、甜酒、糖和肉桂等（有些還加上磨碎的杏仁）做成。

❅ Peladillas（脆糖衣杏仁）：杏仁外面裹糖衣。

❅ Almendras Rellenas（杏仁泥糖）：杏仁泥糖裹脆餅。

· 除夕跨年 ·
Fin de Año

　　西班牙的跨年習俗是在除夕大餐之後、12點鐘響時「吞」葡萄。據說在1909年，葡萄大豐收，果農不曉得該如何處理這些葡萄，聰明的商人就想出這樣的促銷點子：「一人吃12顆葡萄，會為新的一年帶來好運」，因此解決了葡萄過剩的問題。後來連國王都「吞葡萄討吉利」，這個習俗就慢慢變成一項傳統，12月31日那一天市場特別漲價的水果就是葡萄。在午夜敲鐘之前，大家一定要先準備好，先把葡萄剝皮去籽，才能聽一聲鐘響吃一顆葡萄，現在超市有買罐裝的剝皮去籽葡萄，更是方便，但是我的經驗是，鐘敲得太快，根本來不及咀嚼，最後嘴裡塞滿葡萄，就是吞不下去。我常說：吞葡萄乾比較快！西班牙人因為從小受過訓練，人人可以一響鐘聲吞一顆葡萄，外國人真的很難在12聲鐘響前吞完12顆葡萄。吃完葡萄後，一起過新年的親朋好友會舉杯喝香檳、親臉頰、互道新年恭喜，接著就是新年派對了！

·新年·
Año Nuevo

西班牙人夜生活豐富，年輕人在新年除夕是玩通宵，不醉不歸，玩到隔天早上七八點結束，吃完「熱巧克力配細油條」早點才回家睡覺！

➤➤➤ 熱巧克力配細油條是傳統的新年早餐。

·三王節·
Día de Reyes

按照西班牙傳統，1月6日是耶穌聖嬰收到禮物的日子，所以也是送聖誕禮物的日子，乖的人有禮物，不乖的只能收到木炭黑糖（carbón de caramelo）。三王節應景的糕點是甜麵包圈（Roscón de Reyes），是圓環形狀、上面以各色水果乾點綴的甜麵包，麵包店會在糕點上擺個紙皇冠，糕點裡藏一個小東西，吃到的人將會一整年好運不斷。在某些地區，還會藏一個扁豆和一個國王，吃到扁豆的人要請吃甜麵包圈，吃到國王的人可以戴糕點上擺的紙皇冠。

➤➤➤ 三王節應景的糕點甜麵包圈。

· 哈藍普拉斯節 ·
El Jarramplas de Piornal

　　這個節慶跟西波特加托節很類似，眾人拿東西砸一個特定的節慶人物，不過，不是用番茄砸，而是用蘿蔔砸。這個節慶每年1月底在Piornal舉行。

　　冬天最重要的美食節慶還有：

❈ 橄欖節（Fiesta de la Aceituna en Martos）：每年12月的第一個星期在西班牙最重要的橄欖產區Jaén的Martos小鎮舉行。

❈ 烤大蔥節（La Fiesta de la Calçotada en el Valls）：每年年初是大蔥的季節，所以每年1月在Tarragona的Valls地區有烤大蔥節。

❈ 朝鮮薊節（Fiesta de la Alcachofa Benicarló）：每年1、2月間在朝鮮薊產區Benicarló舉行。

❈ 松露節（Feria de la Trufa Negra/Fiesta de la Trufa de Invierno）：每年從12月初到1月底在松露產地例如Teruel、Soria、Abejar、Graus、Metauten等地舉行。

❈ 煙燻帶骨臘腸節（Festival Nacional de Exaltación del Botillo en Bembibre）：Botillo（煙燻帶骨臘腸）是一種腸衣灌入調味過、帶骨頭的豬肉製造而成的煙燻帶骨臘腸，每年2月間在Bembibre有這個食物的節慶。

哈藍普拉斯節。圖片提供：© Turismo de Extremadura。

Part Two

腳踏食地

旅遊&美食

講到西班牙美食，
大家都會想到伊比利火腿、
海鮮飯、Tapas等食物，
坊間專講西班牙美食的中文書籍
也只局限在這些食物上。
殊不知，就像中國菜有閩菜、粵菜、川菜、
湘菜、淮揚菜、浙菜、魯菜、徽菜等，
西班牙各地區也有特色各異的美食。

\ 2-1 /

綠色西班牙，
高優質食材，避暑勝地

加利西亞地區（Calicia）

位於西班牙西北部，東面大西洋，面積29,575 km²，人口270萬，人口最多的省會是拉科魯尼亞（A Coruña），首府是星野聖地牙哥（Santiago de Compostela）。

當地美食

加利西亞是西班牙最有名的海鮮、牛肉產地，有各色豐富的食材，唯缺橄欖油和火腿。

加利西亞有超過1100公里的海岸線，是西班牙最大的海鮮供應地。因其海岸有歐洲最高的懸崖與平靜的河水，以及大西洋在這個緯度的豐富營養度，得天獨厚的條件形成特別的生態系統，孕育出最精緻的海產，所以漁業是主要產業，維哥（Vigo）是歐洲的主要漁港。

加利西亞的河群是歐洲最大的淡菜產區，也因此加利西亞的淡菜是歐洲唯一有受原產地命名制度保護的淡菜（D.O.P. Mejillón de Galicia）。

藤壺（Percebe，亦稱龜足）是加利西亞最著名最特別的海鮮，長在海浪常年拍打的岩石上，漁民冒生命危險在浪濤間攀岩採摘，得來不易，是西班牙很珍貴的海鮮，餐廳100公克可以賣超過30歐元。

除此之外，加利西亞產的挪威海螯蝦、蜘蛛蟹、梭子蟹、麵包蟹、蝦、海螯蝦、牡蠣、竹蟶、淡菜、扇貝、鳥尾蛤科、干貝、蛤蜊、章魚、墨魚、鰈魚、安康魚、鯛魚、黑斑小鯛、沙丁魚、石斑魚、鱸魚、竹莢魚、鮭魚、鱒魚、七鰓鰻等讓這裡成為海鮮控的天堂。這裡的漁市場也有最鮮美的遠洋漁業漁獲，如鮪魚、鱈魚、大西洋鱈魚、青鱈或鯖魚。

加利西亞的淡菜。圖片提供：© Turismo de Galicia。

加利西亞的淡菜養殖筏（上）；加利西亞的漁民在海浪間摘採藤壺（左）；加利西亞的漁民捕撈七鰓鰻（右）。
圖片提供：© Turismo de Galicia。

　　加利西亞還有一種鮮為人知的特別魚類：七鰓鰻（Lamprea）。長相奇特，無鱗，有背鰭和尾鰭，長得跟普通鰻魚差不多，卻有一個大圓嘴，嘴裡長有無數倒鉤利齒，在眼睛後面的身體還有排成一列的七個腮孔，實在很難看，而且牠是「吸血動物」，靠吸食鮮血維生。全西班牙只有加利西亞人在捕抓和吃七鰓鰻這道珍饈，迄今漁夫還是用羅馬古法捕抓，不過七鰓鰻有季節性，只能在2到4月吃得到。

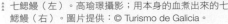
七鰓鰻（左）。高瑜璟攝影；用本身的血煮出來的七鰓鰻（右）。圖片提供：© Turismo de Galicia。

　　在加利西亞有個說法，海鮮要在有"r"的月份吃，就是1月（enero）、2月（febrero）、3月（marzo）、4月（abril）、9月（septiembre）、10月（octubre）、11月（noviembre）及12月（diciembre），因為以前沒有冰箱，5到8月無法保存海鮮的新鮮度，而且夏天是海生動物的繁殖季節，比較不肥美，味道也較差。

　　傳統的加利西亞烹調方式很簡單，剛好適用於當地品質鮮美的海鮮，最重要的是原料。加利西亞的海鮮可以水煮或燒烤，可以吃冷的或吃熱的，主要是吃原味，才能嘗到當地海鮮特別濃厚的味道。蝦蟹類通常水煮，龍蝦、海螯蝦及挪威海螯蝦用煎的，或做成海鮮沙拉，藤壺一定水煮，趁熱吃，淡菜則加番茄燉煮，也可以跟生蠔一樣生吃，竹蟶用煎的，扇貝用煎的或跟干貝一樣焗烤。另外還可以煮湯，做成可樂餅，用油醋醃製，做成餡餅、燉飯或下酒小菜。魚類則用煎的、烤的、燉的，沙丁魚和竹莢魚可以用炸的。

　　加利西亞除了海鮮，還有肉類，尤其是牛肉，最有名的就是加利西亞成年閹牛肉（Buey Gallego），屬於純正血統的當地加利西亞金毛牛（Rubia Gallega）品種，本來用來幫忙載重，現在機械時代不需要牠們，所以數量很少，一年只宰殺四十多頭左右，在物以稀為貴的原則下，一公斤最少要100歐元。飼養Buey的人基本上都不是以此為業，而是「業餘愛好」的加利西亞農民。一頭沒閹過的公牛價錢在15000到25000歐元之間，每天最少要6歐元飼料費，養五年的飼料費就要上萬歐元，所以只在特別的餐廳或某些米其林餐廳才可能吃得到。這種加利西亞成年閹牛肉（Buey Gallego）養至超過五歲才宰殺，肉味天然成熟，肉邊有濃黃色油脂，熟成後烹煮，肉色比其他牛肉紅，肉

質鮮美多汁，味道濃郁強烈，吃過絕對讓人難忘。事實上，自從我吃過加利西亞成年閹牛肉，其他牛肉對我來說都「沒味道」了。

加利西亞沒有產大家都熟悉的、西班牙傳統的伊比利火腿，卻產一種特別的加利西亞火腿（Lacón Gallego）。加利西亞火腿也是醃製的，卻比大家熟悉的伊比利火腿濕潤，吃起來類似英國的約克火腿，但是約克火腿有加熱煮過，加利西亞火腿沒有加熱煮過，吃前可以先煎一下，煮過後不會太鹹。

加利西亞的乳酪很有名，幾乎都是牛乳酪，其他地方常見的山羊乳酪或綿羊乳酪在這裡比較罕見。

加利西亞的農產品相當有名，其中以小青椒最有名，在西班牙各地都可以點得到的炸小青椒（Pimientos de Padrón），就產於加利西亞，Pimientos是「小青椒」，de是「的」，Padrón是加利西亞的的小鎮，其他地方也產小青椒，但是西班牙人直接拿這個地名來稱呼小青椒。

加利西亞的聖雅各杏仁蛋糕（Tarta de Santiago）是朝聖者都認識的傳統糕點，用杏仁粉、雞蛋、糖及奶油烘培而成，上面用糖粉做出聖雅各十字的花紋，不含麵粉，適合麩質過敏的人。

這裡也產葡萄酒，又以白葡萄酒著名，跟當地產的海鮮成為絕配，受法定地理標示保護的有Monterrei、Rias Baixas、Ribeira Sacra、Ribeiro、Valdeorras、Barbanza E Iria、Betanzos、Valle Del Miño-Ourense，但很特別的是，當地人習慣以葡萄品種來稱呼產地名稱，例如，他們稱Rías Baixas產區的葡萄酒為Albariño，因為是以Albariño品種的葡萄釀造而成，稱Ribeira Sacra產區的葡萄酒為Mencía，因為是以Mencía品種的葡萄釀造的。

加利西亞特產的火腿（左）；在西班牙各地都可以點得到的炸小青椒（中）；聖雅各杏仁蛋糕（右）。
圖片提供：© Turismo de Galicia。

加利西亞的蒸餾酒也很出名，由葡萄果渣蒸餾而來，除了加利西亞地區渣餾白蘭地之外，還有酒精濃度在37.5跟50度之間的草香渣餾白蘭地，酒精濃度在15跟40度之間的咖啡渣餾白蘭地，以及酒精濃度在15跟40度之間的草香渣餾白蘭地。

🍶 加利西亞的蒸餾酒。圖片提供：© Turismo de Galicia。

「燃酒」是加利西亞的聖約翰洗者之夜（夏至夜，Noche de San Juan）喝的節慶飲料，在陶缽裡放入渣釀白蘭地、白糖、橘皮、檸檬皮、咖啡豆，直接在這混合酒液中點火，再用陶匙攪拌，在火焰熄滅之前念個祈禱文、咒語，有保平安之意，火焰熄滅後分裝在小碗裡，趁熱喝掉。

除此之外，加利西亞有法定的地理標示的食物食品還有：閹雞：I.G.P. Capón de Vilalba；牛肉：I.G.P. Ternera Gallega；奶酪：D.O.P. Arzúa-Ulloa、D.O.P. Cebreiro、D.O.P. Queso Tetilla、D.O.P. San Simón da Costa；蜂蜜：I.G.P. Miel de Galicia；栗子：I.G.P. Castaña de Galicia；菜豆：I.G.P. Faba de Lourenzá；大頭菜嫩葉：I.G.P. Grelos de Galicia；馬鈴薯：I.G.P. Patata de Galicia；小青椒：D.O.P. Pimiento de Herbón、I.G.P. Pemento da Arnoia、I.G.P. Pemento de Mougán、I.G.P. Pemento de Oímbra、I.G.P. Pemento do Couto；麵包：I.G.P. Pan de Cea、I.G.P. Pan Gallego；DOP葡萄酒："Monterrei"、"Rias Baixas"、"Ribera Sacra"、"Ribeiro"、"Valdeorras"；IGP葡萄酒："Barbanza e Iria"、"Betanzos"、"Ribeiras do Morrazo"、"Valle del Miño-Ourense"。

加利西亞還有典型的鄉村建築，就是郊外很常見的石造或木造糧倉（Hórreo），以石柱架高，防止穀物受潮或是老鼠等動物偷吃，通常是四方形或長方形，上面還會放個十字架。這種糧倉非常特別，例如建於1768年的卡諾

◀◀◀ 加利西亞郊外到處可見的糧倉（Hórreo）。

塔（Carnota）大型糧倉有34公尺長，22根支柱，非常壯觀；宮巴羅（Combarro）的石造糧倉古色古香；皮歐內多（Piornedo）的糧倉上面還會覆蓋茅草屋頂，很像童話世界的小茅屋，有些加利西亞的糧倉還被列為受保護的古蹟建築。

加利西亞的名菜

① 海鮮：種類繁多，不管是水煮或燒烤的，味道都非常濃厚鮮美。

② 加利西亞式章魚（Pulpo «á Feira» /Pulpo a la Gallega）：水煮章魚加鹽、甜紅椒粉、辣紅椒粉及橄欖油，通常佐馬鈴薯食用。

③ 加利西亞式餡餅（Empanada Gallega）：12世紀就存在，內陷可以是鮪魚、豬肉、大西洋鱈魚、鰻魚、干貝、章魚等。

④ 雜燴肉菜鍋（Cocido Gallego）：各式肉類和臘腸熬成濃湯，加上各式蔬菜，煮成一大鍋。而以高湯為底，加入白豆、馬鈴薯及大頭菜嫩葉燉出的加利西亞肉菜湯（Caldo Gallego）也是冬天的名菜。

⑤ 加利西亞火腿佐大頭菜嫩葉（Lacón con Grelos）：用加利西亞火腿和大頭菜嫩葉做的名菜。

⑥ 帕德隆小青椒（Pimientos de Padrón）：西班牙各地都可以吃到的下酒小菜源於加利西亞的小鎮：帕德隆。

⑦ 七鰓鰻（Lamprea）：用七鰓鰻的血、蔬菜、紅酒燉煮而成，最適合吃這道菜的季節是2到4月。

⑧ 牛肉：加利西亞牛肉質鮮美多汁，不管是排骨或牛排都讓人難忘。

加利西亞式章魚（左）；加利西亞式餡餅（中上）；加利西亞雜燴肉菜鍋（中下）；
加利西亞雜燴肉菜鍋（右）。圖片提供：© Turismo de Galicia。

⑨ 聖雅各蛋糕（Tarta de Santiago）：用杏仁粉、雞蛋、糖及奶油烘培而成，上
　面用糖粉做出聖雅各十字花紋。

⑩ 加利西亞可麗餅（Filloa）：傳統上是用麵粉、雞蛋及豬血做成的麵糊，用
　豬油煎出來的，現在改用牛奶代替豬血，煎好之後撒糖或加果醬食用。

🥄 景點城鎮＆歷史典故 🥄

· 星野聖地牙哥城 ·
～～～ *Santiago de Compostela* ～～～

　　Santiago de Compostela的意思是「繁星原野的聖地牙哥」（Santiago de
"Campo de Estrellas"），是朝聖之路的終點，10世紀末期遭到伊斯蘭教徒嚴重
毀壞，11世紀徹底重建，城中最富歷史的古蹟都集中在供奉聖雅各聖骨的主教
座堂及其周圍。城內至今仍保存著各式仿羅馬式、哥德式、文藝復興式、巴洛
克式和新古典主義式建築，堪稱世界上最美麗的歷史古城之一，因此入選世界
遺產。

聖雅各朝聖之路 Camino de Santiago

聖雅各是耶穌的十二門徒之一，據說是第一個到此傳天主教的使徒，後來他殉道後，他的四個門徒把他的遺體帶到西班牙，葬在加利西亞自治區。

814年，天上傳出天使的歌聲和閃耀的星光，大主教在森林祈禱後，在稱為「繁星原野」（Campo de Estrellas）的地方挖掘出陵墓和大理石棺木。經由上帝的旨意，大主教知道這個就是聖雅各的遺骨。

自從聖雅各安葬之地發現後，世人開始到安葬聖人的地方朝聖，那附近開始有人煙，小聚落漸漸地成為大城市星野聖地牙哥，最後還因為朝聖的關係，沿著半島北部、從法國邊境到星野聖地牙哥，漸漸走出一條聖雅各朝聖之路。

最早的聖雅各朝聖之路是從奧維耶多到星野聖地牙哥為止，後來又有法國之路（Camino Francés），北方之路（Camino del Norte）、銀之路（la Ruta de la Plata）、葡萄牙之路（Camino Portugués）、英國之路（Camino Inglés）等，朝聖的人潮可以與羅馬和耶路撒冷相提並論。

聖雅各之路對中世紀的伊比利半島和歐洲其他地區的文化交流有很大貢獻，因此在1993年入選世界文化遺產。近年來，這條路因為《The Way》、《我出去一下》等電影而越來越有名，吸引更多人來走這條路。

◀◀◀ 聖雅各朝聖之路。圖片提供：
© Turismo de Galicia。

◄◄◄ 朝聖之路的象徵：扇貝。

聖雅各之路的二三事

　　扇貝是朝聖之路的象徵，在9和10世紀，沒有朝聖證書，朝聖者為了證明真的有到星野聖地牙哥朝聖，就帶個當地海邊的扇貝回家，以茲紀念、證明。不過，太多假的朝聖者隨便拿個扇貝就說曾到星野聖地牙哥朝聖，教會從12世紀開始，就要求朝聖者出示朝聖之路各地的書信，而以前朝聖後帶回家做紀念證明的扇貝，現在則是朝聖者在走朝聖之路時，身上繫帶的東西。事實上，聖雅各的神蹟之一也跟扇貝有關。據說，他的四個門徒把他的屍身帶上船，一路航行到西班牙的加利西亞自治區。他們抵達海岸就遇到盧琶女王的兒子婚禮，身著盔甲的新郎在婚禮慶典的比武中失足掉進海裡，馬上沉到海底，當載著聖雅各遺體的船隻經過時，新郎神蹟似的全身裹著扇貝浮出海面。

　　聖雅各朝聖之路有很多條，終點只有一個：星野聖地牙哥。沒有一定的天數，一切看個人的出發點和體力，看自己可以走幾天而選擇出發地，如果有人有三個月，又有體力，要從德國走到星野聖地牙哥也可以。

　　朝聖者護照源於中世紀的朝聖者通行證，讓朝聖者可以一路經過不同的王國、貴族領地、戰亂之地，最後安全抵達星野聖地牙哥。現在，在出發前先拿到朝聖者護照，就可以住宿在沿途庇護所（Albergues），享用餐廳提供的朝聖者套餐，並憑朝聖者護照上蓋的章領取朝聖證書（La Compostela）。

　　要拿到朝聖證書，最少要走100公里的路，騎單車則最少要騎200公里。當你路過教堂、庇護所、市政府、警察局等，要在朝聖者護照上蓋章，最少一

聖雅各的朝聖者之路。圖片提供：© Turismo de Galicia。

天蓋一個章，最後加利西亞地區那一段一天要兩個章，抵達終點之後，就可以拿著蓋滿章的朝聖者護照去換證書。不過在2014年以前，這個證書是證明你是因為宗教因素而走朝聖之路，申請人必須做個信仰宣言，但是從2014年之後，就取消這項規定。

公立庇護所不能預約，不一定先來的先有床位，而是依照朝聖者的條件，有些人有優先權：殘障朝聖者優先，接著是徒步的朝聖者、騎馬的朝聖者、騎單車的朝聖者，最後才是有車子當後援的朝聖者。除了公立庇護所，也有私立庇護所，而且有些還可以預約。

每天最早抵達朝聖者辦公室蓋完章、領到證書的十個人，會收到朝聖者辦公室贈送的餐券，可以在五星級的國營旅館享用免費午餐。

每年7月25日是聖雅各節，如果這天是星期日，那一年就是「聖雅各年」（Año Xacobeo或Año Santo Jacobeo）。這一天，聖地牙哥主教座堂的大門會為所有朝聖者開放，而走完聖雅各之路的朝聖者也會在大香爐薰染下為旅程劃下句點。

在走朝聖之路時，難免會在路上遇到朝聖者，傳統上，大家是以「Ultreya」來打招呼，幫對方加油，源自於拉丁文Ultra（更）和Eya（往前）

這兩個字，聽到「Ultreya」可以回答「Et suseia」（往前行、哈雷路亞）。現在大家都以簡單的「¡Buen Camino!」（一路順利）來打招呼、加油。

法國之路上的艾埃吉（Ayegui）小鎮早在11世紀就設立修道院和朝聖者醫院，現在小鎮還有個酒泉（Fuente del Vino），由伊拉切酒莊（Bodegas Irache）免費供應給朝聖者飲用。

16世紀時，朝聖者為了方便，都穿寬大的丘尼卡（Tunica），然而一路上有不少扒手強盜也以丘尼卡為裝束，降低朝聖者的戒心。後來為了杜絕真宵小、假朝聖者，菲利浦二世在1590年禁止西班牙人穿丘尼卡，只有外地來的朝聖者可以著此裝扮。

1558年，星野聖地牙哥總主教擔心德瑞克爵士（Sir Francis Drake）攻城，便把聖雅各的遺骨藏起來，這樣一藏，竟藏了300年，直到1878年才在教堂的主祭壇整修工程挖掘出來。經過教會鑑定之後，教宗於1884年的教宗詔書裡認定那是聖雅各的遺骨。

朝聖之路曾是中世紀很重要的一條路，隨著時光漸漸褪色，朝聖者越來越少。1867年是聖雅各年，但是在7月25日、聖雅各節那一天，教堂裡只有40位朝聖者。直到1980年代，瓦里尼亞（Elías Valiña）神父開始用黃油漆從倫塞斯瓦列斯（Roncesvalles）開始畫指標，一路畫到星野聖地牙哥。如今黃箭頭已成為朝聖之路的指標，朝聖者都知道，只要順著黃箭頭走，最後一定會抵達朝聖終點。

聖雅各之路的沿途指標。圖片提供：© Turismo de Galicia。

星野聖地牙哥主教座堂 Catedral de Santiago de Compostela

　　自從世人發現聖雅各安葬之地，國王阿方索二世下令在那裡建造一座小教堂。人們開始到此朝聖之後，教堂越見雄偉，最後在899年祝聖。997年伊斯蘭教人侵襲時，把教堂的鐘和門當成戰利品帶走，但是主教成功保住聖雅各的遺骨。後來，因為朝聖者過多，在1075年建造仿羅馬式風格的主教座堂，於1211年祝聖。

　　主教座堂擁有仿羅馬式的地下聖壇、正殿、位於中堂連拱廊上方的環形殿、銀匠立面以及主教座堂；仿羅馬式風格的的正門榮耀門；哥德-文藝復興式的迴廊；巴洛克式的歐布拉多伊洛立面、主祭壇、教堂圓頂及神聖之門的東立面；以及巴洛克-新古典主義的黑玉匠立面。

　　主教座堂還有個很特別的「頂樓」，距地面40公尺高，要通過窄小的樓梯才能抵達。在此可以看到教堂在不同時期修建的部位，也可以遠眺教堂底下的廣場，以前「頂樓」上面還有「民宅」，最後一戶人家是主教座堂的最後一位敲鐘人Ricardo Fandiño Lage。他們一家人曾住在頂樓20年（1942-62），甚至還在頂樓養雞，而敲鐘人薪水微薄，他還兼差當裁縫師。現在觀光客可以付門票上主教座堂「頂樓」參觀。

　　主教座堂最有名的除了聖雅各的遺體，就屬教堂裡的大香爐了。大香爐在主教座堂裡晃動這個習俗是從中世紀開始，根據官方（教會）說法，這是宗教儀式，但根據「非官方說法」，它有個很實際的用途：薰香。中世紀天主教徒不是很愛洗澡，經過長途跋涉，走完朝聖之路，抵達主教座堂時，大家的體味一定異常濃厚，主教座堂的空氣聞起來一定不是很清

▲▲▲ 星野聖地牙哥主教座堂。圖片提供：© Turismo de Galicia。

▲▲ 主教座堂裡的大香爐。

◀◀◀ 從主教座堂頂樓往下俯瞰。

新，所以為了淨化心靈（空氣），開始在主教座堂晃動大香爐。

大香爐重53公斤，1.5公尺高，晃動時最高速度68km/h，晃動的圓弧是65公尺，可以達到最高20公尺。歷史上，大香爐曾在晃動時發生意外。第一次是1499年7月25日，固定大香爐的繩索斷了，大香爐飛過整個主教座堂，撞在銀匠之門上，還好沒人傷亡，只是大香爐報廢，虛驚一場。第二次是1622年5月23日，繩索又斷了，純銀的大香爐掉到地上，也沒人傷亡。到了20世紀，幾個好奇的德國人花錢做彌撒，看大香爐晃動，但是對大香爐晃動的機械原理太感興趣，在大香爐晃動時靠近觀看，結果被大香爐的底座打到，血濺彌撒，數人鼻樑、肋骨斷裂。

主教座堂附近&歷史中心

主教座堂對著四個廣場：

① 歐布拉多伊洛廣場（Plaza del Obradoiro）：面對此廣場的主教座堂立面建於17、18世紀，巴洛克式風格，上面的兩座高塔有74公尺高。廣場四周則有：西班牙天主教雙王在15世紀末下令建造的朝聖醫院和庇護所，在1954年改建為五星級的國營旅館，每天提供十份免費午餐給朝聖者享用。建於12世紀的總主教府（Palacio Arzobispal de Xelmírez）。建於18世紀、屬於新古典主義的星野聖地牙哥市政大樓。屬於文藝復興風格的聖地牙哥大學行政大樓。

② 銀匠廣場（Plaza de Platerías）：以中世紀就聚集在此的銀匠命名，面對此廣場的主教座堂立面建於12世紀，仿羅馬式風格，飾以耶穌生平事蹟，上面有18世紀竣工的時鐘塔。廣場上有駿馬噴泉，四周分別是：建於18世紀，內部只有三公尺深的座堂議會，現在是朝聖博物館。建於18世紀，當時到此朝聖的主教住宿之處。

③ 金塔納廣場（Plaza de la Quintana）：Quintana本身就具有「廣場」之意，屬於巴洛克式風格，分為上方生者廣場（Quintana de Vivos）和下方死者廣場（Quintana de Mortos），後者直到1780年都是墓園。面對此廣場的主教座堂立面是神聖之門，只有在聖雅各年才開。廣場四周有：國王阿方索二世於九世紀下令建造的聖佩拉約修道院，以保護當時剛發現的聖雅各遺骨。直到11世紀這個職責才由座堂議會負責。建於18世紀，巴洛克風格的教規之家。建於18世紀，巴洛克風格的釀酒葡萄之家。

④ 無染原罪聖母廣場或黑玉匠廣場（Plaza de la Inmaculada 或 Plaza de la Azabachería）：以中世紀就聚集在此的黑玉匠命名，是法國之路、北方之路和英國之路的終點，面對此廣場的主教座堂立面是黑玉匠立面，建於18世紀，巴洛克-新古典主義風格，廣場對面有：建於10世紀的聖馬丁皮納利奧修道院，巴洛克式風格的立面，占地兩萬平方公尺，是西班牙第二大修道院。

⚬ 星野聖地牙哥的美食之路 ⚬

19世紀時，Mercado de Abastos市場就是當地人購買新鮮魚肉蔬果的地方⑤，可以認識當地的飲食文化，還可以買剛打撈上來的新鮮海鮮漁獲，然後請市場旁邊的酒吧當場烹煮。

星野聖地牙哥有非常多餐廳可以品嘗各式美食，像是高級餐廳、親切的傳統餐廳、專吃章魚的餐館（Pulpería）、海鮮餐廳、燒烤餐廳、牛排館、創意料理餐廳等。

如果要吃Tapas，Rúa do Franco街和Rúa Raíña街是酒吧聚集地，可以從一間酒吧逛到另一家，仍有不少傳統酒館保有點飲料附贈下酒小菜

註⑤ 現在的建築是1941年在原地重建的。

俗，例如La Tita、Orella、Abellá、A Gamela、Madia Leva、A Tasquiña de San Pedro、San Clemente、Trafalgar、El Rápido、Cafe Bar Avión、Marte、Viñoteca Ventosela、Artesana等，進來點一杯飲料，吃一盤附贈的免費Tapas，再進另一家酒吧點一杯飲料，再吃一盤他們送的免費Tapas，多進幾家酒吧就可以填飽肚子了。

Rúa do Franco街上還聚集許多海鮮餐廳，提供最好的大蝦、龍蝦、挪威海螯蝦、蜘蛛蟹、藤壺、麵包蟹、蟬蝦、牡蠣、蛤蜊、鳥尾蛤、淡菜、竹蟶、干貝、截形斧蛤、扇貝等，價錢和品質都比西班牙其他地區更好。

Rúa da Raíña街上則有幾十家老酒吧和餐館，門口有鑄鐵招牌，提供美味的加利西亞傳統美食，以及大份量的下酒小菜，其中最有名的餐館是Taberna O Gato Negro和Restaurante Orella。

Rúa do Vilar路上，有家20世紀初開業的Casa Mora甜點店，除了手工巧克力外，還有全城最棒的聖雅各蛋糕，而蛋糕上用糖霜撒出的十字裝飾就是他們家開創的。聖雅各蛋糕源於16世紀，用杏仁粉、蛋、糖做成，是大學生在畢業慶祝會上送給老師的甜點。

在塞萬提斯廣場（Plaza de Cervantes）旁的聖佩拉吉烏斯修道院，可以買到修女做的甜點Almendrados、Tartas de Santiago、Pasteles de Hojaldre等。

Mercado de Abastos市場。圖片提供：© Turismo de Galicia。

· 盧戈 ·
Lugo

　　盧戈兩千年的歷史刻印在完整的羅馬城牆上，時間彷彿在此停留，沒有大城市的匆忙急促，觀光客可以漫無目的地在這個小城漫步，不用怕迷路，隨時隨地可以問路，友善的當地人就像敞開的城門一樣，張開雙臂歡迎外地人。

羅馬城牆 Muralla Romana de Lugo

　　公元前一世紀，羅馬人統治整個伊比利半島。公元三世紀末期到四世紀初期，羅馬人在盧古斯（Lucus Augisti），現今的盧戈，修建了一圈長達2266公尺、厚6公尺的城牆。衛兵的巡防走廊離地面8到10公尺高，城牆有85個半圓形的巨大高塔，還有防禦城堞。而城牆外還有個寬20公尺、深5公尺的護城河。現在城牆的巨大高塔只留下一個，城門又多開了幾個，原始城門只保留三個，是羅馬帝國統治的疆土唯一保留完整的城牆，是羅馬帝國晚期最完美的防禦建設之一，也是保存得最完善的古羅馬堡壘之一，在2000年列為世界遺產。

羅馬城牆。圖片提供：© Turismo de Galicia。

市政廳和主廣場 Ayuntamiento y Praza Maior

盧戈的市政廳是加利西亞巴洛克非宗教建築的代表，建於1738年，有兩層樓，一樓有十個圓拱，二樓有兩個大陽台，鐘塔是1871年才加蓋的。市政廳前面的主廣場建於19世紀，四周至今仍是此城最重要的中心。

盧戈主教座堂 Catedral de Lugo

主教座堂建於1129年，原始建築是仿羅馬式的，後來歷代都有增建、改建。15世紀時因為半圓形後殿坍毀，改建成哥德式。16世紀增建大門和鐘塔，18世紀時主祭壇擴建，原本的仿羅馬式立面也改建成新古典式的。

其他羅馬遺址

❈ 馬賽克之家（Casa de los Mosaicos）：小型博物館，是三世紀末、四世紀初的羅馬房舍遺址，裡面的馬賽克還保存者，還可看到羅馬時期留下來的地下暖氣系統。

❈ 羅馬水道橋（Acueducto Romano）：一世紀建的羅馬水道橋不到兩公里，目前還保有部分遺址。

盧戈的美食之路

盧戈的酒吧一定有下酒小菜Tapas，跟某些小城一樣也保有「點飲料送Tapas」的習俗，還可以點免費的小菜。當你進到酒吧點一杯飲料時，服務生馬上問你要配什麼小菜，然後把當天廚房準備的各式小菜念給你聽，連加利西亞的名菜「加利西亞式章魚」都可能在那長長一串名單裡，而且完全免費。更不可思議的是，當你決定好要選什麼免費小菜後，酒吧還怕你吃不夠，在你等小菜上菜時，再送上一盤擺滿一串串的Pinchos，都是免費自助的，任君挑選。你只要點兩、三杯飲料，不管有沒有酒精，一定可以吃飽飽的離開。

每家酒吧都是這樣運作，盧戈的美食之路就是「免費小菜之路」，小菜種類繁多，有冷的、熱的、有湯汁的（用湯匙吃的）、沒湯汁的（用叉子吃的）、傳統菜、創意菜等。在羅馬城牆裡的Rua Nova路、Praza do Campo廣場、Rúa da Cruz路是酒吧集中地，城牆外的La Milagrosa區、Aceña de Olga區、Piringalla區、Rafael de Vega區、Fontiñas區也有不少酒吧，讓你從這一條街免費吃到下一條街，4 Rúas、Las Cinco Vigas、Fonte do Rei 2、Lagar、El Riba等是其中幾家有名的酒吧，還有很多免費小菜的酒吧等著你發掘。

　　此外，盧戈還有創立於1891年的百年甜點店Confitería Madarro，以及1903年創立的百年咖啡店Café del Centro，為這個千年古城添加更多美味。

·拉科魯尼亞·
La Coruña

　　這裡氣候陰雨濕冷，在陽台上享受陽光、喝咖啡、看報紙的機會不多，18世紀中開始當地的建築就都有封閉的窗廊，利用玻璃產生的溫室效應取暖，最具代表性的就是海邊大道（Avenida de la Marina）整條街上建築的玻璃窗廊，因此這座城的別號叫做「玻璃城」（Ciudad de cristal）。西班牙首富、快時尚品牌Zara的老闆就住在這裡，1520 年卡洛斯一世（德王查理五世）則從這裡出發，前往德國受加冕為神聖羅馬帝國皇帝。

◀◀◀ 拉科魯尼亞因其玻璃窗廊而有
　　　「玻璃城」的綽號。

羅馬燈塔。圖片提供：© Turismo de Galicia。

羅馬燈塔 Torre de Hércules

目前唯一一座還在使用的古羅馬燈塔：赫克力士塔（Torre de Hercules）。建於一世紀，兩千年後依然矗立在同個地方，繼續保持著它最早的使命：指引航行於歐洲 Finisterrae（陸地的盡頭）的船隻，是「世界上仍在運作的最古老燈塔」，2009年列為世界遺產。當時燈塔外圍有斜坡，方便運送木柴到最上方，以生火指引船隻，塔高34.38公尺，18世紀整修時再加高到現在的55公尺。

據說以前有個凶暴的巨人讓人民畏懼，赫克力士和巨人決鬥三天後，終於殺死巨人，砍下他的頭，在上面建造一座高塔以茲紀念。據說第一個住進高塔的是個叫做Crunna的女人，而拉科魯尼亞（La Coruña）的名字就因她而來。

濱海散步大道 Paseo Marítimo

歐洲最長的濱海散步大道，從聖安東尼城堡（Castillo de San Antón）到O Portiño海灘，一路有單車道、輕軌電車、人行步道、車道，總長13公里。

瑪麗亞碧塔廣場
Plaza de María Pita

　　拉科魯尼亞最重要的廣場，以紀念這位為守城立下大功、原名Mayor Fernández de la Cámara y Pita的女英雄瑪麗亞碧塔。

　　1589年，英國軍隊攻打拉科魯尼亞，當地軍民全力對抗，甚至動員了全城男女老少來填補被英軍摧毀的部分城牆。當時城裡死傷慘重，瑪麗亞碧塔的第二任老公也死於這次圍城之戰，而城牆已被攻出一個大缺口，眼看著英軍就要全部蜂擁而至，攻進城裡……據說，就在這個惡劣緊急情勢下，瑪麗亞碧塔殺了一個英國士兵，搶了士兵手上的國旗，高喊「有榮譽感的人跟我走」，激起了守城的西班牙士兵的士氣，奮勇上前殺敵，最後兩萬名英軍撤退。

　　廣場有瑪麗亞碧塔手持長矛的雕像，市政府大樓矗立於廣場的一端，餐廳、露天咖啡座環繞三面，廣場面積超過一萬平方公尺。

老城區 Ciudad Vieja

　　在老城區漫步可以從瑪麗亞碧塔廣場開始，一路經過18世紀的聖馬丁侯爵宮邸、12世紀的聖雅各教堂、17世紀重建的聖多明哥教堂跟修道院、12世紀的田野聖馬利亞教堂、Emilia Pardo Bazán及Rosalía de Castro等名人故居、Praza de Azcárraga、Praza da Santa Bárbara等小廣場。

拉科魯尼亞城的美食之路

　　盧戈廣場的市場位於不太起眼的建築裡，卻是西班牙最有名的漁獲市場，有最新鮮肥美的海鮮魚類。

在拉科魯尼亞的瑪麗亞碧塔廣場、海邊大道區、老城區、濱海散步大道、西班牙廣場都可以找到很棒的餐廳，例如 Pablo Gallego、A Pulpeira de Melide、Miga等。

想吃下酒小菜、喝點酒，可去當地人口中的「葡萄酒街道」（Calles de los Vinos），在Estrella、Barrera、Olmos、Troncoso、Franja、Galera、San Juan這幾條街有許傳統的酒吧，提供下酒小菜和當地的Ribeiro或Albariño白葡萄酒，其中La Bombilla、O Courno、A Troula、O Tarabelo跟A Mundiña是知名的老店，Peculiar、Jaleo、Vita-K、Alma Negra、Taberna da Galera、Cheese Me、Almacén Concept Store、O Lagar da Estrella等也很不錯。另外，在Betanzos、Sada、Santa Catalina、、Mera及Santa Cruz等街上也有酒吧。

·陸地的盡頭·
Cabo Finisterre

古人認為，隨著死亡，人間的世界會轉移到西方島嶼成為另一種存在。凱爾特人的傳說中則有不少英雄在此搭乘石船前往天堂的故事。如今是朝聖者的另一個終點，在抵達星野聖地牙哥後，繼續走到陸地的盡頭，照傳統在海灘上燒掉舊衣物，象徵結束舊生活，回家過新的人生。這裡有狂野的風景和令人印象深刻的海灘，有平靜的水域和強浪的海域，而在無邊無際大海中的日落，更讓人難忘。據說，羅馬人第一次抵達這裡時，看到夕陽美景歎為觀止，還在附近看到供奉太陽神的祭壇，現在有人認為加利西亞旗上的太陽源於此處。羅馬人認為這裡是陸地的最西角，世界在此結束，Finisterre這個地名源於拉丁文的Finis Terrae，「陸地的盡頭」之意。

◄◄◄ 陸地的盡頭。圖片提供：
© Turismo de Galicia。

145

·谷灣群·
～ Las rías ～

　　加利西亞地區有1500公里的海岸線，分為上谷灣群（Rías Altas）和下谷灣群（Rías Baixas），每條河都有豐富的天然資源、景觀和故事。懸崖、寧靜的海灘、葡萄園、松林、漁村、遊艇碼頭、河邊的莊園，以及海鮮美食遍布在河群間，也是西班牙最高級的海鮮罐頭產地，所以當地也有罐頭工廠參觀之旅。

　　上谷灣群包括A Coruña、Ares e Betanzos、Ferrol、Cedeira、Ortigueira這些河流，從加利西亞北部和西北部入海，有海角、懸崖、河灘、海灘、沼澤，其中最有名的天然景觀是大教堂群沙灘（Playa de Las Catedrales）。這裡特產的海鮮包括章魚、截形斧蛤、藤壺、鳥尾蛤、海螯蝦、蜘蛛蟹、海膽、淡菜、蛤蜊、鱈魚、鰈魚、鮟鱇魚等。

　　下谷灣群包括Muros y Noya、Arosa、Pontevedra、Aldán、Vigo等河流，從加利西亞西部入海，有海灘、島嶼、葡萄園、小徑、莊園、教堂、海鮮、水療度假中心、濱海小鎮，而西班牙最美的海灘則在Las Islas Cíes島上，屬於大西洋島嶼國家公園，在夏天有遊船從維戈等港口出發，其他季節必須先取得航行許可才能駕私人遊艇進入。下河群的海鮮味道鮮美濃厚，蛤蜊、牡蠣、淡菜、梭子蟹、挪威海螯蝦、龍蝦、鳥尾蛤、干貝、竹蟶、墨魚、章魚、魷魚、鰻魚苗、鱒魚、鮭魚、七鰓鰻、藤壺均是加利西亞的最佳美食代表。

　　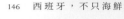　河群邊的葡萄園。圖片提供：© Turismo de Galicia。

阿斯圖里亞斯地區（Principado de Asturias）

位於西班牙北部，面積10,603km²，人口100萬，人口最多的都市是希洪（Gijón），首府是奧維耶多（Oviedo）。

當地美食

阿斯圖里亞斯地區面向坎塔布連海，背靠歐洲群峰國家公園，食材多元。

阿斯圖里亞斯有三百多公里的海岸線，結合海洋和河流的完美的混合棲地，盛產味道鮮美的海鮮，捕魚方式也很特別，當地漁夫還是用釣竿釣長鰭鮪魚。海鮮多以海水烹煮，少加調味料，直接吃大海鮮美的原味。

阿斯圖里亞斯的牛隻生長在受保護、無污染的環境中，生產的牛肉受到地理標示制度的保護。

乳酪聞名西班牙，有40多個種類，有味道淡薄的、辛辣的、濃厚的、煙燻的、有新鮮的、油漬的、有軟的、硬的、膏狀的等，受法定地理標示保護的有D.O.P. Afuega'l Pitu、D.O.P. Cabrales、D.O.P. Gamonedo、D.O.P. Queso Casín跟I.G.P. Queso Los Beyos這幾種。其中以D.O.P. Cabrales和D.O.P. Gamonedo這兩種最特別，必須放在山洞裡熟成，而D.O.P. Gamonedo更須深藏在歐洲群峰的山洞裡。

◀◀◀ 深藏在歐洲群峰的山洞裡的D.O.P. Gamonedo。圖片提供：© Turismo Asturias - Pelayo Lacazette。

最有名農產的是受地理標示制度保護的白豆（I.G.P. Faba Asturiana），可以說是當地農產之寶，也是當地最常用的食材，可以燉肉、燉海鮮等。對西班牙人來說，阿斯圖里亞斯地區最有名的美食就是臘腸白豆煲（Fabada asturiana）和蘋果西打酒了。

阿斯圖里亞斯有500多個品種的蘋果，當地產的蘋果西打酒是西班牙唯一受到產區命名制度保護的蘋果酒，也是當地人最常喝的飲料，所以阿斯圖里亞斯每年生產4500萬公升的蘋果西打酒，但是95%是當地消費。蘋果西打酒已成為當地文化和生活方式，其中又以La Espicha最具特色。4月時，不少蘋果西打酒廠開放讓大家去試喝新酒，配著下酒小菜，是世界唯一把試喝蘋果新酒變成慶典的地方。La Espicha本來是指蘋果新酒的酒桶木塞，後來成為「試喝蘋果新酒派對」的代名詞。

其他有法定地理標示的有：煙燻的中型臘腸：I.G.P. Chosco de Tineo；DOP葡萄酒："Cangas"；蒸餾酒：Aguardiente de sidra de Asturias。

在阿斯圖里亞斯也可以看類似加利西亞的穀倉，分為Hórreo跟Paneras，Horréo底下有四根基柱，屋頂有一個尖角，Panera底下有多於四根的基柱，屋頂有兩個尖角。

‖ 倒蘋果西打酒。圖片提供：© Turismo Asturias - José Suárez

‖ Paneras。圖片提供：© Turismo Asturias - Juan de Tury。

☙ 阿斯圖里亞斯的名菜 ❧

　　阿斯圖里亞斯的名菜不少，以慢火烹調為主，很少加調味料或香料，千萬別錯過以下這些菜：

① 香腸白豆煲（Fabada Asturiana）：用當地盛產的白豆燉香腸、血腸、豬肉做成。

② 火腿乳酪夾心炸牛肉片（Cachopo）：兩塊大的阿斯圖里亞牛肉，中間夾火腿和乳酪，外面裹上蛋和麵包屑，下油鍋香炸而成。

③ 腸燉蘋果西打酒（Chorizo a la Sidra）：把當地有名的香腸和蘋果酒燉在一起。

④ 雜燴肉菜煲（Pote Asturiano）：甘藍菜、白豆、加利西亞火腿、培根、馬鈴薯、蔬菜、香腸、血腸燴煮而成。

⑤ 海鮮煲（Caldereta de Pescado）：各式海鮮、魚類燉煮而成。

⑥ 赤鮋布丁（Pastel de Cabracho）：赤鮋、雞蛋、鮮奶油、番茄醬混合清蒸而成。

⑦ 牛肉佐乳酪醬（Escalopines al Cabrales）：當地有名的牛肉香炸後佐cabrales乳酪做的沾醬。

⑧ 牛奶燉飯（Arroz con Leche）：稱「米布丁」，是米加牛奶、糖燉煮成的甜點。

⑨ 玉米餅（Tortos）：用玉米粉煎成的玉米餅，可以佐火腿、乳酪、雞蛋、血腸、炒絞肉等鹹食，也可以佐巧克力、榅桲醬等甜食。

⑩ 阿斯圖里亞斯可麗餅（Frisuelos或Frixuelos或Fayuelos）：傳統上是用麵粉、雞蛋及豬血做成的麵糊，用豬油煎出來的，現在改用牛奶代替豬血，煎好後撒糖或加果醬食用。

臘腸白豆煲；火腿乳酪夾心炸牛肉片；臘腸燉蘋果西打酒；牛奶燉飯（由上到下）。圖片提供：© Turismo Asturias - joaquinfanjul.com。

景點城鎮&歷史典故

阿斯圖里亞斯在西班牙歷史上占有一席之地。

14世紀的卡斯提亞王國的佩德羅一世國王有兩個完全相反的稱號，他的敵人稱他為「殘酷者」（el Cruel），他的百姓們稱他為「司法者」（el Justiciero）。1366年他被同父異母的兄弟恩里克刺殺篡位逝世後，他的女兒們遠走英國，老二康絲坦薩嫁給英格蘭國王愛德華三世的四子岡特的約翰為妻，試圖奪回王位。

岡特的約翰知道自己當上英格蘭國王的機會不大，聯合葡萄牙幫助妻子康絲坦薩和女兒卡塔麗娜爭取卡斯提亞的王位，跟當年順利篡位當上卡斯提亞國王恩里克二世的兒子璜一世打起來，卻勝負難分，後來乾脆簽合約妥協，把岡特的約翰和康絲坦薩兩人的女兒卡塔麗娜許配給璜一世的兒子恩里克。恩里克繼承卡斯提亞的王位，卡塔麗娜當上卡斯提亞的王后，他們的後代則成為卡斯提亞的國王，兩人都被賜與阿斯圖里亞斯親王的頭銜。

從此以後，西班牙的王位繼承人的頭銜便是阿斯圖里亞斯親王，西班牙王儲的封號是阿斯圖里亞斯親王（又稱阿斯圖里亞斯王子／公主）。

· 科瓦東加聖所 ·
Santuario de Covadonga

阿斯圖里亞斯是西班牙天主教人最後的根據地，也是收復失地運動的起源之地。

711年，摩爾人大舉入侵伊比利半島，從南邊往北打，取代西哥特人在伊比利半島的統治地位。722年，摩爾人遠征半島北部，天主教的佩拉佑只有三百壯士來抵抗摩爾大軍，最後退守在地勢險要的科瓦東加（Covadonga）山洞。據說，摩爾軍隊以一字型前進上山攻打時，一個十字架在天空出現，佩拉佑遂把兩根樹枝排成十字架的形狀，丟向摩爾大軍，山路突然坍崩，伊斯蘭教士兵

科瓦東加山洞（左）；科瓦東加聖所（右）。圖片提供：© Turismo Asturias - Noé Baranda。

最後倉皇退散，天主教人趁機追擊，開始收復失地運動。

佩拉佑在此成立阿斯圖里亞斯王國，這個小王國就是現今西班牙的前身。

據說，佩拉佑在戰勝後，在科瓦東加的山間小教堂發現一尊聖母像，認定是聖母保佑才能以寡擊眾，便在那裡建造聖所，取名為Covadonga，由拉丁文Cova Dominica而來，是聖母的山洞之意。

科瓦東加聖所位於歐洲群峰國家公園的山腰上，山下是Cangas de Onís城鎮，在722-768年間曾是阿斯圖里亞斯王國的首都，而它的羅馬橋橫跨於塞亞河（Río Sella）上，橋上掛著代表阿斯圖里亞斯的勝利十字，紀念那場以寡擊眾打敗摩爾人軍的戰役。

科瓦東加聖所和周圍環境讓人印象深刻，在聖所附近還有一條小徑，經過三十字架（Las Tres cruces de Covadonga）後可以抵達供奉科瓦東加聖母的神聖山洞（Santa Cueva），山洞底下有個瀑布，叫做馬尾（Cola de Caballo），瀑布旁有個婚姻泉（Fuente del Matrimonio，亦稱Fuente de de los Siete Caños），據說少女們喝過之後就會覓得如意郎君。

瀑布旁的婚姻泉（上）；科瓦東加聖所內部（下）。圖片提供：© Turismo Asturias - Juanjo Arrojo。

從聖所還可以往上到歐洲群峰國家公園，路上會可以經過法政瞭望台（El Mirador de los Canónigos）可以遠眺科瓦東加聖所，到了山上可以看到碧綠的草原、放牧的牛隻，以及三個絕美湖泊：Enol、Ercina和Bricial。

·奧維耶多·
～～～ Oviedo ～～～

奧維耶多是阿斯圖里亞斯的首府，是最早的聖雅各朝聖之路的起點，終點是星野聖地牙哥，這裡也是阿斯圖里亞斯親王獎的頒獎之地，以表彰那些在藝術、文學、社會科學、科學技術、交流與人文、國際合作方面做出傑出貢獻的人。

前仿羅馬式風格建築群 Prerrománico asturiano

阿斯圖里亞斯王國是摩爾人統治伊比利半島後的第一個天主教王國，9世紀時，首府奧維耶多和周圍發展出一種新的前仿羅馬式建築風格，展現在諸多宗教建築上，影響了後來半島地區宗教建築的演進。後來這些古建築群列為世界遺產，包括納蘭科聖馬利亞教堂（Iglesia de Santa María del Naranco）、利由的聖彌額爾教堂（Iglesia de San Miguel de Lillo）、雷那的聖克里斯蒂納教堂（Iglesia de Santa Cristina de Lena）、布拉多的聖朱利安教堂（Iglesiade San Julián de los Prados）、聖薩爾瓦多主教座堂的聖室（Cámara Santa de la catedral de San Salvador），以及建於同時代的水利工程豐卡拉達泉（La Foncalada）等。

納蘭科聖馬利亞教堂。圖片提供：© Turismo Asturias - Manuel S. Calvo。

▲▲▲ 奧維耶多主教座堂。圖片提供：© Turismo Asturias - Juan de Tury。

奧維耶多主教座堂 Catedral de Oviedo

　　主教座堂位於阿方索二世廣場前，前身是九世紀由國王阿方索下令建造，14世紀改建為現今的哥德式建築，耗時400年才全部完工。高聳的哥德塔是主教座堂最吸睛的地方，矗立在正門旁邊。主教座堂裡有個建於九世紀、由兩個禮拜堂組成的「聖室」（Cámara Santa），裡面收藏許多聖髑、聖物，其中包括耶穌入殮用的裹面布、天使十字及勝利十字。

老城區 Ciudad Vieja

奧維耶多的老城區是小小的圓形地區，依舊保存著阿斯圖里亞斯王國起源的原始面貌，漫步在主教座堂、豐卡拉達泉、古城牆及狹窄巷道間，感受千年古城的歷史。在老城區繞一圈，可看到五個教堂和修道院的鐘塔，為這座城市增添18世紀的文藝復興氣息。

奧維耶多的美食之路

奧維耶多最著名的市場在老城區，歷史可以追朔到16世紀，可以買到烹調阿斯圖里亞斯典型美食所需的最佳食材，還有其他典型的手工藝品，如阿斯圖里亞斯農村的典型木鞋：Madreñas。

奧維耶多有個葡萄酒之路（Ruta de los Vinos），位在火車站附近的Manuel Pedregal和Campoamor這兩條平行的街道之間，聚集了20幾家酒館，讓大家喝酒、配小菜，品嘗阿斯圖里亞斯美食，是當地人每天下午下班後或星期天早上跟朋友聚會喝酒的地方。

也別錯過號稱蘋果西打酒大道的Gascona街，這裡聚集十幾家專賣蘋果西打酒的酒館（Sidrería），也提供當地美酒和美食，是當地餐廳最密集的地方。

另外，奧維耶多也有一些酒吧還保有免費贈送Tapas的傳統，例如：Café Bar El Parreiro、 La Lola Oviedo、El Loco del Pelo Rojo GastroBar、Jamón Jamón、Mesón La Comtienda Pedregal 等。

奧維耶多的甜點也頗有名，老店Confitería Camilo de Blas的知名Carbayon蛋糕和Confitería Rialto的Moscovita杏仁巧克力脆餅也很值得嘗試。

阿斯圖里亞斯濱海小鎮

這裡有不少適合度假的絕美濱海小鎮，如Llanes、Ribadesella、Cudillero等。

坎塔布里亞地區（Cantabria）

位於西班牙北部，面積5321km²，人口58萬，人口最多的都市是首府桑坦德（Santander）。

☙ 當地美食 ❧

坎塔布里亞地區面海背山，食材有魚有肉，富含美食傳統，對西班牙人來說，這裡的魚、乳製品及甜點最富盛名。

最有名的魚是鹽漬鯷魚，整條魚鯷鹽醃一段時間後，去魚刺、切成薄片，放進油裡存放。坎塔布里亞地區的鹽漬鯷魚產量占西班牙的80%。此外還產鮪魚、沙丁魚等罐頭。

坎塔布里亞地區有三種奶酪受原產地命名制度保護，D.O.P. Picón-Bejes-Tresviso、D.O.P. Queso Nata de Cantabria及D.O.P. Quesucos de Liébana，還有聞名全國的乳酪蛋糕（Quesada Pasiego），入選2016年西班牙網友票選的西班牙七大名菜之一，就是用當地高品質的乳酪做成。

另外，還有一種在西班牙各大超市都買得到的甜點，受到地理標示制度保護，叫做坎塔布里亞式蛋糕（Sobao Pasiego），可以當早餐，也可以當點心。

其他有法定地理標示的還有：牛肉：I.G.P. Carne de Cantabria；蜂蜜：D.O.P. Miel de Campoo-Los Valles、D.O.P. Miel de Liébana；IGP葡萄酒："Costa de Cantabria"、"Liébana"。

鹽漬鯷魚（左）；坎塔布里亞地區的奶酪（中）；Quesada Pasiego跟Sobao Pasiego（右）。圖片提供：© CANTUR。

坎塔布里亞的名菜

　　一般來說，坎塔布里亞的美食不是繁複或前衛的，而具傳統特色，尋求簡單自然。

① 香炸魷魚（Rabas）：魷魚沾粉油炸而成。

② 雜燴肉菜鍋（Cocido Montañés）：用白豆、醃排骨、培根、紅椒香腸、血腸、甘藍菜、豬肉、洋蔥、蒜、甜椒粉和橄欖油等燉煮而成。

③ 雜燴肉菜鍋（Cocido Lebaniego）：用鷹嘴豆、牛肉、培根、新鮮紅椒香腸、雞蛋、馬鈴薯、蹄膀骨頭、捲心菜、火腿骨、麵包屑、短細麵條、胡椒、香芹、橄欖油、牛奶和大蒜等燉煮而成。

④ 鮪魚燉菜（Marmita de Bonito或Sorropotún）：用馬鈴薯、長鰭鮪魚、洋蔥、大蒜、青椒、紅椒、番茄、辣紅椒粉、白胡椒和魚高湯燉煮而成。

⑤ 蛤蜊（Almejas a la Marinera）：用洋蔥、大蒜、麵包屑、香芹、檸檬、白葡萄酒、辣椒煮出來的蛤蜊。

⑥ 沙朗牛排佐藍乳酪醬（Solomillo al Queso de Tresviso）：藍乳酪醬是用受產地命名制度保護的藍乳酪、白葡萄酒、奶油及胡椒做成，煎好沙朗牛排，再淋上藍乳酪醬即可。

⑦ 香蔥中卷（Maganos Encebollados）：中卷加上洋蔥、青椒、番茄、洋香菜做成的前菜。

⑧ 坎塔布里亞式乳酪蛋糕（Quesada Pasiego）：坎塔布里亞當地特產的乳酪蛋糕，用新鮮乳酪做成。

雜燴肉菜鍋（Cocido Montañés，左）；雜燴肉菜鍋（Cocido Lebaniego，中）。
圖片提供：© CANTUR；坎塔布里亞式乳酪蛋糕（右）。

⑨ 坎塔布里亞式蛋糕（Sobao Pasiego）：坎塔布里亞當地特產的蛋糕，用雞蛋奶油製成。

⑩ 蝴蝶結千層酥餅（Corbatas de Unquera）：蝴蝶結形狀的千層酥餅。

✎ 景點城鎮&歷史典故 ✐

·阿爾塔米拉岩洞·
Cueva de Altamira

　　在坎塔布里亞山脈保留了三萬五千到一萬一千年前、從直布羅陀到烏拉山脈最重要的舊石器時代岩洞壁畫，是伊比利半島最早的藝術品，也是人類最早的藝術成就和歷史見證。

　　1868年，坎塔布里亞地區的農民意外發現一個洞穴，後來告訴洞穴所在地的地主馬塞里諾，地主於1875年深入洞穴，發現了一些時代久遠的器具。1878年，馬塞里諾在巴黎萬國博覽會看到在南法挖掘出來的舊石器遺物，引發他對那個洞穴的興趣，決定再深入洞穴探險。1879年他帶著七歲女兒再度深入洞穴，當時他只注意著地上的殘留遺物，沒有抬頭往上看，直到女兒說：「爸爸，你看，是公牛。」他才發現洞穴頂上有壁畫，還回答女兒：「不是，女兒，不是公牛，是野牛」。這位七歲小女孩是第一個看到現在舉世聞名的阿爾塔米拉岩洞壁畫的人。

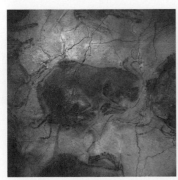

✿ 阿爾塔米拉岩洞的壁畫（左）；複製岩洞（右）。圖片提供：© CANTUR。

馬塞里諾認定他發現了舊石器時代的古物，因此通知馬德里中央大學古生物學教授皮耶拉，同年他出版了《關於桑坦德省的一些史前文物的簡要筆記》。

　　但是，阿爾塔米拉岩洞的壁畫過於栩栩如生，依照當時大部分歐洲史前學者的進化論觀點，野蠻的原始人無法畫出如此完美的壁畫，阿爾塔米拉岩洞就因此被淡忘，1888年，馬塞里諾在世人沒有承認他的發現的重要性之前去世。

　　後來在法國發現更多史前洞穴，原本否認阿爾塔米拉岩洞屬於舊石器時代的史前學家卡蒂哈克發現，馬塞里諾抄畫下來的那些岩洞壁畫跟那些法國史前洞穴的壁畫非常類似，便在1902年親自到阿爾塔米拉岩洞探測，發現馬塞里諾的推測是正確的，那些壁畫是一萬五千年前到兩萬年前的史前人類留下來的，因此在同年發表〈用圖畫裝飾的岩洞，西班牙的阿爾塔米拉岩洞，一個懷疑者的錯誤〉，公開承認阿爾塔米拉岩洞壁畫的價值，據說他還去找馬塞里諾的女兒，跟她說想跟她父親道歉，她便陪卡蒂哈克到馬塞里諾的墓前致意。

　　20世紀初，阿爾塔米拉岩洞成為史前學家的研究對象。1910年，桑坦德市政府指派阿爾塔米拉岩洞的第一位官方導遊陪伴訪客參觀。1924年，有個類似博物館的機構開始管理阿爾塔米拉岩洞，阿爾塔米拉岩洞成為觀光景點。

　　到了1973年，已有超過17萬人參觀過阿爾塔米拉岩洞，過多的訪客造成壁畫損壞。1977年，壁畫顏色變質，阿爾塔米拉岩洞因此封閉，不對外開放參觀。1982年，阿爾塔米拉岩洞再度開放，限制一年參觀人數不能超過8000人。阿爾塔米拉岩洞壁畫於1985年入選世界遺產。

　　2001年，阿爾塔米拉博物館所在的建築開幕。2002年，西班牙政府在阿爾塔米拉岩洞旁邊完成複製岩洞，稱為"Neocueva"，平時是觀光客參觀的地方，但在複製岩洞不准拍照。

　　如今阿爾塔米拉岩洞壁畫是西班牙最難進去參觀的地方，2002年後就沒有對外開放。2015年3月，阿爾塔米拉博物館決定有限制地開放參觀，一星期只讓五個人進去參觀，每個星期五早上在博物館門口抽籤，只有五個名額，抽中才能進去。之後可能再度關閉。

△△ 桑坦德。圖片提供：© CANTUR。

· 桑坦德 ·

Santander

　　桑坦德有個絕美海灣，曾是卡斯提亞王國的出口港，早在19世紀阿方索十二世國王就到這裡的海灘游泳。後來更成為西班牙皇室的避暑勝地，當時的貴族在此興建度假別墅，是西班牙第一個以太陽和海灘為觀光號召的城市，現在城裡還保持一些當年輝煌時期的豪宅建築。

　　1941年，一場持續兩天的大火讓老城區幾乎全毀，燒毀376棟建築，40條街道，10萬人無家可歸，但是只有一人死亡。這場大火稱為安達魯西亞大火，從加地斯街燒到塞維亞街，這兩條街名都是安達魯西亞的地名。現在的市區大多是後來規畫重建的現代化城市風貌，街道寬大，有濱海散步大道、眾多公園及13個海灘，讓這座城市舒適怡人，給人在家度假的親切感。

～ 波亭中心 Centro Botín ～

　　普立茲克建築獎得主、名建築師皮亞諾（Renzo Piano）設計的藝術中心，波亭基金會管理，是個致力於藝術和創意發展的空間，內有兩個大型展覽廳、一個可容納300人的禮堂、講座、商店和一家由米其林星級廚師桑奇茲（Jesús Sánchez）經營的餐廳。主要分為兩個區域，西區致力於藝術創作，東區則主辦文化活動和講座，加上位於海邊第一線，也是享受海景的好地方。

瑪達萊納宮 Palacio de la Magdalena

位於瑪達萊納半島的最高點，桑坦德市建於20世紀初，贈送給阿方索十三世國王，是王室在1913到30年間的度假夏宮，有365個窗戶。1932年是桑坦德國際夏季大學的所在，在西班牙內戰期間曾是醫院，1941年大火後是無家可歸者的臨時居所。

1977年，桑坦德市向王室以三個必須遵守的條件買下此建築：① 瑪達萊納半島的公園必須是對外開放的公園；② 瑪達萊納宮有幾個房間必須保留給王室，永遠不能對外開放，必須隨時準備好接待王室；③ 桑坦德國際夏季大學保持瑪達萊納宮的使用權，每年還會在此舉辦夏季課程。

瑪達萊納宮。圖片提供：© CANTUR。

海灘

這裡最有名的海灘有：① 危險海灘（Los Peligros），據說是因為易讓船隻擱淺的淺灘而取名；② 比基尼海灘，據說是當地人第一次看到比基尼的海灘；③ 沙丁魚海灘，分成兩種：一級海灘（Primera de El Sardinero）以前是貴族專用，二級海灘（Segunda de El Sardinero）則是平民用的；④ 瑪達萊納海灘等。

沙丁魚海灘。圖片提供：© CANTUR。

桑坦德主教座堂 Catedral de Santander

由兩個「重疊」的哥德式教堂組成，下方的建於13世紀上半葉，上方的建於13世紀下半葉，中世紀時則是修道院，直到1754年才成為主教座堂。現在裡面還有14世紀的美麗迴廊。主教座堂在1941年那場大火受波及，大火之後部分重建，並擴大面積。

桑坦德銀行大樓 Banco de Santander

西班牙股票市值最大的銀行，建於19世紀末，原本是旅館，只有右邊那部分，後來在20世紀中建造高拱和左邊的建築，並不是完全對稱。

桑坦德的美食之路

桑坦德的市場位於市政府後面，是認識當地各式美食的好地方。在Marcelino Sanz de Santuola街、Paseo de Pereda散步大道、Casimiro Sáinz 街及Santa Lucia街四條街之間的長方形地帶是桑坦德最重要的Tapas區。這一區的Peña Herbosa街、Hernán Cortés街、Daoiz y Velarde街和Plaza de Cañadío廣場有當地最好的餐廳和酒吧，其中最有名的下酒小菜酒吧是Cañadío、Asubio Canalla、Casa Lita、Restaurante la Casa del Indiano、La Bombi、Bodega La Conveniente、Casa Ajero、El Quebec、La Esquina del Arrabal、Mesón Rampalay、Bar La Cátedra Tapas y Vinos、Restaurante Cantabria、New Papanao、Viva La Pepa等，最有名的正式餐廳是Bodega del Riojano、Bodega Cigaleña、Restaurante Posada Del Mar、Marucho、Restaurante Gele等。

◄◄◄ 桑坦德的Esperanza市場。圖片提供：© CANTUR。

· 科米亞斯與高第的奇想屋 ·
Comillas & El Capricho de Gaudí

科米亞斯位於桑坦德近郊，在19世紀因為科米亞斯侯爵羅培茲（Antonio López y López）而有過一段輝煌時期。

羅培茲出生於科米亞斯，14歲就出海到古巴闖天下，發財後[⑥]舉家搬到巴塞隆納。大女兒嫁給高第的伯樂桂爾先生（Eusebi Güell）。西班牙王室為了討好富可敵國的羅培茲，賜他科米亞斯侯爵的頭銜，還在1881年到這裡度假，舉行宮廷的部長議會，羅培茲為此還在小鎮點上西班牙第一個用電的街燈。

羅培茲有個姻親迪亞斯（Máximo Díaz de Quijano）從美洲發財返鄉，透過桂爾先生請高第設計度假別墅，當時高第人在巴塞隆納的文森之家監工，便請他的同學到科米亞斯監工，完成了奇想屋，外牆用石材和紅磚建造，飾以特色磁磚，大門上的塔樓具異國風情的東方色彩。高第依陽光照射方向來分配生活空間，所有的房間按U字型排列，U字型的缺口則是溫室，栽種主人收集的奇花異樹，而主人愛好音樂，此屋以樂曲形式「隨想曲」命名，窗戶上配有鈴鐺，開關時會有鈴聲，窗上的彩色玻璃有吉他和管風琴圖案。

奇想屋位於科米亞斯侯爵的官邸索布雷拉諾宮旁邊，再過去則是教皇大學，也是由科米亞斯侯爵出錢建造。而科米亞斯出了很多主教和總主教，又稱為「總主教之鎮」。

註⑥ 據說因販賣奴隸而發財。

‹‹‹ 高第的奇想屋。圖片提供：© CANTUR。

· 海之山提亞納 ·
Santillana del Mar

　　小鎮的名字拆開來看是Santa（聖城）llana（平地）del（的）Mar（海），但這裡既不是聖城，也不是平地，更沒有靠近海，因此有個「海之山提亞納與它的三個謊言」來形容這個沒有意義的小鎮名稱。事實上，小鎮的名字Santillana來自Sant Iuliana，指的是殉教聖女儒利亞納，她的聖髑安葬在這裡。

　　海之山提亞納現在是人口不到五千的美麗小鎮，金茶色小鎮跟大家熟悉的西班牙南部白色小鎮不同，石造房舍仍保有中世紀的風貌，有許多深具歷史藝術價值的建築，像是13世紀的梅利諾塔（Torre de Merino）、15世紀的堂波哈塔（Torre de Don Borja）、15世紀的鷹之家（Casa del Águila）、16世紀的葡萄樹之家（Casa de la Parra）、16世紀的維拉德宮（Palacio de Velarde）、15世紀的雷歐諾德拉維加之家（Casa de Leonor de la Vega）、18世紀的佩雷多巴雷達宮（Palacio Peredo Barreda）、17世紀的塔格雷之家（Casa de los Tagle）、18世紀的維拉之家（Casa de los Villa）等，工匠工坊藏身美麗的小巷道，漫步其間是種難得的享受。

 海之山提亞納。圖片提供：© CANTUR。

巴斯克地區（País Vasco）

位於西班牙北部，面積7,234 km²，人口217萬，人口最多的都市是畢爾包，首府是維多利亞加斯蒂茲（Vitoria-Gasteiz）。

☙ 當地美食 ❧

巴斯克美食一直被視為西班牙美食之最，以簡單的烹調方式和高品質的食材奠定根深蒂固的美食傳統。這裡有很多美食社團，聚會時多是男人負責下廚，為親友做飯，使美食成為社會關係的基礎。70年代，渴望創新和擴展傳統美食的年輕廚師接觸到法國美食，出現了所謂的新巴斯克美食。

對西班牙人來說，最有名的巴斯克美食是Pintxos和Txakoli，兩者可以互相搭配。Pintxos算是「巴斯克Tapas」。

Txakoli是巴斯克地區受產地命名制度保護的DOP葡萄酒，如Txakolí de Álava、Txakoli de Bizkaia、Txakoli de Getaria，清新、帶果香味、活潑且略帶酸味，應在7至10度的溫度下飲用，以減輕過多的酸度。如果原產地是Txakoli de Getaria，具有輕微的碳化，需要高舉酒瓶，慢慢讓酒液從高處衝進置於下方的玻璃杯，跟杯子內側撞擊，產生泡沫，帶出Txakolí的酒香，跟蘋果西打酒的倒酒方式很像。原產地是Txakolí de Álava或Txakoli de Bizkaia，則不需要用這種方式倒酒。

其他法定的地理標示有：奶酪：DOP Idiazabal；牛肉：I.G.P. Carne de Vacuno del País Vasco；青椒：I.G.P. Pimiento de Gernika。

◄◄◄ 原產地是Txakoli de Getaria 的必須要高舉酒瓶倒酒（左）。巴斯克美食（上）；Pintxos（下）。圖片提供：© Basquetour。

巴斯克還有一種特殊漁產：鰻魚苗（Angula）。是小於12公分的鰻魚（Anguila）的幼苗，只能於11月中至1月底捕抓，必須要有捕撈執照，每個漁夫最多一天只能捕2公斤，價格在450-650歐元之間，聖誕節期間可以高達800-1000歐元，所以，90年代初市面上開始有魚漿製成的仿鰻魚苗（Gulas）。

🥢 巴斯克的名菜 🥢

① 橄欖串（Gildas）：鰻魚、橄欖和辣椒串在一起的開胃菜。

② 燉紅斑豆（Alubias con Sacramentos）：紅斑豆和排骨、培根、紅椒香腸、血腸、洋蔥、青椒、韭蔥、大蒜、辣椒燉煮而成。

③ 長鰭鮪燉馬鈴薯（Marmitako）：長鰭鮪和馬鈴薯、洋蔥、青椒、紅椒、番茄及大蒜燉煮而成。

④ 綠醬汁白鱈魚（Merluza en Salsa Verde）：鱈魚加入蛤蜊、魚高湯、白葡萄酒、大蒜、香芹和麵粉煮成。

⑤ 大西洋鱈魚（Bacalao）：大西洋鱈魚（Bacalao）：大西洋鱈魚在巴斯克地區有兩種著名做法，一是用大蒜和橄欖油做的Pil Pil醬汁香蒜鱈魚，一種是紅椒洋蔥醬汁做的紅椒洋蔥鱈魚。

⑥ 鰻魚苗（Angulas a la Bilbaína）：橄欖油、大蒜及辣椒做的鰻魚苗。

⑦ 焗烤蜘蛛蟹肉（Txangurro）：煮熟的蜘蛛蟹肉挖出來，加入用洋蔥、番茄、韭蔥、橄欖油和白蘭地調成的醬汁裡，混勻後放入蜘蛛蟹殼，撒上麵包屑和奶油，放入烤箱焗烤而成。

⑧ 墨汁魷魚（Calamares en su Tinta）或墨汁中卷（Chipirones en su Tinta）：墨汁、洋蔥、番茄及大蒜烹煮而成。

⑨ 醬汁魚頰肉（Kokotxas en Salsa Verde，亦稱Cocochas en Salsa Verde）：橄欖油、大蒜和香芹（也可加辣椒）做成。

⑩ 牛肉燉馬鈴薯（Sukalki）：牛肉加上紅洋蔥、韭蔥、紅蘿蔔、青椒、紅椒、馬鈴薯、番茄、白葡萄酒及黑胡椒燉煮而成。

◄◄◄ 橄欖串。

✎ 景點城鎮&歷史典故 ✐

· 畢爾包 ·
～ *Bilbao* ～

　　老城區在14世紀時只有三條街，到了15世紀又開了四條街，現在的老城區又稱「七條街」（Las 7 Calles），指的就是中世紀最早的七條街。畢爾包在15、16世紀發展海上貿易，19世紀新技術和工業革命讓鐵礦出口和鋼鐵工業成為巴斯克地區經濟發展的主要動力。畢爾包以附近的礦區開採開始，進而發展海上貿易和港務運作，後來成為西班牙第二個工業城市、最富裕地區之一。鋼鐵工業在20世紀後期沒落，畢爾包經由古根漢美術館的成立而換上新的面貌，成功改善城市建設的規畫和環境，轉型為服務業和科技產業的當代建築之城，榮獲首屆「李光耀世界城市獎」。現在城裡除了有名建築師蓋瑞（Frank Gehry）設計的古根漢美術館，還有英國建築師佛斯特（Norman Foster）設計的地鐵、西班牙建築師卡拉特拉瓦（Santiago Calatrava）設計的機場、日本建築師磯崎新等人設計的建築。

❦ 畢爾包老城區 Casco Viejo ❧

　　當地主要的休閒購物中心，步行街區有傳統商店、酒吧、餐廳，還有城裡最古老的古蹟建築，例如主教座堂、聖安東尼教堂、市立圖書館等。

◀◀◀ 畢爾包老城區。

聖安東尼教堂 Iglesia de San Antón

位於畢爾包河岸邊,在聖安東尼橋旁邊,不是畢爾包最古老的教堂,卻最具特色。建於15世紀後期,屬於哥德式風格,但美麗的正面是文藝復興式,鍾樓則是巴洛克式。因聖安東尼教堂的歷史與畢爾包的歷史息息相關,教堂以及同名的橋都放在畢爾包的市徽上。

畢爾包主教座堂 Catedral de Santiago de Bilbao

現在的主教座堂是15世紀建於朝聖之路上的古老小教堂之上,教堂是哥德式風格,但鐘塔和立面建於19世紀,是新哥德式,裡面有個小而美麗的哥德式迴廊。

古根漢美術館 Museo Guggenheim Bilbao

20世紀畢爾包的代表,名建築師蓋瑞設計,鈦金屬外牆可在一天的每個時刻觀賞光線在其上投射的不同色調。一樓收藏20世紀後半著名的當代藝術家如Jeff Koons、Richard Serra、Fujiko Nakaya、Jenny Holzer、Louise Bourgeois、Eduardo Chillida的作品,屬於常態展覽,其他樓層則是臨時展覽。美術館外面有一隻由鮮花裝飾、將近13公尺高的裝置藝術「小狗」(Puppy),是Jeff Koons的作品,內有複雜的灌溉系統。原本這隻小狗只是古根漢美術館的臨時展覽,預計2000年搬到澳洲的雪梨慶祝奧運,但是,這隻一年更換兩次身上花卉的彩色鮮花小狗成了畢爾包人的寵物,最後就把畢爾包當成永遠的家了。畢爾包人還開玩笑說,小狗才是最重要的,身後的古根漢美術館只是狗屋而已!

⋯ 古根漢美術館。

比斯開橋
Puente Bizkaia

　　世上第一座鋼鐵結構的運渡橋，堪稱當時工程奇蹟。19世紀在不中斷船隻通行的條件下，在波爾圖加萊特（Portugalete）陡峭的岩岸以及格喬（Getxo）較低的沙岸之間建造的運渡橋，以連接畢爾包河口的兩岸，又稱Puente Colgante吊橋，在2006年入選世界遺產。

畢爾包的美食之路

　　畢爾包到處都有美味Pintxos，可以從市場開始，除了買到當地最好食材，還可以上樓品嘗當地美食。

　　老城區有超過200家酒吧和餐廳，家家都有各式不同的Pintxos，有名的老店是Bodega "Palas"、Bodega Joserra、Bar Rotterdam、Bar Fermín、Taberna Basaras、Café Iruña、Bar Los Botijos等，畢爾包幾乎沒有地雷，可以直接去酒吧最密集的一區，新廣場（Plaza Nueva）和Plaza Miguel de Unamuno廣場邊、Santa María街、Somera街、Jardines街等，一家吃過一家，吃遍老城區，任意找一家隨便點Pintxos都很好吃。

　　當地人有個「美食指標」，「看地上」就知道哪一家酒吧的Pintxos好吃！如果「地上的餐巾紙很多」，就表示食客吃得很滿意！畢爾包人在酒吧吃得很高興，就會「把餐巾紙丟在地上」表示「Pintxos太好吃了，所以吃得很多，手弄得很髒」！

　　想吃正式的美食，畢爾包有超過20家米其林星等餐廳和推薦餐廳，絕對會讓老饕滿意。知名的Casa Rufo，是百年老雜貨店，也是餐廳，可以現場看到鮮美的食材。

畢爾包到處都有的美味Pintxos。

▲▲▲ 貝殼海灘。圖片提供：© Basquetour。

· 聖塞巴斯提安 ·
San Sebastián

　　美好年代（Belle Époque）著名的度假城市，19世紀的瑪麗亞・克里斯蒂娜攝政皇后在此建造夏宮：米拉馬爾宮（Palacio de Miramar）。19世紀末到20世紀初，西班牙王室貴族都到此避暑，引進最新潮的娛樂活動，例如遊樂園、賭場、高爾夫球、飛靶射擊、航海活動、餐廳、商店和酒吧等，當地的基礎設施也更加完善，還有海洋水療中心。1950年代起，聖賽巴斯提安每年9月底舉行國際影展，聞名世界影壇。

貝殼海灘 Playa de la Concha

　　呈貝殼型，位於兩個小山丘伊格爾多山（Monte Igueldo）與烏爾古爾山（Monte Urgull）之間。貝殼海灘就是貝殼海灣上最著名的白色沙灘，也是歐洲最美的城市海灘之一。海灘邊有個散步大道，以白色優雅的欄杆跟海灘相隔，沿著散步大道漫步可以觀賞海灘邊的建築和豪宅，以及散步大道上有名的雙鐘。

米拉馬爾宮 Palacio de Miramar

　　Miramar有望海之意，又稱「望海宮」。1893年，瑪麗亞・克里斯蒂娜攝政皇后下令建造的夏宮，位於烏爾古爾山丘下，可以直接觀賞貝殼海灘美景，英國建築師設計，具有英國貴族的鄉間別墅風貌，由三層樓和一個地下室組成，一、二層供王室使用，最上面是閣樓，供僕役使用。

聖塞巴斯提安主教座堂
Catedral del Buen Pastor de San Sebastián

位於整齊的擴建區，占地1915平方公尺，用伊格爾多山的石材建造。原是1897年啟用的新哥德式教堂，也是全城規模最大的教堂，後來於1953年升等為主教座堂，正立面有雕塑家奇乙達的作品〈和平的十字架〉。

▲▲ 主教座堂的尖塔。圖片提供：© Basquetour。

聖塞巴斯提安市政府
Ayuntamiento de San Sebastián

19世紀末拆除城牆擴建出來的擴建區，規畫得相當整齊，最引人注目的是位於海邊、貝殼海灘附近的聖塞巴斯提安市政府。這棟建築原是1897年開幕的賭場Gran Casino，是當時上流社會名人宴會的地方，直到1924年禁賭之後，在1947年變成市政府大樓，在其中一個立面至今仍留下西班牙內戰砲彈的痕跡。

伊格爾多山 Monte Igueldo

聖塞巴斯提安最棒的觀景台，可以從高處遠眺貝殼海灣和聖塞巴斯提安的美景，從山腳下搭百年歷史的伊格爾多纜車上山，可以直達百年歷史的遊樂園，山上還有可以享受無敵夕陽海景的餐廳和旅店。

奇乙達雕塑博物館 Chillida Leku

奇乙達1924年出生於聖塞巴斯提安，曾研習建築，還是當地足球隊的守門員，因膝蓋受傷而中止足球生涯。後來輟學，不讀建築，轉而作畫，並開始接觸雕塑。1948 年赴巴黎學習藝術並短暫嘗試泥塑創作，後來以鋼鐵創作，開創出個人風格。

奇乙達雕塑博物館在聖塞巴斯提安最
有名的公共藝術是位於海邊的〈風之梳
XV〉，三個鑄鐵爪形雕塑固定在不同的
大石上，彷彿風的梳子，雕塑靜態的意境
和大自然動態的美感相輔相成，組成抽象
又具詩意的美景。

奇乙達畢生的心願是創造出能永遠展示
他作品的空間，奇乙達雕塑博物館在2000年開幕，是個露天的雕刻博物館，只
展示奇乙達的作品，曾因為經費問題，短暫關閉幾年，只供學術研究。現在又
重新開放，還被《時代雜誌》列為全球100個最佳景點。

🔺 奇乙達雕塑博物館。圖片提供：© Basquetour。

聖塞巴斯提安的美食之路

聖塞巴斯提安是個面積60平方公里、人口18萬的城
市，卻是美食重鎮，有兩個重要的市場，La Bretxa和San
Martín，也是全球每平方公尺最多米其林餐廳的地方。根
據2019年米其林評鑑，這裡有七家米其林一星餐廳、一
家米其林兩星餐廳、三家米其林三星餐廳和53家米其林
推薦餐廳。根據知名旅遊指南《Lonely Planet》，聖塞
巴斯提安的Pintxos是全世界最棒的美食體驗之一，《紐
約時報》更把31 de Agosto街選為最愛的歐洲街道之一。

🔺 聖塞巴斯提安到處都有的美味Pintxos。
Allen Ko攝影。

市中心、老城區的步行街區有很多酒吧和餐廳，是美食旅遊的首選城
市，有傳統的Pintxos，還有創意Pintxos，老城區是Pintxos酒吧最集中的地
方，Txepetxa、Tamboril、La Cuchara de San Telmo、Néstor、Borda Berri、
Ganbara、Haizea、Casa Urola、La Viña等是其中最著名的幾家Pintxos酒吧。在
不同城區的酒吧還有一週一次的Pintxo-Pote，一份Pintxos加一份飲料才特價2-3
歐元，讓大家用親民的價格嘗遍各家美食。

西班牙內陸

\ 2-2 /

肉類的天堂，
四季分明之地

PRINCIPADO DE ASTURIAS
A CORUÑA
SANTIAGO DE COMPOSTELA
LUGO
GALICIA
PONTEVEDRA
OURENSE
OVIEDO
CANTABRIA
SANTANDER
LEÓN
BURGOS
PALENCIA
ZAMORA
VALLADOLID
SALAMANCA
CASTILLA Y LEÓN
SEGOVIA
ÁVILA
BILBAO
DONOSTIA - SAN SEBASTIÁN
PAÍS VASCO/
EUSKADI
VITORIA-GASTEIZ
PAMPLONA / IRUÑA
CDAD. FORAL
DE NAVARRA
LOGROÑO
LA RIOJA
SORIA
ZARAGOZA
HUESCA
GIRONA
CATALUÑA / CATALUNYA
LLEIDA
BARCELONA
TARRAGONA
ARAGÓN
COMUNIDAD
DE MADRID
GUADALAJARA
MADRID
TERUEL
CUENCA
TOLEDO
CASTILLA-LA MANCHA
CÁCERES
EXTREMADURA
BADAJOZ
MÉRIDA
CIUDAD REAL
ALBACETE
CASTELLÓ DE LA PLANA /
CASTELLÓN DE LA PLANA
VALENCIA
COMUNITAT
VALENCIANA
PALMA DE MALLORCA
ILLES BALEARS
ALACANT / ALICANTE
CÓRDOBA
JAÉN
REGIÓN DE
MURCIA
MURCIA
HUELVA
SEVILLA
ANDALUCÍA
GRANADA
ALMERÍA
CÁDIZ
MÁLAGA
Estrecho de Gibraltar
CIUDAD DE CEUTA
MAR
CIUDAD DE MELILLA
PORTUGAL
MEDITERRÁNEO
OCÉANO ATLÁNTICO
CANARIAS
SANTA CRUZ
DE TENERIFE
LAS PALMAS
DE GRAN CANARIA

馬德里地區 （Comunidad de Madrid）

位於西班牙中部，面積8,022 km²，人口660萬，人口最多的是首府馬德里市。

🥄 當地美食 🥄

馬德里的名菜有馬德里式雜燴肉菜鍋、馬德里式燉牛肚或辣味馬鈴薯，而不是受法定地理標示的農牧產品。

馬德里地區唯一讓西班牙人比較有印象的特產應該是茴香渣餾白蘭地，由小茴香籽浸泡渣餾白蘭地、經過銅鍋蒸餾器蒸餾而來，酒精度在35至74度之間，是受到法定地理標示保護的蒸餾酒。

其他法定的地理標示還有：牛肉：I.G.P. Carne de la Sierra de Guadarrama；DOP葡萄酒：Vinos de Madrid。

🥄 馬德里的名菜 🥄

① 馬德里式雜燴肉菜鍋（Cocido Madrileño）：西班牙火腿（最靠近大腿的部分）、火腿骨頭、大骨頭等熬成濃湯，加上鷹嘴豆、雞肉、血腸、紅椒香腸、馬鈴薯、胡蘿蔔、蒜、白蘿蔔、高麗菜、芹菜等各式蔬菜煮成一大鍋後，把濃濃的高湯撈出來，利用高湯來煮細細短短的細麵，把細麵和鷹嘴豆湯當前菜，大鍋湯裡撈出來的肉和血腸、臘腸和其他蔬菜當主菜。

② 馬德里式燉牛肚（Callos a la Madrileña）：牛肚加血腸、紅椒香腸、五花肉、月桂葉、蒜、紅椒粉、胡椒粉、辣椒等燉煮而成。

③ 香炸魷魚圈潛艇堡（Bocadillo de Calamares）：油炸酥軟的魷魚圈當夾心的潛艇堡。

④ 大蒜湯（Sopa de Ajo）：用橄欖油把切碎的大蒜、火腿爆香，再加入麵包、甜紅椒粉和高湯，燉煮後打上一顆蛋而成。

⑤ 馬德里式烤黑斑小鯛（Besugo a la Madrileña/Besugo al Horno）：黑斑小鯛以檸檬、鹽、胡椒粉和白葡萄酒調味，撒上麵包屑、大蒜和香芹，跟馬鈴薯和洋蔥一起放進烤箱烘烤而成。

⑥ 馬德里式蝸牛（Caracoles a la Madrileña）：蝸牛加上火腿、紅椒香腸、洋蔥、大蒜、番茄、辣椒、紅椒粉、迷迭香、月桂葉等燉煮而成。

⑦ 辣味馬鈴薯（Patatas Bravas）：油炸過的馬鈴薯加上用橄欖油、麵粉、辣椒粉、甜椒粉、高湯等調製成的辣味沾醬。

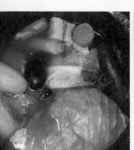

馬德里式雜燴肉菜鍋。梁郁萱攝影；馬德里式燉牛肚；辣味馬鈴薯；碎蛋（由左至右）。

⑧ 炸羊肚（Gallinejas / Entresijos）：Gallinejas是油炸羊百葉，Entresijos是油炸羊腸繫膜，都是羊的內臟。

⑨ 碎蛋（Huevos Estrellados）：在盤底鋪上一層炸好的馬鈴薯（薯條、薯片、薯塊皆可），再放上兩三個荷包蛋，接著在荷包蛋上撒上一些橄欖油、辣椒粉、辣椒醬（有些人還撒上西班牙臘腸、火腿屑或鰻苗），用刀叉弄碎荷包蛋，讓鮮美的蛋黃成為炸馬鈴薯的醬汁。

⑩ 聖伊西多祿甜甜圈（Rosquillas de San Isidro）：有四種，分別叫做聰明的（Las Listas）、傻瓜的（Las Tontas）、聖克拉拉的（Las de Santa Clara）以及法國的（Las Francesas）。

✎ 景點城鎮&歷史典故 ✎

· 馬德里 ·
Villa de Madrid

　　名字源於中世紀的伊斯蘭堡壘Mayrit，是西班牙的首都，很有趣的是，它其實不是城市（Ciudad，英文的City），而是鎮（Villa，英文的Town），城鎮和城市在以前是由國王「授與」的「名號」，而馬德里至今未被授與城市（Ciudad）名號，全名仍是 Villa de Madrid，馬德里鎮，是個比城市小，比村莊大的地方。

　　以前，西班牙沒有固定的首都，尤其在天主教王國和伊斯蘭教王國戰爭期間，國王到哪裡，宮廷就跟到哪裡，首都就搬到哪裡。所以，瓦亞多利德（Valladolid）和托雷多（Toledo）都曾是首都。16世紀時，國王菲利普二世決定把首都定在馬德里，一來是因為新婚王后不喜歡托雷多燥熱的天氣，二來是因為托雷多總主教勢力過高，影響力比菲利普二世還大，三來是瓦亞多利德還是有其他貴族的勢力，四來是馬德里「鎮」沒有什麼貴族或總主教的勢力，而且剛好位於西班牙的中間，地理位置易於管理國家。

　　1561年，菲利普二世定都馬德里，皇家城堡成為國王的居所，附近開始興建貴族的宮殿豪宅。馬德里的人口從1561年的3萬成長到16世紀末的10萬。18世紀起，馬德里成為西班牙公路和鐵路的中心點，官方機構和博物館開始在此成立，19和20世紀因城市改造、擴建及開闢林蔭大道，成為今天我們所認識的馬德里。

　　2021年，普拉多大道和雷提洛公園、藝術與科學的景觀之地列為世界遺產，位於馬德里市中心的心臟地帶、占地200公頃的文化景觀，包括普拉多大道（Paseo del Prado）、雷提洛公園（Parque de El Retiro），以及普拉多大道上、馬德里最著名的兩個噴泉：大地女神希栢利噴泉和海神涅普頓噴泉。

普拉多美術館 Museo del Prado

普拉多美術館的建築原本是為了自然科學內閣而於1785年建造，後來被費南多七世當成皇家繪畫雕塑博物館，1819年對外開放，後來改名為普拉多美術館。Prado是「草原」，那個地方以前是屬於聖熱羅尼莫修道院的草原。

美術館的皇家收藏始於16世紀的卡洛斯一世（查理五世），從此歷代國王繼續收藏了11到18世紀的藝術瑰寶，例如曼特尼亞的《聖母之死》、博斯的《人間樂園》、杜勒的《亞當和夏娃》、提香的《查理五世騎馬像》、拉斐爾的《神聖家族》、葛雷柯的《手放胸前的騎士》、卡拉瓦喬的《大衛和歌利亞》、維拉斯奎茲的《仕女圖》、魯本斯的《美惠三女神》、倫勃朗的《狩獵女神》、戈雅

的《卡洛斯四世家族》等。

在1936到39年的西班牙內戰期間，人在巴黎的畢卡索曾是普拉多美術館的掛名館長，因為內戰的關係，眾多名畫被打包移出馬德里，經過瓦倫西亞到日內瓦去避難。

目前普拉多的收藏有超過三萬五千件，是全世界收藏最多戈雅畫作的美術館。因為傳統上13是不吉利的數字，所以美術館沒有第13廳。

如果不熟悉西班牙的歷史，不知國王王后的畫像從何看起，可以先仔細看一下王后身上的珠寶，因為畫像就是西班牙王室的珠寶收藏目錄，你會發現，有一顆巨大的梨形珍珠，不斷出現在不同時代的王后身上，就是歷史上赫赫有名的「La Peregrina」。

據說La Peregrina是在西班牙的殖民地巴拿馬發現的，1580年代左右送到國王菲利普二世手裡，重達58.5克拉，從此成為西班牙王室收藏的珠寶之一，也是王室的傳家寶，由國王送給王后，或是送給媳婦，成為歷代王后的最愛，也就被維拉斯奎茲等歷代畫家畫進作品裡，直到拿破崙攻入西班牙，讓他的哥哥當西班牙國王，La

▲ 普拉多美術館，繆建國攝影。

Peregrina才被帶出西班牙。1969年，熱戀中的影星李察波頓花了三萬七千美金在拍賣會買下La Peregrina，送給伊麗莎白泰勒，成為伊麗莎白泰勒的私人收藏。後來，玉婆去世後，La Peregrina在Christie's拍賣，以1184萬美元的天價賣出。下次去參觀，記得去找找看，La Peregrina曾被哪個王后戴過？又被哪個畫家畫過？

國立蘇菲亞皇后當代藝術中心博物館
Museo Nacional Centro de Arte Reina Sofía

1980年後，西班牙政府決定把18世紀大眾醫院的老建築改建成現代藝術中心。1986年，蘇菲亞藝術中心對外開放。1992年，國立蘇菲亞王后當代藝術中心博物館的永久收藏開幕，收藏了從19世紀末至今的重要當代藝術珍品，其中以畢卡索、達利和米羅的作品為20世紀西班牙藝術家的代表。

畢卡索當年留下遺囑，要求〈格爾尼卡〉這幅名畫必須在西班牙成為民主國家後才能回到西班牙，安置在普拉多美術館裡。1981年，〈格爾尼卡〉回到西班牙，先放在普拉多美術館，1992年移到國立蘇菲亞王后當代藝術中心博物館收藏。

↑ 國立蘇菲亞皇后當代藝術中心博物館。

提森美術館 Museo Nacional Thyssen-Bornemisza

提森家族是德國最重要的鋼鐵世家，提森-博內米薩男爵二世（Hans Heinrich）的第五任老婆是1961年的西班牙小姐塞貝拉（Carmen

Cervera），便帶著他的藝術收藏來到西班牙。後來，為了避免他辛苦蒐藏的藝術品在他去世後被子女和親戚瓜分，分散全球，他跟西班牙政府達成協議，成立提森-博內米薩博物館，收藏他一生的藏品，包括杜勒、拉斐爾、提香、魯本斯、林布蘭、卡拉瓦喬、馬內、雷諾瓦、塞尚、梵谷、高更、康丁斯基、畢卡索、霍普和羅斯科等大師的作品。

館內收藏按照年代風格排列，從三樓（西班牙的二樓）走到一樓（西班牙的0樓），從文藝復興、矯飾主義、巴洛克、洛可可、浪漫主義和19世紀的印象派、後印象派、表現主義、立體主義、野獸派、超現實主義等，及20世紀的非形象主義、抽象表現主義到普普藝術，透過超過一千件的畫作，剛好可以把整個西洋藝術史看一遍。

王宮 Palacio Real

　　原是9世紀伊斯蘭堡壘，1085年，恩里克四世修復成為卡斯提亞王國的特拉斯塔馬拉家族的居所。1537年，國王卡洛斯一世加以擴建，菲利普二世裝潢為宮殿居所。1734年12月24日一場大火燒毀後，菲利普五世進行重建，動土的第一塊石頭於1738年4月6日放上去。1754年，新王宮竣工，呈正方形，中間有個大院子。1764年，卡洛斯三世正式入住，成為西班牙國王的官邸。

▼ 王宮夜景。

馬德里的王宮是西歐最大的王宮，擁有3418個房間，13萬5千平方公尺。現在是國王接待外賓和舉辦官方儀式的地方，王室沒有住在這裡。裡面的王座廳最讓人印象深刻，除了著名的柱廳、鏡廳、斧槍軍團大廳和卡洛斯三世國王的房間外，王宮裡還有御廚、皇家藥局、皇家軍械庫等。還可以欣賞到王室收藏，例如斯特拉迪瓦里的提琴、維拉斯蓋茲、哥雅、魯本斯、葛雷柯和卡拉瓦喬等大師的畫作。

　　馬德里王宮的王家衛隊換崗儀式是在每個月的第一個星期三中午12點，大約50分鐘，國王在王宮接見外賓除外。觀眾可以從聖雅各門進去，軍樂團還會在王子門吹奏。此外，每星期三和星期六從11點到14點，只要沒受到氣候或接見外賓影響，馬德里王宮的王子門也有皇家衛隊交接。

雷提洛公園 Parque de El Retiro Madrid

　　卡洛斯一世下令在聖熱羅尼莫修道院建造房舍作為守喪避靜之處，稱為皇家避靜房，房內有個內窗開向教堂，讓國王可以在房內聽彌撒。17世紀時，菲利普四世利用奧利瓦雷斯公爵贈送的土地修建避靜宮，擴建花園，把此地改成王室遊憩之地，還建造了一個長280公尺、寬140公尺、深1.8公尺、由六個水車供水的人工湖，用來重現國王喜歡參與的海戰實境。卡洛斯三世增建天文觀測台和皇家瓷器廠。費南多七世則加建人工湖的碼頭和動物園。後來，它的產權在1868年移交給市政府，對外開放，在19世紀末和20世紀初，曾在此舉辦各種國際展覽。現在公園裡的水晶宮和維拉斯蓋茲宮等建築都是那時期留下來的。

◄◄◄ 雷提洛公園。

公園裡有個栽種超過4000顆玫瑰的玫瑰園，有棵馬德里自治區最古老的樹，還有罕見的惡魔雕像〈墮落天使〉，是雕刻家貝利韋（Ricardo Bellver）在1877-78年的作品，雕像的高度正好在海平面上666公尺高。

2010年在整修公園時挖出兩個地下隧道，到底是10世紀伊斯蘭教人的水道系統？或是卡洛斯三世的皇家瓷器廠設施？還是拿破崙戰爭或西班牙內戰的戰壕防禦系統？目前尚無定論。

主廣場 Plaza Mayor

原本是11世紀時馬德里城牆外的小廣場，菲利普二世於1561年定都馬德里之後，拆掉舊城牆，小廣場就變成城內的廣場。後來。菲利普三世把這個小廣場附近的民宅拆除，擴建成現在的主廣場，廣場上有尊菲利普三世的騎馬雕像。這是西班牙最早的方形廣場之一，四周建築的原始設計是巴洛克元素的紅磚，後來在17和18世紀歷經幾次大火，在卡洛斯四世時修建成角落封閉、拱門通道的三層樓建築。

原始用途是舉行官方慶典、遊行、節慶、市集及行刑，後來還用於舉辦戲劇表演、騎士決鬥、鬥牛等。據說，廣場居民在慶祝活動時會把陽台讓給國王的貴賓，以便他們觀禮。

◄◄◄ 主廣場的聖誕市集。

太陽門廣場 Puerta del Sol

名字起源有兩種說法，一是以前有個城門，剛好向著太陽升起的方向，一是城門上有個太陽形的浮雕。

廣場以前不是繁華重要的地區，最早的建築始於16世紀，18世紀皇家郵政建造於此後才開始日趨重要。到了19世紀，一些建築遭拆除，廣場呈現現在的面貌，成為馬德里最重要也最熱鬧的中樞地段，周圍有十條街道呈放射狀向外延伸。

廣場上有幾個很重要的地標：皇家郵政大樓（今馬德里自治區政府）上的鐘，每年跨年，大家跟著鐘聲，每敲一聲吞一顆葡萄。母熊用掌頂著楊梅樹的高大雕像；西班牙道路網絡的零公里起點處；卡洛斯三世的騎馬雕像；瑪麗布蘭加的雕像，本是噴泉上的雕像，現在只剩下這個，而且是複製的。

太陽門。Skaja Lee 李斯克攝影。

大地女神希栢利噴泉 Fuente de Cibeles

大地女神噴泉。梁郁萱攝影。

這個馬德里的地標建於1782年，位於同名的廣場上，周圍是美景宮（Palacio de Buenavista）、利納雷斯宮（Palacio de Linares）、通訊宮（以前是郵局，現為馬德里市議會）和西班牙央行。

　　噴泉除了當圓環藝術紀念碑之外，直到1862年都有供水功能，也是皇馬足球隊球迷慶祝贏球的地方，還具保護西班牙央行的黃金儲備功用，如果有人試圖偷竊央行的黃金，警報一響起，噴泉的水就會流入央行位於地下48公尺深的保險櫃前的防盜廳。

阿爾卡拉城門 Puerta de Alcalá

　　18世紀為了慶祝王室抵達首都而由國王卡洛斯三世下令建造，是羅馬帝國之後在歐洲建造的第一座凱旋門，高達19.5公尺，花崗岩建材，宏偉高雅。

　　據說，國王選了建築師薩巴提尼（Francesco Sabatini）的兩個設計圖，以為是同一個設計，建築師只好把兩個設計融合為一，建出兩個不一樣的立面，一面有10個圓柱、三個薩

阿爾卡拉城門。林真如攝影。

堤爾的頭、兩個豐裕之角、戰利品以及代表四種樞德的孩童；另一面有兩個圓柱跟壁柱、三個獅頭、兩個花籃、紋章以及六個盔甲。

～ 馬德里的美食之路 ～

馬德里的美食多元，從百年雜貨店到菜市場，從Tapas到米其林餐廳，應有盡有。馬德里美食市場，介於市場和美食廣場之間，除了賣菜，還有各式小吃、美食攤位，可以一邊逛一邊吃。除了最有名、價格偏高的Mercado de San Miguel市場，還有Mercado de San Antón、Mercado de Vallehermoso、Mercado de Antón Martín、Mercado de la Paz、Mercado de Las Ventas、Mercado de Chamberí、Mercado de Los Mostenses、Mercado de Barceló、Mercado de Chamartín、Mercado de San Fernando、Mercado de la Cebada、Mercado de Tirso de Molina、Mercado de Prosperidad、Mercado de Villa de Vallecas等市場。

馬德里的傳統美食在酒吧，20世紀時，酒吧也是知識份子的聚會場所，酒吧文化有其社會功能。如今馬德里有很多條街可以從一家酒吧吃到另一家酒吧，例如Pez、Espíritu Santo、Ponzano、Echegaray、Cava Baja、Doctor Castelo、Libertad、Argumosa、Conde Duque、Corredera Baja de San Pablo等，都是酒吧聚集的街道，其中最密集的應該是Cava Baja街，短短300公尺聚集了50家酒吧，走那一條街真的是逛酒吧。

另外，馬德里的酒吧各有拿手菜，例如Bodega de la Ardosa馬鈴薯蛋餅、Bar Restaurante El abuelo的

∷ Chocolatería de San Ginés的西班牙熱巧克力佐油條。

蝦子、Casa Revuelta的炸鱈魚、Lhardy的湯、Casa Alberto的燉牛肚、Casa Toni的豬耳朵、El Doble的醋醃鯷魚、Bar Los Torreznos的香炸培根片、Docamar的辣味馬鈴薯、Cafetería Bar "Sylkar"的俄式沙拉、El Quinto Vino的香炸可樂餅、Cervecería Alonso的海鮮。

在La Campana、La Ideal、Los Bocadillos、Casa María、Bar Postas及El Brillante可以吃到馬德里有名的炸魷魚圈三明治。

在 La Bola、Cruz Blanca de Vallecas、La Clave、Malacatín以及Taberna de La Daniela 等可以嘗到馬德里冬季最有名的傳統美食：馬德里式雜燴肉菜鍋。

除了聞名全球的最古老餐廳Botín，馬德里還有其他百年餐廳，例如Bodega de la Ardosa、Taberna La Carmencita、Café Gijón、Casa Alberto、Casa Ciriaco、Casa Labra、Bodegas Ricla、Casa Pedro、Casa del Abuelo、Lhardy、Malacatín、Casa Paco、Taberna Restaurante Oliveros、Posada de la Villa、Taberna Antonio Sánchez、Anciano Rey de los Vinos、Café Varela、Cervecería Alemana、La Bola、La Tasca Suprema、Los Galayos、Casa Pepe、Restaurante Viva Madrid、Tienda de Vinos、Vinos 11 - Casa Dani、Viuda de Vacas 等。

如果想找百年咖啡廳喝咖啡，可以去Café Comercial、Café Viena、Café Central等。喜歡甜食，馬德里也有百年甜點店，在Chocolatería de San Ginés可以嘗到有名的西班牙熱巧克力佐油條，在La Violeta或Bomboneria La Pajarita吃到手工糖果或手工巧克力糖，在Antigua Pastelería El Pozo、Casa Mira、El Riojano、La Mallorquina、Viena Capellanes則有傳統甜點。

·埃納雷斯堡·
Alcalá de Henares

建於羅馬時期，經歷西哥特統治，七世紀時被摩爾人占領，1118年又被天主教人收復。這種宗教和文化的融合清楚地顯示在城市裡，往南是天主教區，往東是猶太區，往北是伊斯蘭區。1499年，埃納雷斯堡大學成立，成為世界第

▲ 埃納雷斯堡大學。梁郁萱攝影。

一座規畫為大學城的都市，後來這大學城的形式帶到美洲成為理想城市社區的典範，也成為歐洲或是全世界大學的設計雛形。因此，埃納雷斯堡的歷史城區和大學於1998年入選世界遺產。《唐吉訶德》的作者塞萬提斯在1547年出生於此，可以參觀塞萬提斯故居博物館、16世紀的聖伊德豐索大學宿舍等，另外，此城現在也是卡斯提亞語之路的一部分。

埃納雷斯堡的美食之路

這個大學城吃Tapas的風氣很盛，Índalo Tapas、El Hidalgo、El Gato de Tres Patas、Bar Nino、El Quinto Tapón、La Posada Magistral、La Taberna de Rusty、Cervecería Qué Punto等都是當地有名的Tapas酒吧。也有一些酒吧還保有點飲料送Tapas的好傳統。

卡斯提亞-雷昂地區（Castilla y Leon）

位於西班牙中北部，面積94,226 km²，人口240萬，人口最多的是瓦亞多利德（Valladolid）。

👐 當地美食 👐

▲▲ 卡斯提亞-雷昂的各式醃製
肉類。圖片提供：© Junta
de Castilla y León。

卡斯提亞-雷昂是西班牙最大的自治區，由九個省組成，以肉類聞名，是愛肉者的天堂。新鮮肉類最有名的應該是阿維拉的牛肉（IGP Carne de Ávila）和卡斯提亞-雷昂的羔羊（I.G.P. Lechazo de Castilla y León），受原產地命名制度的保護。這裡最有名的菜餚就是炭烤或燒烤肉類。

卡斯提亞-雷昂有各式醃製肉類，最有名的是吉胡埃洛（Guijuelo）的火腿、雷昂的牛肉火腿及布爾戈斯的血腸，均受地理標示制度的保護。

煙燻帶骨臘腸（Bodillo）是另一種特別的醃製肉類，在腸衣裡塞入以鹽、紅椒粉、蒜、香料（有辣的）等醃製過的豬肉（以排骨居多，還有豬頰肉、豬尾巴等），煙燻、風乾而成，是大型臘腸，比豬蹄膀的體積稍微大一點。

另外，這裡是西班牙最寒冷的地方，所以常用當地產的各種豆類來燉各式「用湯匙吃的菜餚」。

卡斯提亞-雷昂是相當著名的產酒區，DOP葡萄酒有"Arlanza"、"Arribes"、"Bierzo"、"Cebreros"、"Cigales"、"Ribera del Duero"、 "Rueda"、"Sierra de Salamanca"、"Tierra de León"、"Tierra del Vino de Zamora"、"Toro"、"Valles de Benavente"、 "Valtiendas"；IGP葡萄酒有"Castilla y León"。

其他法定的地理標示還有：牛肉、紅椒香腸、奶酪、鷹嘴豆、菜豆、小扁豆、紅椒、烤紅椒、蘋果、奶油蛋糕：I.G.P. Mantecadas de Astorga。

卡斯提亞-雷昂地區的葡萄園（上）；
卡斯提亞-雷昂地區的葡萄酒（下）。
圖片提供：© Ruta del Vino Cigales。

🍴 卡斯提亞-雷昂地區的名菜 🍴

① 烤乳豬（Cochinillo Asado）：炭烤整隻乳豬，外皮酥脆，裡面的肉軟嫩。

② 烤羔羊（Cordero Lechal Asado）：炭烤整隻羔羊，外皮酥脆，裡面的肉軟嫩。

③ 雜燴肉菜鍋（Cocido Maragato）：骨頭、血腸、火腿、豬耳朵、豬鼻、醃排骨、雞肉、豬腳、五花肉等熬成濃湯，加上鷹嘴豆、高麗菜、洋蔥、馬鈴薯及短細麵煮成一大鍋後，撈出濃濃的高湯，先吃肉，再吃鷹嘴豆，最後吃湯，吃法跟西班牙其他地方吃雜燴肉菜鍋的順序剛好相反。

④ 燉雜燴紅菜豆（Olla Podrida）：菜豆、豬腳、五花肉、紅椒香腸、血腸、水、紅椒粉煮熟後，再把雞蛋和麵包屑做的麵團油炸一下，再一起下鍋燉煮。

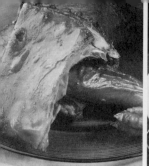

烤乳豬；烤羔羊；燉雜燴紅菜豆；馬鈴薯佐培根（由左至右）。圖片提供：© Junta de Castilla y León。

⑤ 卡斯提亞湯（Sopa Castellana）：火腿和大蒜、紅椒粉爆香後加入高湯及硬麵包塊，最後打一顆雞蛋進去。

⑥ 阿維拉的牛排（Chuletón de Ávila）：直接拿阿維拉的牛排煎成。

⑦ 布爾戈斯的血腸（Morcilla de Burgos）：可煎了當Tapas，也可加入其他食材來燉煮。

⑧ 別爾所的煙燻帶骨臘腸（Botillo del Bierzo）：煙燻帶骨臘腸加水燉煮後，加入紅椒香腸、高麗菜和馬鈴薯，再燉煮半小時。高麗菜和馬鈴薯撈出來成為前菜，臘腸和切開的煙燻帶骨臘腸當主菜吃。

⑨ 馬鈴薯佐培根（Patatas Revolconas）：馬鈴薯煮熟後下鍋煎到散開，再加入培根。

⑩ 聖女大德蘭蛋黃糕（Yema de Santa Teresa）：蛋黃和糖做的蛋黃糕。

🍴 景點城鎮&歷史典故 🍴

·阿維拉·
Ávila

西班牙最高的城市，曾是猶太人、伊斯蘭教人跟天主教人共同生活的中世紀城市，豐富的藝術遺產包括保存完好的城牆、教堂、修道院、宮殿建築等，列為世界遺產，也因為聖女大德蘭而成為具有宗教特殊意義的城市。

阿維拉城牆 La Muralla de Ávila

現今城牆大多重建於12世紀，周長2516公尺，高12公尺，平均厚3公尺，有87個半圓形城塔以及九個城門，是全世界保存最完整的中世紀城牆之一，據說當時羅馬時期建築的石塊也拿來當城牆的建材，可以在城牆上看到羅馬甕棺、石獸等。

阿維拉城牆是公家財產，產權屬於西班牙政府，由阿維拉市管理。但是某些連接豪宅、教堂和主教座堂的部分是私人的。

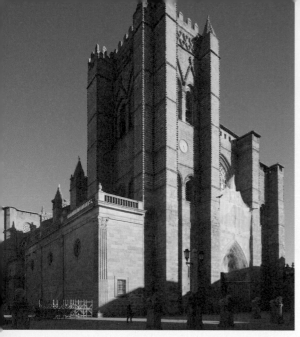

阿維拉主教座堂
Catedral de Ávila

建於1172年，西班牙第一座哥德式主教座堂，教堂的半圓形後殿剛好靠著城牆，像是內崁在城牆的防禦要塞。自古以來，一直傳說底下有密道，2010年維修主教座堂時發現13公尺長的密道，但不知道功用，可能是通往主教官邸，或是逃出城外的出口，也可能是讓士兵偷偷進城的密道，因為主教座堂在12世紀還具有防禦堡壘的功能。

阿維拉主教座堂。圖片提供：© Junta de Castilla y León。

參觀教堂時別忘了參觀鐘樓，鐘樓裡還有敲鐘人住的地方，至今仍保存1950年代最後一個敲鐘人居所的原貌。

城牆外的教堂

阿維拉城牆外的教堂和修道院，如仿羅馬式的聖彼得教堂和聖文森教堂、伊莎貝爾哥德式 的皇家聖托瑪斯修道院等，均列為世界遺產。

聖女大德蘭修道院教堂 Iglesia-convento de Santa Teresa

聖女大德蘭出生於阿維拉，認為修行必須苦行簡樸，所以成立加爾默羅赤足修會（Orden de los Carmelitas Descalzos）。這個教堂建造在聖女大德蘭出生之地，地下有個1500平方公尺的大型拱頂，是西班牙宗教建築中獨一無二的聖壇地下室，現在則是博物館。

阿維拉的美食之路

　　阿維拉的酒吧多保有良好傳統，點飲料送Tapas，而最有名逛酒吧的地方就是San Segundo街，La Bodeguita、La Antigua和El Buen Yantar等都在附近，其他不錯的酒吧不是很集中，但是也不遠，例如Gastrobar La lola、Taberna de Los Verdugo、Gredos Bar、Don Camilo 2.0等。

　　此外不能錯過當地美食，在Las Cancelas、Los Candiles、Bococo、Restaurante Corral等餐廳可以嘗到阿維拉牛排，在百年甜點店La Flor de Castilla可以買到1860年創製於此的聖女大德蘭蛋黃糕。

阿維拉牛排（左）；聖女大德蘭蛋黃糕（右）。圖片提供：© Junta de Castilla y León。

·布爾戈斯·
Burgos

　　布爾戈斯從最初的軍事市鎮，加上位於聖雅各朝聖之路的重要地位，以及美麗諾羊毛貿易的壟斷，逐漸成為中世紀的商業城市，主教座堂就是那段黃金時期的最佳見證，成為這個城市的象徵，因其藝術建築價值，在1984年入選世界遺產。

布爾戈斯主教座堂 La Catedral de Burgos

西班牙最美麗的哥德式建築之一，以其優雅和諧的線條聞名，是西班牙唯一被聯合國教科文組織列入世界遺產的主教座堂。建於1221年，以純哥德式風格建造，1230年祝聖之後，開始彌撒。天主教雙王在未完工時就在此為他們唯一的兒子舉行皇家婚禮，15世紀以後的工程，又加入哥德火焰式風格，最後於1765年竣工。據說共濟會曾參與建造，教堂裡可以看到大衛之星和帕拉塞爾蘇斯的三種符號。它有兩座高達88公尺、細長高聳的尖塔，是教堂最明顯的特徵。內部有文藝復興式的金階梯、交叉圓塔、扈衛官禮拜堂、席德及妻子希梅娜的陵墓等。

這個教堂還有兩個特別的地方，一是耶穌雕像，身上覆蓋牛皮而栩栩如生，雕像的手臂有可動關節，在聖週遊行時有受難、下十字架及埋葬三個不同場景。另一是中世紀就有的報時人偶Papamoscas，會一邊張嘴一邊敲鐘。

◄◄◄ 布爾哥斯主教座堂。圖片提供：© Junta de Castilla y León。

吳艾爾加斯女修院 Monasterio de las Huelgas Reales

12世紀時，阿方索八世國王利用王室休閒打獵的土地，成立特別為王室貴族女子設立的熙篤會女修院：聖馬利亞吳艾爾加斯皇家修道院，是王陵和王室避靜的地方。

女修院擁有巨額財產和無數特權，管轄的莊園包括54個村莊、一大片土地和磨坊，女修院不但免稅，還有自己的法律管轄權。院長是最有權勢財力的宗教女性，只聽令教宗，地位比

布爾戈斯主教還大，可以指派任命神父、主教人選。還有人說，如果教宗可以結婚，對象就會是女修院的院長，因為她是唯一跟教宗在天主教會享有同等權力地位的女人。歷代院長來頭都不小，第一位院長是阿方索八世國王的女兒，歷任院長也都是王室或貴族女性。

現在女修院可以看到王陵，也可以參觀附設的中世紀織物博物館，是世上最重要的紡織品博物館之一，收藏珍貴的中世紀服裝和布料。

◄◄◄ 吳艾爾加斯女修院內部教堂。圖片提供：© Junta de Castilla y León。

人類演化博物館 Museo de la Evolución Humana

布爾戈斯的阿塔普爾卡山（Sierra de Atapuerca）挖掘到歐洲最早最豐富的人類化石，以及世上最完整的前人（Homo antecessor）化石和海德堡人化石遺跡，證實人類早在一百萬年前就從非洲遷居到伊比利半島，阿塔普爾卡山的考古遺址在2000年入選世界遺產。

阿塔普爾卡山的考古挖掘是歐洲人類演化史上最重要的見證，後成立人類演化博物館，永久收藏阿塔普爾卡山發現的化石，以及人類演化的科學理論。

人類演進博物館。圖片提供：© Junta de Castilla y León。

這裡有兩個知名吃Tapas地方，一是主教座堂旁的Sombrerería街及其附近，有En Tiempos de Maricastaña、Vermutería Victoria、Bar Gaona Jardín、La Mejillonera、Los Toneles Parrilla、La Cueva del Champiñón 等店家，另一是San Lorenzo街及其附近，有La Jamada、Bar La Perla Arandina、Restaurante Mesón Los Herreros、La Quinta del Monje、Hammmbur、El Pez de San Lorenzo、Casa Pancho、El Pez de San Lorenzo 等，兩區很接近，可以從一條街吃到另一條街。

另外不能錯過受原產地命名制度保護的血腸，如La Favorita Burgos Taberna Urbana、La Cantina Burgos Bar y restaurante、Restaurante Casa Ojeda、Restaurante Mesón Los Herreros 等可以吃到非常棒的血腸。

布爾戈斯的血腸和納瓦拉的紅椒香腸。 ▶▶▶

· 塞哥維亞 ·
Segovia

羅馬帝國的軍事重鎮，中世紀時期是畜牧和紡織中心，也是卡斯提亞王國特拉斯塔馬拉王朝的宮廷所在，因而大放異彩。1985年，水道橋和古城的中世紀遺跡，包括摩爾人區、猶太區、城堡和哥德式主教座堂列為世界遺產。

〜 水道橋 Acueducto 〜

自古以來，人類都聚居於河邊，兩千年前的羅馬人卻寧願選溫暖向陽、躲避寒風之地，建造水道橋（大水管），從數十公里外的地方把經過土

▲ 塞哥維亞水道橋。圖片提供：© Turismo de Segovia。

壤砂石過濾的乾淨山泉水引進城裡。

這個宏偉雙拱水道橋建於一世紀，總長超過一萬五千公尺，共有167個拱，最高處離地面28.1公尺，沒用任何黏著劑，是羅馬時代最重要的水道橋，迄今仍保存完好，是西班牙最好的土木工程，是塞哥維亞的地標，城市的市徽上也有水道橋。

根據傳說，惡魔為了換取少女的靈魂，答應在一夜之間完成水道橋，讓少女省去每天提水之苦，但是在第一道曙光出現前，惡魔仍未把最後一塊石頭放上去，沒有完成水道橋，所以少女仍保有靈魂，人們則在少了最後一塊石頭的地方放上一尊聖母像。

城堡 Alcázar

從13世紀就是王室的宮殿，後來由卡斯提亞王國的特拉斯塔馬拉王朝加上精美的石膏飾條和穆德哈爾式的木雕天花板裝飾。菲利普二世曾大幅裝修，把城堡改成16世紀歐洲城堡的模樣，1764年成為炮兵軍校，1864年的大火摧毀一部分，後來成功修復。城堡大門前有壕溝，從城堡上遠眺四周美景。統一西班牙的卡斯提亞女王伊莎貝爾曾住在這裡，是歐洲最美城堡之一，迪士尼的白雪公主城堡就是以它為靈感創作。

塞哥維亞的城堡。圖片提供：© Junta de Castilla y León（左）；塞哥維亞主教座堂。圖片提供：© Turismo de Segovia（右）。

塞哥維亞主教座堂 Catedral de Segovia

塞哥維亞的第一個主教座堂在6世紀摧毀，第二個建於12世紀。據說，15世紀在建造迴廊時，從遠處搬運石材，速度緩慢，建築師便跟惡魔簽約，以他的靈魂換取工程進度，從此石材快速運達，工程進度飛快，眼看只差一車的石材就可以完成教堂，建築師向惡魔毀約，惡魔因此把最後一車變成石頭，永遠無法抵達塞哥維亞。現在，在馬德里和塞哥維亞的山上有幾塊奇石，像是幾個散落地上的石塊圍著上面有塊巨石的石推車，稱為「惡魔的推車」。

1520年主教座堂燒毀後，1525年建造現今的第三個教堂，是西班牙最後的哥德式主教座堂，因其規模和優雅造型而稱為「眾主教座堂中的貴婦」。引人注目的高塔原本有108公尺高，曾是西班牙最高的塔，裡面曾是敲鐘人的居所。

據說，如果一邊許願一邊觸摸（或踩著）教堂最小的石塊（其實是一小塊地磚），願望就會實現，如今在教堂的聖彼得小禮拜堂地上有塊磨損的石塊。

塞哥維亞的美食之路

塞哥維亞的酒吧至今大多保留點飲料送Tapas的好傳統，例如主廣場（Plaza Mayor）附近和Infanta Isabel街上的酒吧，因為距離很近，可以一路吃過去，從Santana、Los Tarines、Bar El Sitio、San Miguel、Lázaro Restaurante、Bar

Taberna Rubi等一直吃到主廣場。其他推薦的酒吧還有La Diligencia 35、Taberna Las Cuevas de Duque等。

來到塞哥維亞，千萬不能錯過當地最有名的烤乳豬，除了百年餐廳Mesón Cándido之外，還有Restaurante José María、Restaurante Taberna López、Restaurante Casares、Restaurante Claustro、El Figón de los Comuneros、Restaurante Casa Duque、Restaurante La Codorniz、Restaurante El Bernardino等餐廳。

· 聖伊爾德豐索農莊行宮 ·
Palacio Real de la Granja de San Ildefonso

聖伊爾德豐索農莊位於塞哥維亞近郊，由西班牙波旁王朝的第一位國王、出生於凡爾賽宮的菲利普五世利用本屬於聖熱羅尼莫修會的農莊土地，建造來當作退位後的「迷你凡爾賽宮居所」，但後來因其子駕崩而被迫重登王位，最後這裡就成為西班牙王室避暑的地方了。

農莊行宮可以說是歐洲最美麗的宮殿之一，壯觀的巴洛克式宮殿有壁畫、彩木和皇家水晶玻璃廠製造的水晶玻璃，外面的庭園面積超過146公頃，是18世紀歐洲園林設計的最佳典範，利用山坡天然的水壓建造出26座雕像噴泉以及為噴泉供水的人工湖「大海」，可以儲存216.000m3的水。噴泉的雕像都以希臘神話為主題，每座噴泉都因其雕像而有不同名字，只有在4月和10月之間有噴水，為了節約用水，這26座噴泉一年只有三天是同時噴水的：聖費南多節5月30日、聖雅各節7月25日和聖路易節8月25日。

聖伊爾德豐索農莊行宮。黃嫦媛攝影。 ▶▶▶

此外還可參觀：皇家水晶玻璃廠（Real Fábrica De Cristales）：展示兩個世紀前的水晶玻璃製造工藝；冷河行宮（Palacio Real de Riofrío）：菲利普五世去世後，第二任王后在她的繼子繼位之後，在農莊行宮附近購地興建冷河行宮，當成她么子的鄉間居所。繼子去世後，她的兒子繼位，她又回宮廷當皇太后，這個行宮最後就成為皇家狩獵用的房舍。

·薩拉曼卡·
Salamanca

位於馬德里西北部，迦太基人、羅馬人、摩爾人均在此留下遺跡，11世紀成為天主教人的領土。薩拉曼卡大學是世界上最古老的大學之一，歐洲重要的文化學術中心，在大學建築牆上，可以看到很多「塗鴉」，由5的字母組成vítor，以前是用鬥牛血寫上去的，象徵新科博士的勝利。薩拉曼卡除了大學之外，還有令人印象深刻的主廣場、歷史中心的仿羅馬式、哥德式、文藝復興和巴洛克式建築，1988年名列世界遺產。

主廣場 Plaza Mayor

建於1729和55年間，是西班牙最美麗的廣場之一，也是18世紀西班牙巴洛克風格的最佳典範。北面是市政廳，上面有個鐘山牆、四個鐘及四座雕像。環照廣場的是三層樓建築，底下有88個圓拱，拱門上以名人如卡洛斯一世、阿方索

薩拉曼卡的主廣場。圖片提供：© Turismo de Salamanca。

十一世、費爾南多六世、塞萬提斯、聖女大德蘭的浮雕裝飾。

主廣場並不是正方形廣場，廣場四個邊的長度並不同，以前曾當鬥牛場、刑場等，20世紀後成為情侶約會的地方，目前是薩拉曼卡最熱鬧的地方。「廣場時鐘下面」是當地人約見面地點。廣場上有很多酒吧和咖啡廳，像是當地知名百年咖啡廳Café Novelty。

從90年代開始，薩拉曼卡的大學生為了在聖誕假期前和同學共度跨年狂歡，決定每年放假前的最後一個星期四在主廣場舉行大學除夕夜，午夜12點吃12顆軟糖（以軟糖代替葡萄），一起提早慶祝除夕夜。

薩拉曼卡大學 Universidad de Salamanca

1218年，雷昂王國的阿方索九世在薩拉曼卡設校，1250年後開始具大學雛形，1254年正式成為大學，是世界上最古老的大學之一。

大學是個有中庭和迴廊的方形建築，在仿銀器裝飾風格的大門立面上，有一隻青蛙，據說找到青蛙的學生會及格。大學裡有萊昂修士（Fray Luis de León）的教室、迴廊樓梯的浮雕、1254年創立的圖書館等。

它是全世界第一個收女學生、第一個有女教授和第一個有支薪圖書館管理員的大學。編出第一本卡斯提亞語字典和文法書的內波里哈教授就任教於此，他也是歷史上第一個要求著作財產權的作者。這裡的教授是第一個強調原住民權益的先驅；哥倫布在第一次航海前也曾到此向教授們請教。現行的公曆（即格里曆）是大學的科學家轉交給教宗，由教宗格列高利十三世在1582年頒行的。塞萬提斯也曾在此待過。

薩拉曼卡大學以及門口的路易斯．德．萊昂修士雕像。圖片提供：© Turismo de Salamanca。

　　不過，在薩拉曼卡大學大門前面的雕像，卻是沒有國際知名度的教授，萊昂修士的雕像，他是西班牙文藝復興時期詩歌的主要人物，16世紀任教薩拉曼卡大學，曾因為《聖經武加大譯本》事件捲入奧斯定會和道明會兩個修會間的鬥爭，因此遭宗教審判法庭關進監牢將近五年。後來，無罪出獄之後，他回到大學，繼續擔任神學教授，而據說，他出獄後上的第一堂課的第一句話是：「我們昨天說到的……」，好像什麼都不曾發生過一樣。

貝殼之家 Casa de las Conchas

　　建於15世紀末的哥德式建築，含有文藝復興式和穆德哈爾式的元素，可以說是伊莎貝爾哥德式風格，立面上超過300個貝殼是主要裝飾。有人猜測說，這是因為屋主屬於聖雅各騎士團，所以用代表聖雅各朝聖之路的貝殼來裝飾，也有人說，主人為了表達對妻子的愛意，用代表妻子家族的貝殼來裝飾。

　　也有傳言，屋主家族在其中一個貝殼裡藏有珠寶，公開「豪賭」，有興趣的人只要奉上押金，就可以撬開一個貝殼尋寶，誰找到珠寶，珠寶就歸誰，沒有找到珠寶，押金就歸屋主。還有人說，貝殼底下藏有一金衡盎司，這個故事比較接近現實，因為以前習慣將一枚金幣放在建築物的地基裡，以求好運，所以說不定真有一枚金幣藏在這300多個貝殼中。

主教座堂 Catedral Nueva y Catedral Vieja

　　許多西班牙城市都把舊教堂拆掉，在原地蓋新教堂，薩拉曼卡人卻認為在建造新教堂時仍需要舊教堂來舉行彌薩，就保留了舊的主教座堂，跟新的連在一起。

貝殼之家（左）主教座堂內部（中）。圖片提供：© Junta de Castilla y León；公雞塔（Torre del Gallo，右）。
圖片提供：© Turismo de Salamanca。

　　舊教堂建於12至13世紀，仿羅馬式建築混和一些哥德式元素，舊教堂的交叉圓塔因其公雞狀的風向儀而稱為「公雞塔」。西班牙內戰時，舊教堂有個非常厚重的仿羅馬式牆，而當作「防空洞」，據說佛朗哥曾在此躲避空襲。

　　新教堂建於1513-1733年，具哥德式、文藝復興式和巴洛克式風格，是西班牙第二大主教座堂。在新教堂的棕枝之門立面上，有個太空人，是石匠在1992年進行修復工程時，依照中世紀傳統刻上象徵現代化的太空人，以時代元素作為他的「簽名」。另外，如果仔細找，還可以看到一隻拿著霜淇淋的龍。

薩拉曼卡的美食之路

　　薩拉曼卡是吃Tapas的城市，酒吧集中的地區在主廣場周邊，以及Van Dyck街附近，如果從薩拉曼卡大學一路走往Van Dyck街，可以經過幾家很不錯的酒吧，例如：Restaurante Bar Las Caballerizas、El Bardo、Delicatessen Café、iPan iVino、Casa Paca、Cuzco Bodega、Taberna de Dionisos、Mesón Cervantes、Café bar O'Hara's等，在Van Dyck街附近還有La Fresa、La Taberna de la Portu、Slainte

Cervecería、Café de Chinitas、Bodega Chicho、El Asador de Van Dyck、Patio de la Abuela、Restaurante Don Cochinillo、Mesón El Minutejo等。而且，幾乎所有塞哥維亞的酒吧至今保有點飲料送Tapas的好傳統。

薩拉曼卡的Tapas。圖片提供：© Turismo de Salamanca。

卡斯提亞-拉曼恰地區（Castilla La Mancha）

位於西班牙中部，面積79,463 km²，人口200萬，人口最多的都市是阿巴塞特（Albacete），首府是托雷多，是西班牙人口密度最低的地區。

◈ 當地美食 ◈

這裡最有名的是拉曼恰奶酪、番紅花和杏仁糖糕。拉曼恰奶酪（D.O.P. Queso Manchego）受到原產地命名制度的保護，圓筒狀外型，用當地的拉曼恰品種綿羊奶製成，1.5公斤的奶酪，至少要窖藏熟成30天，如果是體積大一點的奶酪，至少要窖藏熟成60天，甚至長達兩年。

番紅花必須以人工進行無性繁殖，而能當香料用的是這種紫色小花的雌蕊柱頭，一公斤番紅花需要25萬朵紫色小花，非常珍貴。這地區也是西班牙最的負盛名的番紅花產地，拉曼恰的番紅花受到原產地命名制度的保護。10月底是採摘番紅花的季節，重要產地孔蘇埃格拉（Consuegra）有番紅花節，想知道西班牙人是怎樣收採番紅花，怎樣以人工採摘它的雌蕊柱頭，可以去體驗一下，看過之後就會知道它貴得有道理。

杏仁糖糕（Mazapán）是托雷多的名產。相傳在13世紀的納瓦斯德托洛薩（Navas de Tolosa）戰役後，托雷多沒有穀糧，聖克萊門修道院的修女就用廚房僅剩的杏仁和糖做出杏仁糖糕，發給城裡挨餓的人民。現在杏仁糖糕受到地理標示制度的保護（I.G.P. Mazapán de Toledo）。

拉曼恰的番紅花（左）；拉曼恰奶酪（右）圖片提供：© Consejo Regulador de La Denominación de Origen Queso Manchego。

卡斯提亞-雷昂是相當著名的產酒區，DOP葡萄酒有"Almansa"、"Campo de la Guardia"、"Casa del Blanco"、"Dehesa del Carrizal"、"Dominio de Valdepusa"、"El Vicario"、"Finca Élez"、"Guijoso"、"La Jaraba"、"La Mancha"、"Los Cerrillos"、"Manchuela"、"Méntrida"、"Mondéjar"、"Pago Calzadilla"、"Pago Florentino"、"Ribera del Júcar"、"Uclés"、"Valdepeñas"、"Vallegarcía"；IGP葡萄酒有"Castilla"。其他法定的地理標示還有：羊肉、蜂蜜、橄欖油、紫皮蒜、茄子、甜瓜及麵包。

🥄 卡斯提亞-拉曼恰地區的名菜 🥄

① 大蒜湯（Sopa de Ajo）：火腿和大蒜爆香後，加入高湯、紅椒粉、硬麵包去煮，最後將雞蛋打在湯上，放進烤箱直到蛋白凝固。

② 豆糊（Gachas Manchegas）：五花肉切丁和大蒜爆香之後，加入鷹豆粉、紅椒粉跟高湯，攪拌後成為內有肉塊的豆糊。

③ 拉曼恰式羊肉煲（Caldereta Manchega 或 Cordero Manchego）：羊肉加入番茄、洋蔥、青椒、紅椒、大蒜、月桂葉、白葡萄酒、橄欖油等燉煮而成。

④ 香腸炒蛋（Duelos y Quebrantos）：加入紅椒香腸和五花肉的炒蛋。

⑤ 馬鈴薯鱈魚泥（Atascaburras）：馬鈴薯和大西洋鹹鱈魚煮熟後搗成泥，加入香芹及鹽，佐以白煮蛋。

⑥ 青菜番茄泥（Pisto Manchego）：洋蔥、青椒、紅椒、節瓜炒過後，加入自製番茄泥做成。

大蒜湯（左）。圖片提供：© 喬詩國際股份有限公司；拉曼恰式炒麵包屑。Elena Pérez Ruiz攝影。

⑦ 燉麵包雞兔肉（Gazpacho Manchego）：雖然用 Gazpacho 這個字，但是跟大家熟悉的冷湯完全不同，是冬天的菜，用高湯燉煮兔肉、野兔、雞肉加上一種麵餅（tortas cenceñas）而成。

⑧ 拉曼恰式炒麵包屑（Migas Manchegas）：硬掉的麵包壓碎，和新鮮紅椒香腸及五花肉炒在一起。

⑨ 拉曼恰式沙拉（Mojete Manchego）：番茄、洋蔥、鮪魚罐頭、黑橄欖及水煮雞蛋做成沙拉。

⑩ 杏仁糖糕（Mazapán）：杏仁粉和糖做的甜食。

✎ 景點城鎮&歷史典故 ✎

· 托雷多 ·
Toledo

　　托雷多從羅馬城成為西哥特王國的首都，再成為猶太教、天主教和伊斯蘭教平共存的文明融合之城。到了16世紀，成為卡洛斯一世（查理五世）的政治中心，更因為畫家葛雷柯而更加耀眼，1986年入選世界遺產。歷史中心位於其城牆內，可以漫步其間的小巷弄、小廣場，比薩格拉城門（Puerta de Bisagra）最引人注目，另外還有太陽門（Puerta del Sol）和坎布隆門（Puerta del Cambrón）。

遠眺托雷多。

托雷多主教座堂（左）；紅帽底下葬著主教（中）；合唱席的椅背（右）。

托雷多主教座堂 Catedral de Toledo

這個哥德式主教座堂建於1226至1493年間，收藏葛雷柯畫作的聖器室、聖髑寶藏廳、教士會禮堂等都具珍貴的藝術建築價值，54個合唱席的椅背上有54個當年天主教人攻打格拉納達城的故事，令人讚嘆。在主教座堂裡可以看到一些高掛在半空中的紅帽，那是樞機主教的紅帽，代表著紅帽正下方埋葬著一位樞機主教。

主教座堂只有一個高塔，另一側有個「高塔底部」，上面缺一個塔。據說，當年建造教堂的花費大幅超支，決定等到有經費再蓋第二個高塔，結果現在教堂還是只有一個高塔。也有傳說，當初建造時，建築師本來要建造兩座高塔，後來發現這片土地不穩定，可能無法支撐高塔的重量，因此在施工期間決定不建造高塔。

另外，主教座堂有個只有一根針的時鐘，因為以前沒有分秒必爭概念，看時間只看時辰而已。

托雷多城堡 Alcázar de Toledo

位在托雷多最高處、具戰略地位的巨岩上，最早是羅馬民選官的宮殿，之後改建為方形軍事堡壘。卡洛斯一世改建成防禦式宮殿，經過歷代整修改建，每個立面因為不同時期而有不同的藝術方格。

除了軍事堡壘，托雷多城堡還有過不同用途，像是皇家監獄、軍營、步兵軍校等，現在是軍事博物館和圖書館。

聖多默教堂 Iglesia de Santo Tomé

12世紀時利用11世紀清真寺改建而成的天主教堂，穆德哈爾式鐘樓是由叫拜樓改建，教堂內部珍藏著16世紀的藝術瑰寶：葛雷柯的〈奧爾加斯伯爵的葬禮〉，是教堂委託葛雷柯畫的，是畫家最喜愛的一幅，高4.8公尺，寬3.6公尺，葛雷柯還把自己和兒子也畫了進去。

▲ 聖多默教堂的鐘塔。

光之基督清真寺
Mezquita del Cristo de la Luz

西班牙最重要的伊斯蘭和穆德哈爾式建築之一，建於10世紀，是托雷多唯一保存下來的清真寺，是安達魯斯（Al-Ándalus）藝術的獨特範例：哈里發時期的清真寺在兩個世紀後改成教堂，按照原始建築的風格添加後殿，從而產生完美的穆德哈爾式風格。

▲ 光之基督清真寺。

地下密道 Toledo Subterráneo

據說以前整個托雷多的地下通道遍布全城，家家戶戶底下有儲藏食物的地窖、水井、蓄水池等，跟地下道相通，甚至可以經由地下通道在戰亂時逃難。現在有些挖掘出來的地方可供參觀，例如古羅馬時期的蓄水池「海克利斯洞穴」、位於修道院之下的水井兼蓄水池「聖薩爾瓦多井」、古羅馬浴場、巴拉伯浴池，以及商店或是住家底下的地窖、地下通道，甚至連國稅局大樓的地下都有地窖和地下通道。

～ 托雷多的美食之路 ～

在托雷多城市北邊，有個「修院區」（Barrio de los Conventos），是當地最有名的美食區，有許多美食Tapas酒吧如：La Clandestina、Taberna Embrujo、Taberna El Rus、Fábula、Hotel Entre Dos Aguas、Abrasador El Ambigú、Cuevas Palacios等。

一定要試試當地受到地理標示制度保護的杏仁糖糕，最有名的老店是創於1856年的Santo Tomé，但是在托雷多還有很多修道院可以買到修女做的杏仁糖糕，例如Convento de San Clemente、Convento de Jesús y María、Convento de Santo Domingo、Convento de Santa Úrsula等。

▲ Santo Tomé的杏仁糖糕。

· 昆卡 ·
Cuenca

昆卡地勢優越，俯瞰胡卡爾河（Júcar）和烏維卡爾河（Huécar）的峭壁，周圍是鄉村和自然環境，曾是中世紀的兵家必爭之地，位於峭峭懸崖之上的著名懸屋、主教座堂、石板巷道和特有城市景觀完好保存著中世紀要塞遺址，1996年入選世界遺產。

～ 主廣場 Plaza Mayor ～

位於歷史古城的中心，廣場四周是主教座堂、市政廳和佩特拉斯修道院。

懸屋 Casas Colgadas

早在15世紀就有懸屋，三、四層樓高，由狹窄的樓梯連通，每層面積不大。以前所有面向烏維卡爾河的房舍都是懸屋，現在只剩下三棟建於13至15世紀的懸屋，其中一棟現在是西班牙抽像藝術博物館。

主教座堂 Catedral de Cuenca

在12世紀末到13世紀中之間建於清真寺之上，建築風格的多樣性證明時代藝術的演進，原始主教座堂是卡斯提亞地區的第一座哥德式座堂，但有文藝復興式和巴洛克式元素，還有新哥德式的外立面。

聖保羅橋 Puente de San Pablo

原始石橋建於16世紀，橫跨胡卡河，坍塌之後於20世紀初用鐵木和鋼架在原址建了新橋，是欣賞懸屋的最佳地點之一。

昆卡主教座堂（左上）；昆卡聖保羅橋跟遠處的懸屋（左下）；昆卡的懸屋（右）。葉鋒偉Skaja Lee攝影。

拉里奧哈地區（La Rioja）

位於西班牙中北部，面積5,045 km²，人口31萬，人口最多的是首府洛格羅尼奧（Logroño）。

🥄 當地美食 🥄

這裡以產葡萄酒聞名，Rioja和Priorat是西班牙唯二的優質法定產區酒，受到原產地命名制度的保護。DOCa Rioja的產區很大，長100多公里、寬40公里，不只拉里奧哈地區，還包括巴斯克地區的阿拉瓦省和納瓦拉省的小鎮。

19世紀法國的葡萄樹因為根瘤蚜蟲害而大量死亡，法國酒商帶著最新的葡萄品種和釀酒技術搬到未受蟲害的西班牙，拉里奧哈地區吸收法國的釀酒技術，成為最大的受益者，並成功打入國際市場。

這裡有適合種植葡萄的氣候和土壤，還有特別的原生品種葡萄tempranillo，釀造的葡萄酒優雅、滑順、新鮮，深具平衡感，具有成為陳年佳釀葡萄酒的潛力。所以，拉里奧哈地區早在1925年就成為西班牙第一個獲得原產地名稱的西班牙葡萄酒產區，1991年是第一個獲得優質法定產區酒（DOCa）的地區。

其他法定的地理標示還有:紅椒香腸、奶酪、橄欖油、花椰菜、西洋梨、紅椒、IGP葡萄酒。

拉里奧哈地區一望無際的葡萄園。

🥄 拉里奧哈地區的名菜 🥄

① 香腸臘肉燉馬鈴薯（Patatas a la Riojana）：馬鈴薯加上洋蔥、新鮮紅椒香腸、青椒、紅椒、紅椒粉及橄欖油燉煮而成。

② 番茄鱈魚（Bacalao a la Riojana）：鹹鱈魚去鹽煎一下後，淋上一種用洋蔥、月桂葉、大蒜、白葡萄酒、高湯及自製番茄泥做出來的醬汁，加上紅椒再煮到入味而成。

③ 什錦蔬菜（Menestra de Verduras）：各式蔬菜如洋蔥、胡蘿蔔、青豆、朝鮮薊、豌豆、蘆筍、琉璃苣、馬鈴薯水煮之後，沾粉油炸，然後加入爆香過後的火腿，加入高湯煮到入味。

④ 燉菜豆（Caparrones con sus Sacramentos）：紅菜豆加入血腸、紅椒香腸、五花肉、豬腳、豬耳朵、排骨、甜椒粉、大蒜、月桂葉及橄欖油燉煮而成。

⑤ 羊腸薄片（Embuchado Riojano）：卷成一團的羊腸切片煎成。

⑥ 燉小扁豆（Lentejas a la Riojana）：小扁豆加上番茄、洋蔥、胡蘿蔔、大蒜、紅椒香腸、五花肉、甜椒粉、月桂葉、橄欖油和高湯燉煮而成。

⑦ 鵪鶉燉菜豆（Pochas con Codornices a la Riojana）：菜豆加入一種用炒熟的胡蘿蔔、洋蔥、青椒、紅椒、大蒜及番茄泥打成的醬汁，再加上煎好的鵪鶉燉煮而成。

⑧ 葡萄枝幹炭烤羊排（Chuletillas de Cordero Asadas al Sarmiento）：用剪下來的葡萄枝幹炭烤出來的羊排，別有風味。

⑨ 拉里奧哈式鱒魚（Trucha a la Riojana）：一片火腿塞進鱒魚的肚裡，然後下鍋煎鱒魚，佐以綠花椰菜或菜豆。

⑩ 酥皮杏餅（Fardelejos）：外面是酥皮，裡面是用雞蛋、杏仁粉、檸檬和糖製成的內餡。

什錦蔬菜；羊腸薄片；葡萄枝幹炭烤羊排（由左至右）。圖片提供：© La Rioja Capital。

Marqués de Riscal是葡萄酒觀光最有名的代表。

🍷 拉里奧哈地區的葡萄酒觀光 🍷

　　拉里奧哈以產酒聞名，有超過500家酒莊，旅遊也以酒為主題，從參觀葡萄園、了解葡萄栽種方式、認識耕種葡萄或釀酒師的工作、品酒到以美酒搭配美食。對拉里奧哈人來說，葡萄酒不只是酒精飲料，而是共享的文化，一種可以親身體驗的生活方式。

　　有一次，我帶團到拉里奧哈地區參觀酒莊、品酒，喝了一個早上的酒，參觀後我們到餐廳吃午餐，決定不點酒。想不到，隔壁桌的當地人看到我們沒有點酒，非常不滿意，趕緊過來跟我們說：「你們大老遠到我們拉里奧哈這裡，一定要試試這裡的酒。」我們很客氣的說：「因為早上參觀酒莊時已喝了不少酒，所以中午就不喝酒了。」出乎意料地，隔壁桌的當地人非常不滿意我們的回答。等到我們的菜上來後，服務生拿來一瓶酒，跟我們說：「這是隔壁桌的當地人送的拉里奧哈產區的酒，他們堅持你們一定要試試當地的葡萄酒。」由此可見，拉里奧哈居民的熱情跟當地盛產的葡萄酒一樣棒。

酒莊的酒窖。

景點城鎮&歷史典故

·洛格羅尼奧·
Logroño

　　中世紀古城，地理位置特殊，長久以來一直地處邊界地帶，或是通往別處的必經之路，曾是中世紀各個小王國的邊界區，也在聖雅各朝聖之路上，留下許多歷史遺跡。洛格羅尼奧的歷史與聖雅各朝聖之路密不可分，直到11世紀朝聖之路興起後，這個城市才重要起來，12世紀聖雅各之路的第一本指南《加里斯都手抄本》（Codex Calixtinus）就在書中提到它。

　　洛格羅尼奧小巧玲瓏，從老城區的一頭走到另一頭，只要15分鐘左右，外地人很快就可以熟悉老城區的街道。朝聖者入城的橋樑是石橋（Puente de Piedra），是此城的地標，市旗上也有它的蹤影。卡洛斯一世城門和雷貝金城牆是碩果僅存的城牆，後者旁邊有個雷貝金立方炮台，是16世紀城牆邊的圓形防禦系統，牆上有射擊孔，內藏大砲及砲兵。

洛格羅尼奧的石橋。圖片提供：© La Rioja Turismo。

這裡有個聖雅各廣場，廣場上有朝聖之路的賽鵝圖。賽鵝圖是16世紀風靡全歐的桌上遊戲，玩家擲骰子來決定前進步數，途中某些格子還有特別的規定，看誰先抵達終點。但是根據傳說，賽鵝圖是聖殿騎士團創於11世紀的加密指南，用暗碼指出聖雅各朝聖之路，而起點就是洛格羅尼奧城。

　　洛格羅尼奧是拉里奧哈地區的首府，跟葡萄酒關係密切，來到洛格羅尼奧就不能錯過Calado。Calado是用石塊建造的地下酒窖，以保持釀酒的理想溫度，現在洛格羅尼奧的市中心有幾個15、16世紀的Calado，其中一個私人的Calado還可以出租15世紀的酒窖辦宴會。另個市政府的Calado de San Gregorio，可以參觀。

　　漫步在老城區的巷弄間，一邊觀賞教堂：聖巴爾多祿茂教堂（Iglesia de San Bartolomé）：建於12世，仿羅馬式和哥德式風格。聖雅各教堂（Iglesia de Santiago el Real）：建於16世紀，文藝復興式正門是最大特點。聖馬利亞皇家教堂（Iglesia Imperial de Santa María de Palacio）：建於12世紀，八角錐的尖塔非常引人注目。主教座堂（Concatedral de Santa María de la Redonda）：建於15世，16、17及18世紀都陸續增建，有兩個巴洛克式鐘塔。

洛格羅尼奧的美食之路

　　Laurel是西文的「月桂樹」，在洛格羅尼奧則是美食和Tapas的代名詞，跟朋友聚會喝一杯或單純地想吃美食，去Laurel街就沒錯了。短短130公尺的巷子裡，有二、三十家酒吧，競爭激烈，消費者成為最大贏家，每家酒吧的Tapas都是美食，不用挑酒吧挑餐廳，直接從街頭吃到街尾就可以。

••• Laurel街的Tapas。Aven Cheng 攝影。

埃斯特雷馬杜拉地區（Extremadura）

位於西班牙西部，面積41,634 km²，人口100萬，人口最多的都市是巴達霍斯（Badajoz），首府則是第三大城梅里達（Mérida）。

🥄 當地美食 🥄

▲ 紅椒粉。圖片提供：© Turismo de Extremadura。

埃斯特雷馬杜拉地區以紅椒粉、櫻桃、奶酪及伊比利亞火腿馳名西班牙。紅椒粉是紅椒曬乾後研磨而成，在西班牙不管是做醃製香腸、燉煮冬天「用湯匙吃的菜餚」，或是撒在煮好的食物上，紅椒粉都是最重要的調味料。而講到紅椒粉，不得不提拉韋拉這個特別的產地，拉韋拉的紅椒粉（D.O.P. Pimentón de La Vera）受到原產地命名制度的保護，有三種口味：甜紅椒粉、辣紅椒粉和酸甜紅椒粉。

黑爾特谷的櫻桃（D.O.P. Cereza del Jerte）受到原產地命名制度保護，每年3月底、4月初，滿山滿谷150萬株櫻樹開滿白色櫻花，成為壯觀的櫻花海，當地還會舉辦櫻花節。

這地區的D.O.P. Queso de la Serena和D.O.P. Torta del Casar這兩種奶酪吃法非常特別，吃的時候要先把上面那一層橫著切開，切開後不能丟，要拿來當「蓋子」，然後直接把裡面濃稠滑順的起司沾麵包吃，沒吃完的直接拿「蓋子」蓋著，下次繼續沾麵包吃。等到掏空裡面的起司，還可以再利用，裡面塞肉放進烤箱，就成為另一道菜。這兩種奶酪都受到原產地命名制度的保護，

▲ 黑爾特谷的櫻桃與櫻花。圖片提供：© Turismo de Extremadura。

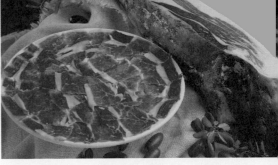
埃斯特雷馬杜拉地區的伊比利亞火腿。
圖片提供：© Turismo de Extremadura。

這裡也是著名伊比利亞火腿的產區，受到原產地命名制度保護的名稱是D.O.P. Dehesa de Extremadura。

其他法定的地理標示還有：羊肉：I.G.P. Cordero de Extremadura；牛肉：I.G.P. Ternera de Extremadura；奶酪：D.O.P. Queso Ibores；蜂蜜：D.O.P. Miel Villuercas-Ibores；橄欖油：D.O.P. Aceite Monterrubio、D.O.P. Gata-Hurdes；DOP葡萄酒："Ribera del Guadiana"；IGP葡萄酒："Extremadura"。

🍴 埃斯特雷馬杜拉地區的名菜 🍴

① 埃斯特雷馬杜拉式羊肉煲（Caldereta Extremeña）：羔羊和羊肝、洋蔥、大蒜、紅椒、紅椒粉、月桂葉、麵粉、白葡萄酒、鹽、胡椒、香芹、橄欖油和高湯燉煮而成。

② 灰山鶉（Perdiz al Modo de Alcántara）：這是一道野味，先用鴨肝和松露做成鴨肝醬，再用鴨肝醬當內餡，塞進灰山鶉裡，把灰山鶉浸泡在波特酒和香料裡48小時，然後煎呈金黃，加上醬汁而成。

③ 燉羊肚羊肉煲（Chanfaina）：羔羊、羊腰子、羊內臟和大蒜、月桂葉、乾辣椒、韭蔥、番茄、洋蔥、橄欖油、白葡萄酒及高湯燉煮而成。

④ 埃斯特雷馬杜拉式炒麵包屑（Migas Extremeñas）：硬掉的麵包壓碎跟五花肉、乾紅椒、大蒜、紅椒粉和鹽炒在一起。

⑤ 羊肉鍋（Frite Extremeño）：羔羊和大蒜、洋蔥、紅椒粉、月桂葉、白葡萄酒、鹽及初榨橄欖油炒成。

⑥ 鄉村冷湯（Gazpacho Extremeño Campero）：傳統的埃斯特雷馬杜拉式冷湯是不用調理機處理的，而是直接把番茄、小黃瓜、洋蔥、紅椒切丁，加入水、搗爛的蒜泥、壓碎的硬麵包、醋跟鹽而成。另外還有一種經過調理機處理打成汁的埃斯特雷馬杜拉式冷湯（Gazpacho Extremeño），則是把番茄、

小黃瓜、洋蔥、紅椒、大蒜打成汁,加上壓碎的硬麵包及紅椒粉而成。

⑦ 埃斯特雷馬杜拉式沙拉（El Cojondongo）：切碎的番茄、紅椒、青椒、洋蔥做成的沙拉,佐以大蒜、麵包、橄欖油、醋和鹽做成的醬汁。

⑧ 埃斯特雷馬杜拉式沙拉（La Pipirigaña）：切碎的番茄、紅椒、青椒、洋蔥做成的沙拉,有時會加上鮪魚、鯖魚等。

⑨ 丁鱥（Tencas Fritas al Estilo del Jerte）：丁鱥煎好後,加上爆香的大蒜、火腿和松子,再加入檸檬汁和水放入烤箱烤,烤好後佐以檸檬片和香芹。

⑩ 酥餅（Perrunillas）：豬油、雞蛋、麵粉、糖、肉桂、檸檬、杏仁和渣釀白蘭地做出成的糕點。

灰山鶉（上）；埃斯特雷馬杜拉式冷湯（下）。
圖片提供：© Turismo de Extremadura。

🍴 景點城鎮&歷史典故 🍴

·梅里達·
Mérida

　　在羅馬帝國統治伊比利亞半島期間,半島分成兩個省:北部的近西班牙以及南部的遠西班牙,後來再分成三個省:南部的貝提卡（Bética）、半島北部的塔拉戈西班牙（Tarraconense）,以及半島西部的盧西塔尼亞（Lusitania）;而盧西塔尼亞的首府是羅馬皇帝奧古斯都於西元前25年建立的Augusta Emerita,即今梅里達,有城牆、議會、神殿、溫泉、水庫、表演建築如劇場、圓形競技場、賽車場等,以及瓜迪亞納河上的大橋、完善的供水系統等。梅里達在西哥特人統治期間仍保有其重要性,但是伊斯蘭教人出現後,城市開始衰落,直到20世紀。1993年,因為舊城遺址迄今完好,是古羅馬帝國外省首府建設的傑出典範,梅里達考古群入選世界遺產。

梅里達羅馬劇場每年夏天舉辦的戲劇節（左）；羅馬圓形競技場（右）。圖片提供：© Turismo de Extremadura。

梅里達的羅馬遺跡

羅馬劇場 Teatro Romano

建於西元前15-16年，劇場部分建在山坡上，降低了建築成本，可以容納6000人，根據社會地位從下到上分成三個區，以走廊和欄杆隔開。如今依舊存在當地人的生活，每年在羅馬劇場舉行的梅里達國際古典戲劇節，讓舞台重現當年風光。

羅馬圓形競技場 Anfiteatro Romano

建於西元前8年，是人與人或是人與獸決鬥的地方，可以容納15000-16000人，依照社會地位的分區方式跟羅馬劇場很類似。目前考古挖掘仍未全部挖掘出來，在兩頭末端有特別的看台，西面的留給官方，東面的則留給出錢的贊助者。

羅馬賽車場 Circo Romano

建於1世紀，位於城牆外，是羅馬人在此城建造的最大公共表演建築，也是少數幾個保存完好的重要賽車場，長403公尺，寬96.5公尺，可容納三萬名觀眾，也跟羅馬劇場一樣，依照社會地位區分位子。

奇蹟水道橋。圖片
提供：© Turismo
de Extremadura。

奇蹟水道橋 Acueducto de Los Milagros

工程浩大的供水系統，歷經兩千年仍矗立於此而驚嘆為「奇蹟」，至今仍保存了超過800公尺的水道橋，其中一些花崗岩和石塊高出地面27公尺，讓人讚嘆不已。

羅馬橋 Puente Romano

長792公尺，有60個拱門，是當時最長的橋樑之一，並因其地理位置，成為半島西部戰略的貿易關鍵之地，兩千多年的歷史造就現今的面貌。1993年起變成步行橋樑，禁止車輛通行。

黛安娜神殿 Templo de Diana

建於1世紀，位於議會廣場上，四周包圍重要公共建築，是城市中心和居民聚會的主要場所，以前應該是羅馬皇帝的神殿，17世紀取名為黛安娜神殿。

梅里達的美食之路

梅里達城不大，一路從羅馬劇場往西班牙廣場的方向走，可以找到不少酒吧和餐廳，例如：Fusiona Alma Pirata、Umami El Quinto Sabor、Agallas Gastro & Food、Restaurante La Casona、Serendipity、NATURA GastroArt、Restaurante Cocina Típica La ExtremeñaDe tripas corazón、A de Arco、Tabula Calda、Restaurante Rex Numitor、Restaurante La Tahona、La Carbonería Brasas y Tapas、Sybarit Gastroshop等。

卡薩雷斯。圖片提供：© Turismo de Extremadura。

· 卡薩雷斯 ·
Cáceres

羅馬人建城，歷史跟羅馬古道「銀之路」息息相關，直到12世紀伊斯蘭教人抵達後才繁榮起來。15世紀末，卡薩雷斯的貴族沒有支持伊莎貝爾一世繼承王位，而被後來當上女王的伊莎貝爾一世下令限制城裡高塔的高度，把超過規定高度的部分拆除，所以現在有很多高塔沒有城垛，只剩下光光的塔頂，失去戰略作用。仿羅馬式、伊斯蘭式、哥德式和文藝復興式的建築風格和諧地融入卡薩雷斯，成為文化融合的非凡例子，所以卡薩雷斯的老城在1986年入選世界遺產。

卡薩雷斯老城的景點

主廣場 Plaza Mayor

因為一年一度的市集而在12世紀初具雛形，歷代有不同的用途，例如市集、市場、鬥牛場、武士決鬥、閱兵、聖周遊行等。15世紀時有拱廊環繞四周，拱廊由石柱和半圓形拱門支撐，通往主廣場最重要的門是星之拱門。

主廣場。圖片提供：© Turismo de Extremadura。

布哈科塔 Torre del Bujaco

城中最重要的塔樓，也是卡塞雷斯的地標之一，由伊斯蘭教人於12世紀建於羅馬方石上，18世紀再增正面的文藝復興式突堞，高度約為25公尺。城中現存有大約30座伊斯蘭教時期建造的高塔建築，布哈科塔最為著名。

卡爾瓦哈爾宮 Palacio de Carvajal

建於15-16世紀的宮殿式建築，具哥德式和文藝復興的建築元素，花崗岩的主立面有個圓拱型大門，上方有卡瓦哈爾家族的巨大紋章。

白鸛宮 Palacio de las Cigüeñas

15世紀建於伊斯蘭教阿爾摩哈德王朝的堡壘之上，主立面有個高大的圓拱門，上方有個蔥形拱窗，兩側有奧萬多家族的紋章，旁邊的塔是伊莎貝爾一世唯一允許超過當年限制高度的高塔，以表揚奧萬多家族的忠誠。

上方的高爾芬奈斯宮 Palacio de los Golfines de Arriba

建於15世紀，但在16、17世紀整修過。主立面上有高爾芬奈斯家族的紋章和男女主人的紋章，而在西班牙內戰期間，佛朗哥還曾把這裡當成指揮總部。

風向儀宮 Palacio de las Veletas

此地原本有個伊斯蘭教阿爾摩哈德王朝的堡壘，堡壘有個蓄水池，風向儀宮於16世紀建於蓄水池之上，因其頂上有風向儀而稱為「風向儀宮」，立面上有巴洛克式紋章，上面有屋主族譜上的名門世家，例如：托雷斯、烏右阿、卡爾瓦哈、高爾芬奈等。內部有個文藝復興式的中庭，目前是卡塞雷斯博物館。

伊斯蘭蓄水池 Aljibe

伊斯蘭教阿爾摩哈德王朝堡壘的蓄水池，15世紀改建，16、17世紀修建，至今仍有儲水功能，能收集從風向儀宮的文藝復興式中庭流下來的雨水，是當時最大的蓄水池之一。

伊斯蘭蓄水池。圖片提供：© Turismo de Extremadura。

下方的高爾芬奈斯宮 Palacio de los Golfines de Abajo

建於15世紀末、16世紀初，哥德式建築但有個銀匠式風格的立面，上有高爾芬奈斯家族的紋章跟阿爾瓦雷斯家族的紋章，據說天主教雙王曾在此下榻過。

聖瑪麗亞主教座堂 Concatedral de Santa María

建於15-16世紀，是仿羅馬式過渡到哥德式的建築，帶有一些文藝復興式的元素，有兩個哥德式的門，只有一個鐘塔，文藝復興式風格，塔頂上面有四個火焰狀的尖錐，現在上面有鸛巢。

卡薩雷斯的美食之路

卡薩雷斯不大，老城區有不少好酒吧和餐廳，例如：Restaurante Madruelo、La Minerva、Restaurante El Figón de Eustaquio、Tapería Restaurante Bouquet、La Cacharrería、Torre de Sande、Atrio Restaurant Hotel、Trinidad Tapas、Restaurante La Marina、Oquendo、Dallas Brunch Bar Restaurante、 Restaurante El 13 de San Antón Caceres等。

西班牙地中海沿岸

魚米之鄉，
陽光燦爛之地

加泰隆尼亞地區 （Cataluña）

位於西班牙東北部，面積32,107 km²，人口761萬，人口最多的都市是首府巴塞隆納。

🥄 當地美食 🥄

加泰隆尼亞的美食因為名廚亞德里亞的elBulli餐廳而享譽國際，但自從elBulli關門，由羅卡三兄弟共同經營的El Celler de Can Roca就成為西班牙美食界的龍頭，在全球餐廳排行榜上年年都名列前矛，曾兩次勇奪冠軍，奠定加泰隆尼亞在國際美食界的地位。

這裡最有名的美食就是氣泡酒（D.O.P. "Cava"）。Cava採用傳統香檳做法，先以製造葡萄酒的做法實施第一次發酵，發酵後加入精選酵母和少量的糖，裝瓶後再進行瓶內第二次發酵。西班牙第一個以傳統香檳做法製作成功的酒莊就在加泰隆尼亞地區，是西班牙最大的Cava產區。

其他法定的地理標示還有：雞肉：I.G.P. Gall del Penedès、I.G.P. Pollo y Capón del Prat；牛肉：I.G.P. Ternera de los Pirineos Catalanes；胡椒香腸：I.G.P. Salchichón de Vic/Llonganissa de Vic；奶酪：D.O.P. Queso de l'Alt Urgell y la Cerdanya；橄欖油：D.O.P. Aceite del Baix Ebre-Montsià、D.O.P. Aceite de L'Empordà、D.O.P. Aceite de Terra Alta、D.O.P. Les Garrigues、D.O.P. Siurana；

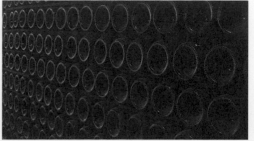

◀◀◀ 粉紅氣泡酒。

⋮ 第二次瓶內發酵中的氣泡酒。

奶油：D.O.P. Mantequilla de l'Alt Urgell y la Cerdanya；稻米：D.O.P. Arroz del Delta del Ebro；榛果：D.O.P. Avellana de Reus；大蔥：I.G.P. Calçot de Valls；小甜橘：I.G.P. "Clementinas de Las Tierras Del Ebro"；菜豆：D.O.P. Fesols de Santa Pau；蘋果：I.G.P. Manzana de Girona；白菜豆：D.O.P. Mongeta del Ganxet；米鈴薯：I.G.P. Patata de Prades；西洋梨：D.O.P. Pera de Lleida；麵包：I.G.P. Pa de Pagès Català；杏仁糖：I.G.P. Turrón de Agramunt；DOP葡萄酒："Alella"、"Cataluña"、"Conca de Barberá"、"Costers del Segre"、"Empordá"、"Montsant"、"Penedés"、"Pla de Bages"、"Priorat"、"Tarragona"、"Terra Alta"；蒸餾酒：I.G.P. Brandy del Penedés、I.G.P. Ratafía Catalana。

🥄 加泰隆尼亞地區的名菜 🥄

① 番茄麵包（Pà Amb Tomàquet'或Pan con Tomate）：大蒜切半，切口塗在烤好的麵包上，再把番茄切半，番茄汁塗在烤好的麵包上，淋上橄欖油享用。

② 鱈魚沙拉（Esqueixada de Bacalao）：去鹽的大西洋鹹鱈魚撕碎，加上番茄和橄欖油而成。

③ 加泰隆尼亞風味烤蔬菜（Escalivada）：紅椒、青椒、茄子烤熟去皮，撒鹽淋上橄欖油而成。

④ 燉魚（Suquet）：魚、蝦、蛤、洋蔥、大蒜、番茄、馬鈴薯、月桂葉、番紅花、海鮮高湯燉煮而成。

⑤ 烤大蔥佐Romesco醬 （Calçots con Salsa Romesco）：炭火烤的大蔥搭配香腸、羊肉、牛肉、豬肉等，吃的時候要剝掉焦黑的外面，把白色蔥芯沾Romesco醬吃。

番茄麵包；鱈魚沙拉；燉魚；焦糖布丁（由左至右）。

⑥ 滷牛肉（Fricandó）：牛肉加洋蔥、大蒜、番茄、胡蘿蔔、蘑菇、月桂葉、葡萄酒等燉滷而成。

⑦ 香煎香腸佐白扁豆（Butifarra con Alubias Blancas）：煎過的香腸佐白扁豆。

⑧ 雜燴肉菜鍋（Escudella i Carn d'Olla）：牛肉、豬肉、雞肉、肉丸子等熬成濃湯，加上馬鈴薯、胡蘿蔔、芹菜、番茄、蒜、白蘿蔔、南瓜等各式蔬菜，最後再加上大貝殼麵，煮成一大鍋後，把大貝殼麵湯當前菜，湯裡撈出來的肉當主菜。

⑨ 海鮮煲（Cazuela de Pescados y Mariscos a La Catalana）：把煎、炸過的各種海鮮放進醬汁中燉煮，直到收汁為止。

⑩ 焦糖布丁（Crema Catalana）：以奶黃為底、表面覆一層焦糖的甜點。

✎ 景點城鎮&歷史典故 ✎

·巴塞隆納·
Barcelona

加泰隆尼亞地區的首府，而古早的泰隆尼亞地區是由巴塞隆納伯爵統治，伯爵家族住在巴塞隆納，所以自古以來，巴塞隆納又稱「伯爵之城」（Ciudad Condal），Ciudad是「城市」，Condal是「伯爵的」。巴塞隆納有兩項世界遺產，觀光資源非常豐富。

聖家堂 Sagrada Familia

原名神聖家族贖罪教堂（Templo Expiatorio de la Sagrada Familia），2010年11月7日教宗造訪後，正式把教堂升等為神聖家族宗座聖殿，簡稱聖家堂。1882年，建築師比亞爾（Francesc de Paula del Villar）開始

聖家堂夜景。

耀立面」。每個立面各有四座鐘塔，三個立面共12座，分別代表耶穌的12位門徒，高度介於98.4～117公尺。中間圓頂上面還有六座高塔，四座代表福音作者：瑪竇（馬太）、若望（約翰）、馬爾谷（馬可）和路加；一座代表聖母馬利亞；中間最高的一座代表耶穌基督，高達170公尺。也就是說，聖家堂建好後，將比自由女神像或大笨鐘還高，甚至會超越烏爾姆主教座堂，成為世上最高的教堂。

因為建築技術的進步，現在聖家堂的建築團隊以預鑄方式興建剩下的10個高塔，速度加快許多，再加上經費充裕，所以聖家堂預計將在2026年完工，也就是說，我們將在高第去世100週年時看到教堂上矗立著18座高塔。

聖家堂內部的光影。

建造。1883年，高第接手，以比亞爾的設計圖為依據，略加修改後繼續聖壇地下室的工程，但是把原計畫中的小規模新哥德式教堂改成高地自己設計的巨大雄偉的加泰隆尼亞現代主義風格教堂。

高第重新設計的聖家堂是拉丁十字的平面，長90公尺，寬60公尺，中殿和偏殿共寬45公尺，中殿高45公尺，偏殿高30公尺，中間圓頂高60公尺。東、西、南各有三個立面，分別是「誕生立面」、「受難立面」和「榮

多梅內克設計的建築

1997年，建築師多梅內克的兩棟建築列為世界遺產：

❄ 聖保羅醫院（Hospital de la Santa Creu i Sant Pau）：1902年，利用銀行家保羅・希爾的遺產設計的新醫院，以代替年久失修、不敷使用的聖十字醫院。醫院入口處是行政大樓，大樓後面是一棟棟裝飾多彩瓷磚的小樓，以地下通道互相連通。小樓與小樓之間是花園，為病人創造舒適親切的療養環境，為了紀念捐錢者，市政府把新醫院和聖十字醫院合併，稱為「聖十字及聖保羅醫院」，但是巴塞隆納人仍習慣叫它聖保羅醫院。

❄ 加泰泰隆尼亞音樂廳（Palau de la Música）：建於1905年，是加泰隆尼亞合唱團練唱和表演的地方，1908年竣工。紅磚立面鑲嵌著美麗多彩的馬賽克，轉角處是揮舞著加泰隆尼亞旗

的主保聖人聖喬治，內部自然採光，有色彩鮮豔的馬賽克和五彩繽紛的彩色花窗玻璃，天花板有個巨大彩色玻璃天窗，舞台上有音樂繆思的半身浮雕像和加泰隆尼亞旗。它是世上著名的演奏廳，也是建築與應用藝術結合的最佳範例。

▲ 聖保羅醫院。

高第設計的建築

高第在巴塞隆納有十棟建築，其中六棟列為世界遺產，聖家堂的「誕生立面」是一棟，另外還有：

❄ 文森之家（Casa Vicens）：高第設

計的第一棟民宅，建於1883至88年，是文森先生請31歲的年輕高第設計的避暑別墅，位於巴塞隆納城外的格拉西亞小鎮，具穆得哈爾和東方風味，

屬於高第「東方時期」的作品，也是高第少數獨門獨院宅第的建築。三個立面以紅磚、石材和磁磚建造，室內每一廳均有做工繁複精緻的天花板及牆面，其中又以深具中東風格的吸菸室最令人讚嘆。

☙ 文森之家。

☙ **桂爾宮（Palau Güell）**：建於1886年，是高第為巴塞隆納首富桂爾先生設計的第一個大案子。高第的巧思加上桂爾先生預算無上限的支持，各類高級奢華的建材和做工精巧細緻的各行工匠的結合，讓桂爾宮成為令人驚豔的奢華宅第，門口有鑄鐵裝飾和兩個拋物拱門，宴會廳有自然採光的挑高拱頂，貴賓接待室有繁複精緻的天花板，華麗如宮殿，裡面甚至還有管風琴，所以稱為「桂爾宮」，在此可看到高第對於採光和空間感的重視、對拱形的偏愛和多彩碎瓷的運用。

☙ 桂爾公園。

☙ **桂爾公園（Park Güell）**：巴塞隆納首富桂爾先生因「花園城市」的社區建案，1900年請高第設計社區的廣場、市場、門房、警衛等公共設施，開發案停滯後，桂爾的後人把社區賣給市政府，最後成為對外開放的公園。公園的長凳、小路、長廊、柱子和高架橋全由曲線組成，表現出高第師法自然的個人風格。從圍牆到正門、廣場都由一種叫Trencadís的彩色碎瓷磚拼貼而成，美麗多彩。公園的正門兩側有色彩亮麗、靈感來自童話

米拉之家。

世界的「糖果屋」，是門房之家和社區管理辦公室。正門前方臺階上有一隻用五彩Trencadís拼出的蠑螈（又稱「火蜥蜴」），現在成為公園的代表象徵。

✳ 巴特由之家（Casa Batlló）：1904年，高第為紡織業大亨巴特由先生改建的二手豪宅，1906年竣工。正立面由330個多彩圓形陶瓷組成，以加泰隆尼亞主保聖人聖喬治的傳說為主題，魚鱗狀屋頂像龍背，背脊上插著高第特有的「四臂十字架」。高第利用原本的建築結構，再加高一層樓，加了地下室，擴大一樓的入口，重建樓梯，設計了加強採光和通風性的中庭天井，又重新隔間，使內部每個房間都具曲線。

✳ 米拉之家（Casa Milà / La Pedrera）：建於1906年，是高第的最後一棟民宅建案，1912年竣工。建築物本身沒有承重牆，高第只用柱子來承受建築物的重量，閣樓上的頂樓，有六個白色碎磁磚拼貼的樓梯口，還有許多鐵甲武士造型的單色煙囪，可說是高第天馬行空之作。前衛的外觀無法被一百年前的世人接受，公認是全城最醜陋的建築，波浪狀不規則的白石外牆讓它有個綽號「採石場」（La Pedrera），看似滿是坑洞的石礦山。

畢卡索美術館 Museu Picasso

1963年3月9日開館，是全世界第一個畢卡索美術館。畢卡索從小跟著畫家父親學畫，14歲時全家跟著受聘於巴塞隆納藝術學院的父親遷居於此，

畢卡索也在這裡紮下藝術功底。館內的大部分收藏來自畢卡索的捐贈，主要是他年輕和求學期間的作品，也有一些印像派、藍色時期、粉色時期和立體派的畫作，以及1917年從立體派回歸新古典主義過渡期的作品，另外還有繪於1957年、以委拉斯奎茲的〈侍女圖〉命名的系列，讓人了解畢卡索每個時期不同的風格，並對畢卡索畫風的形成有全面的概念。

米羅基金會 Fundación Joan Miró

純白色的米羅基金會是由米羅的朋友塞特（Josep Lluis Sert）設計的，充滿現代氣息又兼具地中海風格，裡面珍藏著一萬四千件米羅的油畫、雕塑、織布畫、素描、手稿等，堪稱是全球最完整的收藏，包括藝術家早期受印象派、野獸派、未來派、立體派影響的畫作，到巴黎後的超現實主義風格，以及米羅精練的符號語言，以女人、小鳥和星星為主題的星座系列。另外，基金會二樓陽台的雕塑也別有情趣。

歌德區 Barrio Gótico

歌德區有兩千年前古羅馬帝國留下的遺跡，有中世紀的史蹟，也有20世紀的建築，所以古羅馬城牆、古羅馬水道橋、古羅馬神殿遺跡、主教座堂、市政府、自治區政府、畢卡索為巴塞隆納建築公會大樓立面設計的圖案等，均匯集於此。她的每個方磚、瓦片、石頭都在向路人訴說兩千多年來充滿悲歡離合的故事，還有許多百年老店、甜點、冰淇淋店和一堆稀奇古怪的商品。

蘭布拉大道&菜市場 La Rambla & La Boquería

Rambla在阿拉伯文是「沙地」之意。原本是位於第二、第三道城牆間的溪流，18世紀後因為人口驟增，城牆遭拆除以興建房舍，溪流也因此

改成散步道，成為現在蘭布拉大道的樣子。蘭布拉大道是巴塞隆納最繁華熱鬧的一條街，街上最有名的就是當地保持傳統、最有名氣及人氣的波格利亞市場。裡面有各種新鮮農牧產品，有專賣蛋類、菇類、鹹鱈魚、乾果、香料、巧克力、豆類的小店，鮮豔的顏色、誘人的氣味和無與倫比的活力，讓它獲選為2005年全球最佳市場。

波格利亞市場。

巴塞隆納的美食之路

巴塞隆納的美食很多元，從酒吧的Tapas到米其林餐廳，如果要吃Tapas，可以去酒吧林立的Blai街，不過那一條街晚上比較危險，建議白天結伴去。巴塞隆納還有很不錯的傳統Tapas餐，但是沒有很集中，例如：La Cova Fumada、La Mundana、Quimet i Quimet、Vinitus、The Sopa Boba、Xampanyet、Sense Pressa、Blavis、Racó Gastronòmic等。

事實上，巴塞隆納最有名的是精緻創意料理餐廳。亞德里亞的elBulli餐廳是培養明星新主廚的搖籃，羅卡三兄弟中的大哥喬安和老三喬迪都出身elBulli餐廳，國際上這十幾年來的知名餐廳主廚全都是出於elBulli餐廳的「同門師兄弟」，而巴塞隆納因為地利之便，受elBulli餐廳的影響，擁有西班牙最多的精緻創意料理餐廳，例如：Suculent、bicos、Dos Pebrots、Mano Rota、Mont Bar、Mediamanga、Monvínic、Compartir Barcelona、Cruix、Coure、Lab Restaurant、Pau Claris 190、Con Gracia、Viana Barcelona、Teòric taverna gastronòmica、Atlantis Gastrobar、Tast-ller、Aflamas、Racó d'en Cesc、Uma、Taberna Noroeste、Slow & Low、Santa Rita Experience等。

· 塔拉戈納 ·
Tarragona

　　羅馬帝國先將伊比利半島分成兩個省：北部的近西班牙省以及南部的遠西班牙省，而近西班牙省的行政和商業中心是塔拉戈（Tarraco），即現在的塔拉戈納。城中有許多雄偉的建築，是羅馬帝國在其他地區的城市規畫典範，現在這些羅馬遺跡成為伊比利半島羅馬化的重要見證，展現出古代羅馬帝國省城首府的風貌，塔拉戈考古遺址在2000年列入世界遺產名錄。最重要的有：

羅馬城牆 Muralla Romana

　　最早砌於西元前二世紀，高6公尺，寬4.5公尺，最初只建造了3500公尺，後來擴建到5公里左右，城區範圍59公頃，並曾在16和18世紀加強其戰爭的防禦功能。現在只剩下一千多公尺的城牆、一個圓拱型的城門及三個城塔。可以走上去，在考古花園間漫步。

宗教區域 El recinto de culto de Tarragona

　　公元一世紀羅馬人利用塔拉戈的地勢，在最高的地方建出宗教中心，有頂的石柱長廊環繞廣場四周，廣場正中間有供奉奧古斯都皇帝的羅馬神殿，位於高基座上，剛好在現在塔拉戈納主教座堂的位置上，事實上，主教座堂的底下就是兩千年前羅馬神殿的地基。

省議會 Fórum Provincial

　　公元73年左右羅馬人在宗教區域下方建造政治區域，即省議會所在的政治中

心，面積比宗教區域大將近兩倍，中間有個大廣場，四周由有頂石柱長廊環繞，兩個區域以台階相通，現在只剩下一部分，以指揮官府塔（Torre del Pretorio）為地標。

▲▲▲ 羅馬賽車場。

羅馬賽車場 Circo Romano

建於一世紀，可容納兩萬五千到三萬人，是舉辦賽馬或賽車的地方，建於城牆內，在奧古斯都大道和省議會之間，地勢比省議會稍微低一點。儘管其大部分結構仍隱藏在現代城市建築之下，卻是少數保存最完好的羅馬賽車場之一。

羅馬競技場 Anfiteatro Romano

建於二世紀，可容納一萬四千人，是舉辦人和人或是人與獸決鬥的地方，建於城牆之外的海邊，方便船運猛獸。在羅馬帝國迫害天主教徒時期，塔拉戈納的主教於259年在競技場被活活燒死，為了紀念被燒死的主教，當地人在六世紀時把競技場的石塊當作建材，在競技場上建造了一座教堂，現在還可以在競技場中央看到教堂的遺址。

▼▼▼ 羅馬競技場。

瓦倫西亞地區 （Comunidad Valenciana）

位於西班牙東部，東臨地中海，面積 23,255 km^2，人口500萬，人口最多的都市是首府瓦倫西亞。

❧ 當地美食 ❧

瓦倫西亞最有名的農產是柑橘（I.G.P. Cítricos Valencianos）和朝鮮薊（D.O.P. Alcachofa de Benicarló），這兩項受到法定地理標示的保護。最有名的美食是各式不同口味和質感的燉飯、米飯、湯飯、稀飯，稻米（D.O.P. Arroz de Valencia）也受原產地命名制度的保護。

Horchata則是一種類似豆漿和杏仁露的冷飲，源於瓦倫西亞，現在是西班牙傳統的夏季飲品，原料油莎草的塊莖（D.O.P. Chufa de Valencia）受原產地命名制度的保護。

瓦倫西亞的柑橘園（左上）；瓦倫西亞的朝鮮薊園（右上）；瓦倫西亞的稻田與生產的稻米（下）。
圖片提供：© Turisme Comunitat Valenciana。

杏仁糖（Turrón）是西班牙聖誕節的應景甜食，用蜂蜜（或糖）加入杏仁（有些還加上蛋白）而成，最有名的兩種均產於瓦倫西亞，杏仁硬糖和杏仁軟糖，均受到地理標示制度的保護。

其他法定的地理標示還有：橄欖油：D.O.P. Aceite de la Comunitat Valenciana；櫻桃：I.G.P. Cerezas de la montaña de Alicante；石榴：D.O.P. Granada Mollar de Elche；柿子：D.O.P. Kaki Ribera del Xúquer；琵琶：D.O.P. Nísperos Callosa d'En Sarriá；葡萄：D.O.P. Uva de mesa embolsada del Vinalopó；DOP葡萄酒："Alicante"、"Los Balagueses"、"El Terrerazo"、"Utiel-Requena"、"Valencia"、"Vera de Estenas"；IGP："Castelló"；蒸餾酒：Anís Paloma Monforte del Cid、Aperitivo Café de Alcoy、Cantueso Alicantino、Herbero de la Sierra de Mariola。

🍴 瓦倫西亞地區的名菜 🍴

① 瓦倫西亞燉飯（Paella Valenciana）：白米加入雞肉、兔肉、荷蘭豆、棉豆、番茄、蝸牛、番紅花、高湯等燉煮而成。

② 烘烤飯（Arroz al Horno）：五花肉和血腸炒熟後，加入白米、煮熟的鷹嘴豆、馬鈴薯、番茄、大蒜、月桂葉、百里香、高湯等，放進烤箱烤熟。

③ 蛋烤飯（Arroz con Costra）：香腸、雞肉、兔肉和血腸炒熟後，加入白米、煮熟的鷹嘴豆、番茄、番紅花、高湯等，放進烤箱，在快熟時把打散的蛋淋在上面烤熟。

④ 鮮蝦燉飯（Arroz a Banda）：白米加入魚高湯、墨魚、鮮蝦、洋蔥、番茄、大蒜、紅椒粉和番紅花燉煮而成。

⑤ 海鮮麵（Fideuá）：短麵加入魚高湯和各式海鮮燉煮而成。

⑥ 墨魚飯（Arroz Negro）：加入墨魚的天然墨汁和海鮮高湯燉煮的米飯。

⑦ 燉鰻鱺（All i Pebre de Anguila）：蒜頭和辣椒爆香，加入鰻鱺、馬鈴薯、炸麵包一起燉煮。

⑧ 鱈魚紅椒沙拉（Esgarraet）：用鹹鱈魚、烤紅椒、大蒜和橄欖油做成的沙拉。

蛋烤飯（上）；南瓜甜麵球（下）。
圖片提供：© Turisme Comunitat Valenciana。

⑨ 瓦倫西亞式雜燴肉菜鍋（Olla Valenciana）：牛肉、豬肉、雞肉、血腸、火腿骨、紅椒香腸、五花肉、肉丸子、馬鈴薯、蘿蔔、芹菜、鷹嘴豆等燉煮而成。

⑩ 南瓜甜麵球（Buñuelos）：油炸南瓜、麵粉、糖做成的甜麵球。

🥄 景點城鎮&歷史典故 🥄

· 瓦倫西亞 ·
Valencia

　　西班牙人對瓦倫西亞的刻板印象是地中海、陽光、鞭炮、燉飯，瓦倫西亞其實有更多不為人知的一面。她是西班牙第三大城，在歷史上一直是西班牙通往地中海的門戶，而且是個很有對比的城市，百年歷史傳統與現代精神和諧並存，歷史遺跡和前衛建築在一起並不突兀，海洋與城市相融共生，綠色耕地和現代化城市比鄰也沒有衝突。近年來，瓦倫西亞憑藉自身的優勢和後天的建設，以及新開設的道路、博物館和文化中心、新復興的歷史中心、新建造的音樂廳和會議中心，改變了這座千年歷史古城的面貌，成為歐洲和國際文化之都。主要景點有：

瓦倫西亞絲綢交易所
Lonja de la Seda

位於中央市場前，建於15世紀末，以當年的帕爾馬城交易所為例，是歐洲哥德式非宗教建築的傑作，面積超過2000平方公尺，體現中世紀商業革命和社會發展的繁榮，以象徵瓦倫西亞中世紀的經濟強權。

瓦倫西亞絲綢交易所分成四個部分：高塔、海洋領事館大廳，橘樹庭園和圓柱大廳。這個絲綢買賣的地方一直都有商貿交易的功用，有著巨大的長方形立面、精美的門窗、貴族的家徽、冠狀的城垛、宏偉的交易大廳和不同造型的滴水嘴獸，其中最讓人印象深刻的是圓柱大廳，它是以前的招募廳，由八根柱子撐起高達17.4公尺的挑高巨大拱頂，展現15至16世紀地中海商城的權力和財富，1996年入

瓦倫西亞絲綢交易所外觀與內部。圖片提供：© Turisme Comunitat Valenciana。

選世界遺產。

這個交易所以「絲綢」命名，因為當年的絲綢公會是瓦倫西亞勢力最大的行會，當時絲綢公會由猶太人管理，後來他們在16世紀為了避免被逐出天主教的西班牙，改信天主教。

瓦倫西亞主教座堂 Catedral de Valencia

一直地處宗教中心，從羅馬神殿、西哥德教堂到清真寺，13世紀在清真寺上建造主教座堂，在17世紀之前經歷過多次修建，融合了從仿羅馬式到巴洛克式等多種風格，以

哥德式風格為主，它的米格雷德塔（Miguelete）是城市的象徵之一。

教堂收藏著據說是耶穌在最後的晚餐用的聖杯。聖彼得把聖杯帶到羅馬，後來西斯篤二世把聖杯送到韋斯

瓦倫西亞主教座堂（左）；教堂天花板上文藝復興時期的壁畫（右）。圖片提供：© Turisme Comunitat Valenciana。

卡（Huesca），最後阿拉貢王國的阿方索五世國王把聖杯帶到他在瓦倫西亞的皇宮，一直留到現在。

教堂的天花板還有文藝復興時期的壁畫，據說是教宗亞歷山大六世派了兩位義大利畫家，為他出生地的主教座堂畫的。17世紀的主教希望讓祭壇畫成為教堂的主角，把天花板上的壁畫遮蔽，直到2004年再次修復工程時，大家才發現這個西班牙最早的文藝復興式藝術。

教堂外部則有仿羅馬式的宮殿門和哥德式的門徒門。列為世界非物質文化遺產的瓦倫西亞農地水法庭每星期四中午12點在門徒門的前面舉行，當人民遇到用水衝突的訴訟問題時，他們能以集中、口頭化、快速和經濟的口述程序，迅速、透明且不偏不倚的方式來解決，至今仍以其習慣法和傳統法庭身分而被西班牙法律承認。

塞拉諾斯塔
Torres de Serranos

建於14世紀的城門，用於防守捍衛瓦倫西亞城最頻繁的進出城之路，由兩個五邊形的立方體組成。1865年，城牆被拆除，唯有此城門留了下來，1586到1887年改為貴族和騎士的監獄。現在，瓦倫西亞最有名的火節（Las Fallas）就是由在此舉行的「開幕儀式」活動開始。

塞拉諾斯塔。圖片提供：© Turisme Comunitat Valenciana。

藝術科學城 Ciudad de las Artes y las Ciencias

建築師卡拉特拉瓦建造的藝術科學城令人印象深刻，已成為瓦倫西亞的地標，以及當地人的休閒和文化中心，沿著古老的圖里亞河道延伸近2公里，占地35萬平方公尺，主要由以下部分組成：

❄ 半球電影院（Hemisfèric）：是IMAX 3D電影院，有個900公尺大的半球形銀幕。在夏季晚上，電影院則成為天文館，有現場解說的星象觀測活動。

❄ 海洋館（Oceanogràfic）：在七個不同的海洋環境中，可以看到大約45,000隻動物、500種物種，例如海豚，白鯨，海象，海獅，海豹，企鵝或鯊魚。

❄ 科博館（Museu de les Ciències）：提供許多科學的互動展覽以拉近科學與民眾的距離，地下室有臨時展覽。

❄ 植物園（Umbracle）：巨型花園，可以散步其中觀賞典型的地中海植物或當代雕塑。在夏季晚上，有個露天酒吧可以在月光下喝一杯。

❄ 索菲亞皇后藝術宮（Palau de les Arts Reina Sofía）：提供音樂表演的場地，表演項目包括歌劇、音樂會、西班牙喜歌劇（zarzuela）或芭蕾舞。

❄ 阿哥拉（Ágora）：可舉辦音樂會和各種不同活動的多功能場地。

❄❄ 藝術科學城。圖片提供：© Turisme Comunitat Valenciana。

中央市場 Mercado Central

現代主義建築，1928年啟用，以鐵柱為結構，市場其中一個圓頂上飾以鸚鵡，代表市場的喧嘩，內部則有各種不同材料，例如鐵，木材，陶瓷和彩色玻璃。最引人注目的就是當地盛產的新鮮水果和蔬菜，最有名的是橘子、柳橙、番茄和豆類等。

據說，以前貧窮人家養不起小孩，

想棄養小孩在市場旁邊的教堂前，就會帶小孩到市場前、教堂旁，叫小孩抬頭仔細看市場屋頂上的鸚鵡，跟小孩說會有黃金掉下來，然後父母悄悄離開，讓小孩留在那裡看鸚鵡。如果運氣好，小孩或許會遇到有錢人家願意領養，或是遇到需要幫手的工匠帶他們回去學得一技之長。

中央市場。

瓦倫西亞的美食之路

瓦倫西亞以燉飯聞名，來到這裡一定要上好餐廳試試各類飯食，例如：Casa Carmela、Alquería del Pou、La Genuina、Goya Gallery、 LAVOE Arroz y Mar、Restaurante Levante Valencia、El Racó de la Paella、Mas Blayet、El Racó de la Paella、Pelayo Gastro Trinquet、El Racó de Lluis、Restaurante Gran azul、Alquería El Brosquil、Llar Román等。

穆爾西亞地區（Región de Murcia）

位於西班牙東南部，東臨地中海，面積 11,314 km²，人口147萬，人口最多的是首府穆爾西亞。

✎ 當地美食 ✎

穆爾西亞地區是個對比鮮明的地方，地域的多樣性孕育出多元的美食，有內陸佳餚，也有海鮮和米飯，有各式各樣的美食提案，總能滿足遊客的需求。

穆爾西亞地區受法定地理標示保護的農牧產品有：奶酪：D.O.P. Queso de Murcia、D.O.P. Queso de Murcia al Vino；甜瓜：I.G.P. Melón de Torre Pacheco-Murcia；西洋梨：D.O.P. Pera de Jumilla；紅椒粉：D.O.P. Pimentón de Murcia；DOP葡萄酒："Bullas"、"Yecla"；IGP葡萄酒："Campo de Cartagena"、"Murcia"。

✎ 穆爾西亞地區的名菜 ✎

① 穆爾西亞式海鮮飯（Arroz Caldero）：白米加入蝦、不同類型的魚、番茄、大蒜、紅椒、香芹、番紅花、高湯去燉煮而成。

② 兔肉蝸牛燉飯（Arroz con Conejo y Caracoles）：白米加入兔肉、蝸牛、番茄、紅椒、香芹、番紅花、檸檬、橄欖油、水等燉煮而成。

③ 臘肉燉蠶豆（Michirones）：蠶豆加紅椒香腸、五花肉、火腿骨、月桂葉、甜椒粉、大蒜、胡椒粉和鹽煮成。

④ 穆爾西亞式沙拉（Ensalada Murciana）：番茄罐頭、洋蔥、水煮蛋、黑橄欖、醋、鹽、橄欖油做成。

⑤ 蔬菜炒蛋（Zarangollo Murciana）：節瓜、洋蔥和馬鈴薯炒蛋而成。

⑥ 青菜佐番茄泥（Pisto Murciano）：洋蔥、青椒、紅椒、茄子炒過後，加入自製的番茄泥而成。

⑦ 馬鈴薯沙拉三明治（Marinera）：馬鈴薯沙拉放在圈型的麵包上，最上面再放醃鯷魚。

⑧ 烤章魚（Pulpo al Horno）：章魚放進烤箱烘烤而成。

⑨ 牛肉餡餅（Pastel de Carne Murciano）：牛肉、火腿、紅椒香腸、五花肉、番茄、青椒和水煮蛋做的內餡，以麵粉、牛油、雞蛋做的外皮，放入烤箱烘烤而成。

⑩ 香炸檸檬葉（Paparajotes）：檸檬葉沾滿用雞蛋、牛奶、酵母、麵粉調成的麵糊，下油鍋炸檸檬葉而成。

青菜番茄泥；穆爾西亞式海鮮飯。圖片提供：© info@mediterraneancartagenatours.com；香炸檸檬葉。圖片提供：© www.abctourguides.com（由上至下）。

🥄 景點城鎮&歷史典故 🥄

· 穆爾西亞 ·
～～～ *Murcia* ～～～

　　831年由摩爾人建於戰略地位重要的地方，曾有座高達15公尺、有95座城塔的城牆，至今仍留下一部分遺跡。曾有座摩爾光王的行宮，現在克拉拉修道院還可以看到宮殿的遺跡，由此可見穆爾西亞在阿拉伯時期的重要性。後來，天主教人也在穆爾西亞留下足跡，最著名的就是兩個主要街道，銀器街和布料街的工會活動。17和18世紀則是此城的輝煌時期，城區往城牆外擴展，興建了許多巴洛克式教堂，成為現在穆爾西亞最重要的觀光資源。

穆爾西亞主教座堂 Catedral de Murcia

穆爾西亞最重要的建築，鐘塔是此城的象徵，1385年建於清真寺之上，直到18世紀才完成，具哥德式、文藝復興式和巴洛克式不同的風格。鐘塔有五個不同風格的樓層，高達90公尺，加上風向儀則是95公尺，是當時西班牙第二高的建築物，僅次於塞維亞的西拉達塔（Giralda）。主教座堂外部最引人注目的是一圈雕刻得栩栩如生的石鍊。

這一圈石鍊由一個石塊雕刻而成，看不出它開始和結束的地方，而且有個傳說故事。1500年，韋雷斯侯爵正在主教座堂建造家族的禮拜堂，從外地來了個流浪漢，自稱雕刻家，向侯爵要求打工換食宿，願意在韋雷斯家族禮拜堂的外側雕一圈石鍊，把整個禮拜堂圍起來，韋雷斯侯爵同意供他吃住，但外加一個條件：如果他不滿意流浪漢的作品，流浪漢會被處死。

流浪漢花了七年時間，韋雷斯侯爵和穆爾西亞民眾在1507年的聖誕夜驗收，當大家看到那一圈逼真的石鍊，讚為觀止，韋雷斯侯爵非常滿意。但是當流浪漢說，他的打工換食宿已結束，將離開穆爾西亞到別處去，韋雷斯侯爵下令把流浪漢關起來，弄瞎他的雙眼，砍掉他的雙手，讓他無法替別的王公貴族或主教雕刻出這樣美的作品。

穆爾西亞主教座堂夜景（左）。圖片提供：© www.abctourguides.com。穆爾西亞主教座堂（中）；主教座堂外部一圈雕刻得栩栩如生的石鍊（右）。圖片提供：© www.mediterraneancartagenatours.com。

穆爾西亞皇家賭場的舞廳。圖片提供：© www.mediterraneancartagenatours.com。

穆爾西亞皇家賭場 Real Casino de Murcia

這棟位於市中心步行街的獨特建築是19世紀穆爾西亞上流社會的私人俱樂部，建於1847年，具有不同的建築藝術風格。外牆具古典主義和現代主義的裝飾元素，一進去就會看到有圓頂的阿拉伯中庭，以阿蘭布拉宮和塞維亞的皇家城堡為靈感，穿過中庭就是長走廊，走廊兩邊通往此建築的各個大廳，有穆爾西亞政經界巨頭聚會的小議會廳、新古典主義的龐培亞諾中庭、新巴洛克式的舞廳，內有五個巨大的水晶燈，是穆爾西亞最重要的社交場合，連舞廳的洗手間都有藝術品裝飾。

聖泉聖所 Santuario de la Fuensanta

距穆爾西亞市區5.5公里有個巴洛克式的聖所，是17世紀以後修建的。聖泉聖所是穆爾西亞的主保聖人聖泉聖母所在之地，聖泉聖母每年進穆爾西亞市兩次，一次在大齋期間，一次在9月。據說，聖母曾在此顯靈，讓聖泉神蹟似的出現，從此成為當地的「聖地」。17世紀末，穆爾西亞發生嚴重乾旱，當地人把以前的主保聖人阿雷恰卡聖母的雕像請到主教座堂，向阿雷恰卡聖母禱告，卻沒有解決乾旱。後來，他們把聖泉聖母從5.5公

里外的郊區請進城裡，向聖泉聖母禱告，結果奇蹟似地，竟然降下大雨，甚至大雪，從此聖泉聖母的聲望大漲，最後人們在1731年把祂奉為主保聖人。聖泉聖母後來又保佑人民安全度過1834、1854、1865及1885年的瘟疫，以及多次洪災，甚至在拿破崙入侵期間，聖泉聖母被當地人封為「王國的將軍」，保佑抵抗拿破崙軍隊的當地人。

聖泉聖所。圖片提供：© www.mediterraneancartagenatours.com。

穆爾西亞的美食之路

穆爾西亞有兩個美食區，在主教座堂附近有不少餐廳和酒吧，例如：La Bodeguita de Javi Gracía、El Portal de Belluga、Cosa Fina GastroBar、La Pequeña Taberna、Keki Bar、Frases等，另外，Las Tascas這個區在大學附近，有非常多小酒館，價格便宜，非常適合夜生活。

西班牙南部

橄欖油之鄉，
阿拉伯風情之地

安達盧西亞地區（Andalucía）

位於西班牙南部，面積87,268 km²，人口840萬，人口最多的都市是首府塞維亞。

🥄 當地美食 🥄

安達盧西亞地區是西班牙的橄欖園、醃製品、烘焙和雪莉酒產區。總共有12個橄欖油產地受到原產地命名制度保護，是西班牙最大最好的橄欖油產區。

在沒有冰箱的時期，人們以醃製方式防止魚肉腐壞，D.O.P. Los Pedroches和D.O.P. Jabugo這兩種伊比利亞火腿受到原產地命名制度的保護，而I.G.P. Jamón de Serón和I.G.P. Jamón de Trevélez這兩種塞拉諾火腿，以及I.G.P. Mojama de Barbate和I.G.P. Mojama de Isla Cristina這兩種鹹鮪魚乾均受到地理標示制度保護。

西班牙聖誕節的應景甜點豬油糕（I.G.P. Mantecados de Estepa）和杏仁糕（I.G.P. Polvorones de Estepa）也受到地理標示制度保護。

而舉世聞名的雪莉酒（D.O.P. Jerez-Xérès-Sherry）也產於安達盧西亞。

其他有法定地理標示的食物食品還有：羊肉、蜂蜜、橄欖、釋迦、蘆筍、鷹嘴豆、葡萄乾、番茄、大西洋

☙ 安達盧西亞的伊比利豬。

☙ Pan de Alfacar。圖片提供：© TURISMO ANDALUZ。

安達盧西亞的橄欖園。圖片提供：© TURISMO ANDALUZ。

鯖罐頭、扁舵鰹、鹹鮪魚乾、醋、杏仁捲、麵包、DOP葡萄酒、IGP葡萄酒、香料酒跟蒸餾酒。

　　阿爾梅里亞（Almería）是供應歐洲蔬果的大農場，外銷金額超過15億歐元，為了市場需求，當地有超過四萬四千公頃的塑膠搭造溫室，一整片稱為「塑膠海」，成為另類農業奇觀！

🥄 安達魯西亞地區的名菜 🥄

① 冷湯：安達魯西亞地區最有名的冷湯有三種，名字都不同：① 安達魯西亞式冷湯（Gazpacho Andaluz）：大家最熟悉的，類似我們的「養顏美容的蔬菜汁」。② 哥爾多巴式冷湯（Salmorejo Cordobés）：比前者濃稠，上面會加點切碎的水煮蛋和火腿。③ 杏仁冷湯（Ajoblanco）：以杏仁為底的冷湯。

② 沙拉（Pipirrana）：洋蔥、番茄、青椒、黃瓜切碎做成。

③ 香炸蝦米薄餅（Tortillas de Camarones）：蝦仁混合麵粉、鷹嘴豆粉、洋蔥末、香芹末及水之後，下油鍋香炸而成。

④ 炸海鮮（Fritura Andaluza）：不同的魚沾粉香炸而成，沒有沾雞蛋，炸出來的麵皮只是薄薄一層。

⑤ 燉牛尾（Rabo de Toro）：牛尾加上紅蘿蔔、韭蔥、洋蔥、番茄、大蒜、月桂葉、紅酒燉煮而成。

⑥ 烤蛋（Huevos a la Flamenca）：炸熟的馬鈴薯和爆香的洋蔥及大蒜加上番茄醬、紅椒、火腿末和紅椒香腸，打顆蛋在上面，放進烤箱烘烤而成。

⑦ 安達魯西亞式雜燴肉菜鍋（Puchero Andaluz）：西班牙火腿、火腿骨頭、大骨頭、雞肉、牛肉、排骨、五花肉等熬成濃湯，加上鷹嘴豆、馬鈴薯、紅蘿蔔、韭蔥、芹菜等各式蔬菜煮成一大鍋。高湯當前菜，肉當主菜。

⑧ 香炸肉捲（Flamenquín Cordobés）：里肌肉和火腿捲在一起，沾蛋和麵包屑油炸而成。

⑨ 燉豬頰肉（Carrilleras de Cerdo／Carrillada de Cerdo）：豬頰肉加入洋蔥、番茄、紅椒、青椒、紅蘿蔔、大蒜、月桂葉、胡椒、丁香、紅椒粉、白葡萄酒、白蘭地和橄欖油燉煮而成。

⑩ 蛋黃布丁（Tocino de Cielo）：蛋黃和糖混勻後烘焙（或隔水加熱）而成，上面有焦糖。

冷湯（左）；香炸肉捲（右）。圖片提供：© TURISMO ANDALUZ。

⚹ 景點城鎮&歷史典故 ⚹

·塞維亞·
～～～～ Sevilla ～～～～

　　西班牙第四大城市，安達魯西亞自治區的首府，瓜達幾維河（Guadalquivir）流經此城，從桑盧卡爾-德-巴拉梅達出海，而兩地90公里的河道讓塞維亞港成為西班牙唯一的內陸海港。在4、5月還可以聞到她特殊的橙花香。

　　塞維亞的名字在歌劇界很響亮，是當時西班牙最有名的城市之一，以塞維亞為背景的歌劇不少，例如：羅西尼的《塞維亞的理髮師》、莫札特的《唐喬凡尼》、莫札特的《費加洛的婚禮》、貝多芬的《費德里奧》、比才的《卡門》、威爾第的《命運之力》。

　　塞維亞也是電影和影集常取景拍攝之地，最有名的是《星際大戰》、《阿拉伯的勞倫斯》、《王者天下》、《騎士出任務》、《冰與火之歌：權力遊戲》等。

　　早在13、14世紀，塞維亞就是伊斯蘭教和天主教文化融合之地，哥倫布發現美洲後，又成為通往新大陸的唯一跳板，是唯一能跟美洲殖民地通商的港口，曾舉辦1929年的伊比利亞美洲博覽會以及1992年的世界博覽會。塞維亞的景點很多，包括：

～ 西班牙廣場 ～
Plaza de España

　　1929年舉辦伊比利亞美洲博覽會而建造，是直徑170公尺的半圓形，覆以精美的磁磚，有代表48個西班牙省分的磁磚座椅，《星際大戰》曾在此拍攝。

▲▲ 西班牙廣場。

△ 西班牙廣場。圖片提供：© Roser Salvadó。

主教座堂和西拉達塔 Catedral de Sevilla／La Giralda

世界遺產，建於12世紀的清真寺之上，共有五個大殿，是全世界面積最大的哥德式教堂。教堂的西拉達塔（Giralda）曾是當時世界上最高的塔，有斜坡直達塔頂，曾是伊斯蘭教的叫拜樓，也是天主教的鐘樓，還是敲鐘人的居所、穀倉、崗樓等。在塞維亞的主教座堂可以看到巨大的哥倫布棺木，由四個代表西班牙歷史

△ 主教座堂和西拉達塔。圖片提供：© TURISMO ANDALUZ。

上的四個王國君主將葬在海外的哥倫布遺體迎接回西班牙。不過，在塞維亞主教座堂的哥倫布遺骨只有200公克，其他的不知道流落何方。

塞維亞皇家城堡
Real Alcázar de Sevilla

世界遺產，是伊斯蘭教人建於10世紀的宮殿式武裝
建築，13世紀後，天主教人收復塞維亞，遂成為天主
教國王的皇宮，歷代擴建改建。阿方索十世在13世紀
修建了哥德式宮殿，佩德羅一世在14世紀修建了穆得
哈爾式宮殿，塞維亞皇家城堡最後成為具伊斯蘭教、

塞維亞皇家城堡。

穆得哈爾式、哥德式、文藝復興式和巴洛克式風格的建築，是全世界還在使用
的歷史最悠久的宮殿，也是現在西班牙皇室還在使用中的「行宮」。

裡面最有名的是少女中庭（El Patio de las Doncellas），穆得哈爾式長方形的
大中庭四周由拱廊圍繞；娃娃中庭（Patio de las Munecas），方形的中庭有著
複雜雕花，其中暗藏著九個娃娃的臉孔，相傳找出這九個娃娃的臉孔就會有好
運；使節廳（Salón de los Embajadores），方形的王位廳有裝飾精美的牆面，
四周有馬蹄拱門，上方有個讓人讚嘆的圓拱天花板，是卡洛斯五世結婚場所，
也是熱門影集《冰與火之歌：權力遊戲》的拍攝場景；瑪麗亞的浴池（Baños
de María de Padilla），相傳是佩德羅一世為他的真愛瑪麗亞建造的；西印度交
易所（Casa de la Contratación），內有航海者聖母禮拜堂；還有一個占地七萬
平方公尺的花園，內有一百多種植物、孔雀、鴨子等。

另外，也可以參觀皇家城堡樓上的房間（Cuarto Real Alto），是現在西班牙
王室仍在使用的空間，禁止拍照，可以看到家具桌椅、皇室生活起居的樣子，
甚至近看使節廳的天花板細節。

印地安檔案館
Archivo General de Indias de Sevilla

世界遺產，原是16世紀興建的交易所，18世紀改為印地安檔案館，收藏所有
殖民地征服的檔案和存放早期殖民者和美洲間的寶貴檔案文獻。是免費景點。

大香菇群－大都會陽傘 Setas de Sevilla－Metropol Parasol

世界最大的木建築，又稱塞維亞蘑菇，2011年建成。登到最高處後，可以從28.5公尺高的地方鳥瞰塞維亞最美的景觀。

救世主教堂
Iglesia del Salvador / 全名 Iglesia Colegial del Divino Salvador

建於九世紀的清真寺上，至今仍保留清真寺的橘園，是塞維亞第二大規模的教堂，僅次於主教座堂，用主教座堂的門票可以免費進去參觀。另外也可以用主教座堂的門票參觀救世主教堂。

阿爾巴公爵之家 Palacio de las Dueñas - Casa de Alba

阿爾巴公爵家族的宮殿，建於15世紀，融合哥德式、穆德哈爾和文藝復興式風格。前一任阿爾巴女公爵是金氏世界紀錄裡現在君主國家中擁有最

多貴族頭銜的人，她一大堆的世襲頭銜連英國女王都要相形見絀。畫家哥雅的名畫〈著衣的瑪哈〉與〈裸體的瑪哈〉，據猜測，畫中人的身軀就是18世紀的阿爾巴女公爵。

塞維亞的美食之路

聖十字區（Barrio de Santa Cruz）在主教座堂和塞維亞皇家城堡附近，有典型狹窄的街道、小廣場、噴泉，透過一些敞開的大門可以看到豪宅裡幽靜美麗的中庭，是餐廳最集中的地方，有很不錯的酒吧，例如：El Pasaje Tapas、Bodega Santa Cruz、Pelayo Bar de Tapas、La Sacristía Tapas、Bar Postiguillo Tapas、Bar Catedral Sevilla、Taberna La Sal、El Librero tapas、Abaceria del Postigo、Vuela Tapas & Cocktail、Islamorada Tapas Bar、Vinerias San Telmo、El Pasaje Santa María la Blanca等。

塞維亞有不少百年老餐廳，例如：El Rinconcillo、Las Teresas、Bar Europa、Bodega Casa Mateo、Bodegas Díaz-Salazar 、Casa Morales、Bodega La Aurora等。

而在瓜達幾維河的對岸，也有些河畔餐廳，可以一邊用餐一邊享受河邊美景，例如：Abades Triana Restaurante、Mariatrifulca等。

·格拉納達·
Granada

位於西班牙南部，在雪山之下、達羅河（Darro）和赫尼爾河（Genil）之間，是伊斯蘭教人在伊比利半島最後的根據地。所以，格拉納達擁有非常重要的文化和建築遺產，除了伊斯蘭教的遺跡之外，還有16世紀的文藝復興時期建築瑰寶。

阿蘭布拉宮夜景。

阿蘭布拉宮 Alhambra [7]

因其戰略地位，在九世紀就已有個堡壘建築13世紀納斯里皇朝的第一任蘇丹抵達，在此建造皇宮，從此開啟阿蘭布拉宮的輝煌時期。

1492年，天主教人攻下格拉納達城後，阿蘭布拉宮成為天主教雙王的宮殿。18世紀後開始被遺忘，拿破崙的軍隊撤退後炸毀一部分，還好一個西班牙士兵讓阿蘭布拉宮免於全毀的慘狀。

19世紀時，美國作家華盛頓‧歐文旅行到格拉納達城，住進阿蘭布拉宮，寫出《阿蘭布拉宮的故事》，加上浪漫主義的興起，藝文界開始對阿蘭布拉宮的花園有興趣。1868年，阿蘭布拉宮從王室手中轉到西班牙政府手裡，歷經整修規畫，成為現在著名景點。

阿蘭布拉宮是一個「皇城」，有蘇丹王室居住的宮殿，還有駐軍守衛宮殿的城堡、城區、農地、供水系統等。城區叫做Medina，有一條主要街道，內有公共浴池、清真寺、商店等，還有各種小型工坊，例如玻璃、陶瓷、製皮、甚至鑄幣廠。

註⑦ 在西班牙語裡面，h不發音，所以，Alhambra的發音不是「阿罕布拉」，而是alambra（阿蘭布拉）。

卡洛斯五世宮。圖片提供：© TURISMO ANDALUZ。

 夏宮。　　　　　　　　　　　　 從夏宮的花園遠眺阿蘭布拉宮。

　　阿蘭布拉宮的意思是「紅色城堡」(al-Qal'a al-hamra)。有人說是因為當年趕工建造阿蘭布拉宮，白天在太陽下閃耀的斧頭是一片紅色，也有人說，從遠處觀看夜間點火施工的阿蘭布拉宮就是一片火紅。主要參觀的地方包括四個部分：

① 卡洛斯五世宮（Palacio de Carlos V）：1526年，卡洛斯五世去格拉納達度蜜月時，愛上阿蘭布拉宮，因此下令在此建造新的宮殿，具有方正的四邊形外部，巨大的內部圓形中庭，工程於1637年終止，沒有完成，直到1923年開始修復工程，最後於1958年改建成格拉納達美術館。

② 夏宮（Generalife）和花園：可追溯至13世紀末，是摩爾皇室的避暑地，裡面有夏宮、花園和農莊。夏宮的兩座建築間以水渠中庭相連，池邊有花園，上方還有個蘇丹皇后的上方還有個據說蘇丹皇后曾跟阿貝賽拉黑家族的武士幽會的柏樹中庭。皇家水渠就在這裡，是摩爾人將水從達羅河引上山頭，並通過皇家水渠輸送到山上各個地方，提供山上用水及灌溉農莊田地。

③ 城堡（Alcazaba）：阿蘭布拉宮最古老的部分，軍隊駐紮之地，不僅可以防禦敵人，也可以抵抗內部暴動。城堡裡有三個塔樓，其中最有名的是蠟燭塔（Torre de la Vela）。據說，如果未婚女孩在1月2日這一天敲阿蘭布拉宮城堡上蠟燭塔的警鐘，會在那一年找到老公。

　　　　　　　 城堡。

⁂ 使節廳。

⁂ 獅子庭院。

④ 納斯里王朝的王宮（Palacios Nazaríes）：是複數，建於13世紀，有數座不同時期建造的宮殿：

Ⓐ 梅斯亞爾宮（El Palacio del Mexuar）：最早建造的宮殿，大約建於14世紀初，目前只剩下現有的一小部分，其他部分遭拆毀以建造科瑪萊斯宮。這是蘇丹跟他的大臣召開會議的地方，也是蘇丹舉辦聽證會和審判庭的地方，是半對外開放的宮殿，裡面還有個祈禱室，因為要朝向麥加，所以房間的格局並不方正。16世紀加上一層樓，改建為禮拜堂。

Ⓑ 科瑪萊斯宮（El Palacio de Comares）：科瑪萊斯塔高達45公尺，是阿蘭布拉宮最高大的塔樓，內部有寬大使節廳（Salón de Embajadores），牆上幾何形狀與銘刻的石膏壁飾，以前是彩色的。圓頂木製天花板呈現伊斯蘭天堂的七重天。據說在此舉行伊斯蘭教人和天主教雙王投降的會議。在此還有個長方形的香桃木庭院，長型水池兩旁有香桃木。

Ⓒ 獅子宮（Palacio de los Leones）：王室的私人宮殿，裡面有獅子庭院、鍾乳飾拱廳、阿貝賽拉黑廳、國王廳、姐妹廳、後宮等。透過光線、水池、色彩及精美的裝飾使它具有和諧之美，比前兩個宮殿少了抽象和幾何裝飾元素，卻多了更自然的風格，無疑受到天主教徒的影響，應該跟建造此宮殿的穆罕默德五世與天主教國王佩德羅一世的友誼有關。

⁂ 〈阿拉是最後的勝者〉。

漫步在阿爾拜辛可以看到十字型的風向儀底下還留著以前yâmûr的圓球。

阿爾拜辛 Albaicín

天主教統治初期,這裡變成伊斯蘭教人居住的地區,後來因為幾次伊斯蘭教叛變,伊斯蘭教人遭驅逐,清真寺因此改成教堂,富裕的天主教人則利用此地建造豪華房舍和鄉間莊園。

傳統清真寺的叫拜樓上都有個yâmûr的裝飾,是一根金屬柱把幾個圓球串起來,後來清真寺改成教堂,天主教人就在yâmûr圓球上加個十字架,變成風向儀。

格拉納達的Carmen(卡門)泛指位於城牆外,有大片花園、種滿花木、有菜圃、果樹及葡萄園的獨棟房舍,是一種小型鄉間莊園。這字源於伊比利-阿拉伯文(hispano-árabe)中的karm,而karm在阿拉伯文是指「葡萄園」,不是人名。通常阿爾拜辛的Carmen均依山而建,裡面有地勢高低不同的「梯田菜圃」、果園,也有高低不同的露台、房舍。

現在,不少Carmen改為可以遠眺阿蘭布拉宮的觀景餐廳。

阿爾巴伊辛區的Carmen(卡門)。

格拉納達的主教座堂 Catedral de Granada

天主教雙王攻下格拉納達城後，在大清真寺上面建造哥德式教堂，卡洛斯五世則繼續他的外祖父母的心願，在此建造天主教最大的象徵。

後來建築師德西洛埃 （Diego de Siloé） 接手，把文藝復興時期的穹頂與哥德式建築結合，將圓形平面和長方形平面連在一起，格拉納達主教座堂因此公認是西班牙第一座文藝復興式教堂，。

根據原始設計，在正立面有兩座81公尺的鐘塔，最後只建造第一座57公尺高的鐘塔，分成三層，第一層採用多立克柱式，第二層採用愛奧尼柱式，第三層是科林斯柱式。

格拉納達的主教座堂。圖片提供：© TURISMO ANDALUZ。

皇家禮拜堂 Capilla Real

天主教雙王在格拉納達打下他們最重要的一場勝戰，統一了西班牙，決定在此建造安息之地。

哥德式皇家禮拜堂建於1506年，只有一個中殿，1517年竣工。卡洛斯五世也將其父母璜娜和菲利普的遺體移此。教堂裡有四個石棺雕像，費南多國王持劍，著騎士軍裝，伊莎貝爾女王沒有特別的首飾裝飾，腳下躺著兩隻守衛的小獅子，象徵著皇室。璜娜手握權杖，胸戴項鍊，菲利普身穿盔甲，雙手握劍，腳下有一隻公獅和一隻母獅。

石棺下有個聖壇地下室，裡面放有五個皇家鉛棺，上有每人名字的縮寫。

古阿拉伯絲綢市集
Alcaicería

歷史最悠久的商業區。幾個世紀前，它是此城最著名的絲綢市場，狹窄的巷道交錯複雜，裡面是生產和銷售絲綢的地方。原始的古阿拉伯絲綢市集在1843年毀於一場大火，現在是後來重建的，裡面有很多紀念品店和手工藝品，具有濃濃的阿拉伯風格。

古阿拉伯絲綢市集。 ▸▸▸

新鍋爐街 Calle Calderería Nueva

新鍋爐街的街名由來，是因為以前那裡製造修補鍋爐，現在則因茶館林立而俗稱為茶館街，街上的空氣彌漫著茶香味，帶你神遊摩洛哥。在這裡可以買些阿拉伯風格的紀念品，也可以坐下來喝摩洛哥薄荷茶。

格拉納達的美食之路

　　格拉納達的酒吧分散全城，都有點飲料送Tapas的習俗，在這裡不需要特別找哪一條街，也不需要花錢點菜，餓了就進去最近的酒吧，只要花錢買飲料即可，有不少提供免費美味Tapas的好餐廳，例如：Bar Los Diamantes、Ávila Tapas、Casa Encarna、Bar Poë、Bar Soria、EntreBrasas、La Pajuana、Casa Julio、Establo、Taberna La Tana、Café Bar Borsalino、La Taberna de Kafka、St Germain、Bar Provincias、Bar La Trastienda、Bar La Riviera、Bar Babel World Fusión、Restaurante Oliver、Taberna Gamboa、La Bodega de Antonio、Botánico Café、Bar Minotauro Tapas、Casa Mol、La Buena Vida、La Bella Kurva、Los Manueles、Bodega Castañeda、La Gran Taberna、Bar de Eric、Bar El Poderío等。

點飲料送Tapas。

·哥爾多巴·
Córdoba

　　哥爾多巴清楚地反映過去輝煌的地位，所有在此駐足的文化都留下印記。羅馬帝國將伊比利半島分成兩個省：北部的近西班牙以及南部的遠西班牙，而遠西班牙的行政和商業中心就是哥爾多巴，具有典型羅馬城市的模樣，堅固的城牆、指揮官府、豪宅、羅馬賽車場、羅馬競技場、羅馬劇場、羅馬神殿等。711年，摩爾人入侵。8世紀，後伍麥亞王朝的創建者阿卜杜拉赫曼一世建都於此，自立為埃米爾，開始哥爾多巴最輝煌的時期，富裕媲美君士坦丁堡、大馬士革和巴格達。猶太人中世紀時聚居於大清真寺的西北端，至今我們仍能看到

狹窄彎曲的猶太巷道。13世紀天主教人收復哥爾多巴，開始在此興建教堂，具有穆得哈爾式風格，後來在17、18世紀改成巴洛克風格。現在，哥爾多巴兩千年的歷史累積成意義非凡的歷史藝術遺產。

大清真寺 La Mezquita-Catedral

西班牙伊斯蘭藝術最美麗的例子之一，785年，阿卜杜拉赫曼一世下令建造在西哥特教堂遺跡上，利用其他建築物的圓柱來當建材，建造出方形平面、十殿式、130個雙拱柱的建築，在結構上，用圓拱架在馬蹄拱上以組成挑高的拱頂，加強支撐結構和增強光線。另外還有長方形的庭園。

9世紀，庭園由迴廊環繞，增建了由80根柱子支撐的部分以及壁龕。10世紀，增建了由120根柱子支撐的部分以及新的壁龕和三個圓頂，後來再增建八個縱殿，加大庭園。12世紀，哥爾多巴由天主教人統治，把大清真寺改成教堂，開始在裡面作彌撒。1489年開始清真寺改建為教堂的工程。1523年在主教的授權下，開始建造十字交叉點及上方的圓頂，於17世紀初完成工作。

現在大清真寺占地24,000平方公尺，裡面有森林狀的圓柱和穹拱、金碧輝煌的壁龕，以及雄偉壯觀的哥德式、文藝復興式和矯飾主義的主教堂，成為此城文化融合的歷史見證。

大清真寺裡森林狀的圓柱和穹拱（左）；清真寺內的天主教堂（右）。

天主教雙王城堡 Alcázar de los Reyes Cristianos

在此有哥爾多巴不同時期的建築演變，因其地理位置，是不同統治者的最愛，羅馬、西哥特跟阿拉伯遺跡共存在城堡底下。1236年哥爾多巴被天主教人征服時，這座宮殿建築已在戰役中遭摧毀，後來天主教人在此重建城堡，成為天主教王國的王宮，天主教雙王在此住了八年，後來是異端審判庭的所在地，也曾當作監獄。它是近似長方形的石造堡壘建築，四角各有一個塔樓，還有寬大、有水池的花園，花木茂盛。

皇家馬廄 Caballerizas Reales

熱愛馬匹的菲利普二世為了培養純種西班牙馬，1570年在天主教雙王城堡旁建造皇家馬廄，在這裡用阿拉伯血統的馬匹培育出西班牙馬，又稱「安達盧西亞品種」，在這裡可以看到古董馬車和馬術表演。

卡拉歐拉塔 Torre de la Calahorra

羅馬橋的南端是卡拉歐拉塔，自古以來就具有控制和防禦的重要功能，歷代持續翻修建築。馬蹄拱門直通羅馬橋，12世紀加強其兩側的塔樓。卡拉歐拉塔在近代曾當作軍營和女子學校，現在裡面是安達盧斯生活博物館，有八個展覽廳，展示猶太教、天主教和伊斯蘭教三種文化共存的生活。

羅馬橋。圖片提供：© TURISMO ANDALUZ。

羅馬橋 Puente Romano

建於公元前1世紀，在兩千多年的歷史中經歷幾次整修，主要結構可以追溯到中世紀，最近的整修是在1876年。它由16個拱組成，四個尖拱，其他是圓拱，上游的橋墩底座是尖形，下游的橋墩底座是圓形，橋的一頭靠近大清真寺，另一頭是卡拉歐拉塔。

阿薩阿拉古城 Medina Azahara

距離哥爾多巴城七公里，是10世紀由科爾多瓦的哈里發王阿卜杜拉赫曼三世在莫雷納山腳下建的豪華城市，以成為強而有力的新形象，是哈里發的行政和居住之地。因應土形高度，最高處是王室居住和政府辦公之處，較低處則是百姓居住的城區，利用古羅馬時代的渠道設計供水系統。

另有傳說，哈里發王繼位八年後，決定為他心愛的老婆阿薩阿拉建造宮殿式的城市。

阿薩阿拉古城曾是金碧輝煌、璀璨華麗的城市，建城70年後，因為內戰而沒落、遭遺棄，從此被遺忘了，直到一千年後，阿薩阿拉古城的遺跡才挖掘出來，在2018年列為世界遺產。

～ 哥爾多巴的美食之路 ～

　　西班牙典型的安達盧西亞房舍的外牆是白色的，內部有色彩繽紛的中庭，其中又以哥爾多巴的中庭最著名，中庭牆面下半部飾以美麗的磁磚，內部種滿奼紫嫣紅的各色花木，擺設桌椅，有些還有噴泉，是當地人的家庭生活中心。因此衍生出世界非物質文化遺產的「庭園節」。現在，在猶太區有很多不錯的餐廳，例如Restaurante El Rincon De Carmen、Taberna N10、Bar La Cavea、GastroTaberna La Albahaca、El Abanico、Restaurante El Churrasco、Bodegas Mezquita等，甚至還有一些餐廳有中庭，例如Patio Romano、Casa Pepe de La Judería、Taberna Patio de la Judería、Restaurante Campos De Toro、El Patio de Maria、Restaurante Puerta Sevilla、Taberna Salinas、Casa Mazal等。

·赫雷斯·
Jerez de la Frontera

　　雪莉酒產於安達魯西亞地區的赫雷斯、聖馬利亞港及桑盧卡爾-德-巴拉梅達之間，所以，赫雷斯的主要景點就是酒莊，例如：① Bodegas Tío Pepe：甚至可以看到愛喝雪利酒的老鼠；② Bodegas Fundador（Harveys）：最古老的酒莊，創於1796年，是英國王室唯一的雪莉酒供應酒莊；③ Bodegas Valdespino（Grupo Estévez）：創於1875年，從1883年成為西班牙王室的供應酒莊，1932年成為瑞典王室的供應酒莊；

④ Bodegas Tradición：酒莊老闆是藝術收藏家，在酒莊裡可以參觀14至19世紀西班牙畫家哥雅、祖巴蘭、維拉斯蓋茲、穆里悠和葛雷柯的作品。

　　在赫雷斯還可以參觀安達盧西亞皇家馬術學校，欣賞馬兒隨著音樂跳舞。

雪莉酒。圖片提供：© TURISMO ANDALUZ。

西班牙外島

\ 2-5 /

特色美食，度假勝地

巴利阿里群島 (Islas Baleares)

位於伊比利亞半島的東部，在地中海上，面積 4,992 km^2，人口116萬，人口最多的是首府馬約卡島的帕爾馬 (Palma de Mallorca)。

當地美食

巴利阿里群島有個馳名全球的沾醬：美乃滋。美乃滋的做法最早出現在14世紀的一本食譜《Llibre de Sent Soví》，在西班牙稱為Mayonesa，也稱為mahonesa，源於巴利阿里群島中梅諾卡島上的馬翁城 (Mahón)。在1756年前一直默默無名，直到法軍攻占梅諾卡島才帶到巴黎，而為了紀念馬翁這個地方，法國人就把這個沾醬稱為mahonnaise (源於Mahón的)，美乃滋也就從巴黎傳到全世界了。

巴利阿里群島不大，卻有馳名西班牙的三種美食，紅椒肉醬腸 (Sobrasada)、蝸牛甜麵包 (Ensaimada) 及馬翁的琴酒，均受到法定的地理標示的保護。紅椒肉醬腸以紅椒粉、鹽及其他香料當調味料，製成是具有醃製風味、濃稠濕潤的肉醬，吃法像鵝肝醬一樣，直接塗在麵包上享用。

蝸牛甜麵包介於蛋糕和麵包之間，外貌螺旋狀，味道香甜，質地鬆軟，可以有不同夾心和口味。

美乃滋。

蝸牛甜麵包。圖片提供：© Fundación Turismo Palma de Mallorca, Foto de Miguel Angel Aguilo。

馬翁的琴酒以杜松子浸泡後，經過銅鍋蒸餾器蒸餾而來，酒精度在38至48.5度之間。

　　其他法定的地理標示食物食品還有：奶酪、橄欖油、橄欖、杏仁、DOP葡萄酒、IGP葡萄酒以及蒸餾酒。

🍴 巴利阿里群島的名菜 🍴

① 龍蝦煲（Caldereta de Langosta）：水煮龍蝦切碎，加入用番茄、洋蔥、大蒜、香芹和龍蝦高湯做成的醬汁裡，一起燉煮而成。

② 燉魚（Bullit de Peix）：好幾種魚和馬鈴薯、番茄、大蒜、香芹、番紅花及魚高湯一起燉煮而成。

③ 馬約卡式炒羊肉（Frito Mallorquín）：菜名有Frito（油炸）這個字，但是用羊肉、香蔥、紅椒、花椰菜、馬鈴薯及蒜頭炒在一起。

④ 馬約卡式湯（Sopas Mallorquinas）：雖然叫「湯」，但是沒有湯汁，而是把洋蔥、番茄、花椰菜、朝鮮薊、青椒、豌豆、蘑菇、里脊肉、大蒜、香芹等燉成一鍋湯，然後在陶盤底擺上切薄片麵包，把湯倒在陶盤裡，讓麵包吸乾所有湯汁，所以是沒有湯汁的湯。

⑤ 馬約卡式湯飯（Arroz Brut）：綜合湯飯，用雞肉、兔肉、排骨、紅椒肉醬腸、豌豆、番茄、洋蔥、蘑菇、紅椒、青椒、大蒜、番紅花等燉煮而成。

⑥ 農村燉肉（Sofrit Pagès）：羊肉、雞肉、香腸、紅椒肉醬腸、馬鈴薯、大蒜、番紅花、胡椒等燉煮而成。

📷 巴利阿里群島的海鮮（上）；蝸牛甜麵包（下）。
圖片提供：© Turismo de Islas Baleares, foto de Manuela Muñoz。

⑦ 索列爾式荷包蛋（Huevos Fritos al Estilo de Sóller）：索列爾是巴利阿里的城鎮，這道是荷包蛋佐蔬菜泥佐煎紅椒肉醬腸的組合。

⑧ 綜合青菜（Tumbet）：馬鈴薯、節瓜、茄子、紅椒油炸好之後，以馬鈴薯在最底層的順序疊成四層，最後淋上燉爛的番茄（泥）。

⑨ 蝸牛甜麵包（Ensaimada）：介於蛋糕和麵包之間，香甜鬆軟的甜麵包。

⑩ 梅諾卡花型餅（Pastissets de Menorca）：麵粉、糖、蛋黃、豬油做出來的糕點。

↟ 巴利阿里群島的龍蝦煲。圖片提供：© Turismo de Islas Baleares, foto de Luis Real。

✎ 景點城鎮＆歷史典故 ✎

　　巴利阿里群島因其海水清澈見底的藍旗海灘、夢幻的小海灣、絕美的夕陽和自然風光而成為西地中海最受歡迎的度假勝地之一，群島上總人口才一百多萬人，每年的觀光客卻超過兩千萬，其中有超過五百萬德國人，因此被德國人稱為「德國的第17個邦」。

　　巴利阿里群島是名人明星度假勝地，早在50多年前，摩納哥親王雷尼爾三世和奧斯卡影后葛莉絲·凱莉結婚，就是搭乘希臘船王歐納西斯贈送的豪華遊艇在巴利阿里群島鮮有人跡，只能由海路抵達的隱祕海灣度蜜月，享受隱私，英國偵探小說作家阿嘉莎·克莉絲蒂在此完成《情牽波倫沙》，歐納西斯、摩洛哥已故國王哈桑二世、巴勒斯坦解放運動領袖阿拉法特、演員安東尼昆、法國女星碧姬·芭杜、俄羅斯西洋棋棋手卡斯帕羅夫、前F1賽車手舒馬克、英國的哈利王子等都愛到巴利阿里群島度假，而演員麥克·道格拉斯、歐納西斯的外孫女雅典娜·歐納西斯、演員李奧納多·狄卡皮歐、超級名模克勞蒂亞·雪

佛等人更在此擁有私人度假豪宅，甚至連西班牙王室也一定在每年8月到巴利阿里群島的馬約卡島度假。巴利阿里群島最大的三個島嶼是馬約卡島、梅諾卡島和伊比薩島。

· 馬約卡島 ·
～ Mallorca ～

巴利阿里群島的最大島嶼，面積3640平方公里，550公里的海岸線上有美麗的海灣和白色沙灘，特拉蒙塔那山區的文化景觀列為世界遺產。在馬約卡島附近的Cabrera小島上，還有絕美的海蝕洞，類似義大利卡布里島的藍洞，叫做Sa Cova Blava，翻譯也是「藍洞」，唯一的抵達方式是海路，因為在國家公園（這個國家公園含括海、陸區域）裡面，私人遊艇要先申請航行許可才能進去在那裡停靠或是潛水，所以完好地保存了地中海島嶼生態系統，包括海鳥群、特有物種和海底生物圈。

1838年12月，蕭邦因為身體不適，和情人喬治桑遷居溫暖的馬約卡島小住三個月。他們先在島上的首府馬約卡島的帕爾馬短住一陣子，然後在巴爾德摩薩（Valldemosa）小鎮的修道院租了幾個房間，以求清靜，讓蕭邦可以好好養病。而當蕭邦在修道院養病期間，喬治桑趁機在小島到處逛逛走走。喬治桑原名Amandine-Aurore-Lucile Dupin，是19世紀法國著名女作家，更是浪漫主義女性文學和女權主義文學的先驅，她後來寫了《馬約卡島的冬天》。現在，馬約卡島的巴爾德摩薩小鎮有個蕭邦博物館，可以參觀蕭邦和喬治桑住過的修道院。馬約卡島除了巴爾德摩薩小鎮，還有以下景點：

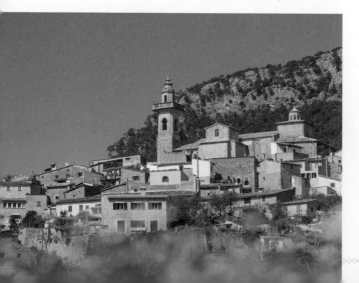

◄◄◄ 巴爾德摩薩。圖片提供：©Turismo de Islas Baleares, foto de Pedro Coll。

‡ 馬約卡主教座堂。圖片提供：© Fundación Turismo Palma de Mallorca, Foto de toni_perello。

馬約卡主教座堂 Catedral de Mallorca

建於13到16世紀的哥德式教堂，有個直徑約13公尺的巨大玫瑰窗，是哥德式教堂中最大的一個，有「哥德之眼」的稱號。後來，座堂經過歷代整修。高第在20世紀初曾幫馬約卡主教座堂進行改建，現在在馬約卡主教座堂看到的祭壇是高第設計的，如今聖家堂的祭壇就是後人拿高第的設計當靈感。2001到06年間，當代藝術家巴塞洛 （Miquel Barceló）在聖體聖事禮拜堂設計了一面非常當代藝術的彩陶牆。

阿爾穆戴納王宮 Palacio Real de la Almudaina

王宮的名字是「城牆外的城堡」之意，位於羅馬據點、阿拉伯堡壘之上，是個建於14世紀初的方形建築，四周高牆環繞，由幾個方塔守護，其中有個最高的主樓。這個哥德式城堡設有國王宮、女王宮、聖安娜王室禮拜堂、阿拉伯浴池等，現在是西班牙王室每年去度假的夏宮。每月最後一個星期六中午12點，在阿爾穆戴納王宮前面可以看到王室衛隊換崗儀式。

阿爾穆戴納王宮。圖片提供：© Turismo de Islas Baleares, foto de Pedro Coll。

美景城堡。圖片提供：© Fundación Turismo Palma de Mallorca, Foto de Julio de Castro Sánchez。

美景城堡
Castell de Bellver

　　距帕爾馬市中心約3公里，位於112公尺高的山丘上，Bellver是「美景」之意。這個哥德式城堡建於14世紀，是少數圓形平面的堡壘，現在裡面是市立歷史博物館。可以欣賞城市和港口美景。

米羅基金會
Fundació Miró Mallorca

　　米羅母親生於馬約卡島，米羅晚年在馬約卡島如願以償蓋了巨大的畫室，從1956年就搬來定居，直到去世為止。他的故居和畫室現在是米羅基金會，收藏繪畫、素描、版畫以及重要的紀錄片收藏。

米羅基金會。圖片提供：© Turismo de Islas Baleares, foto de Pedro Coll。

～馬約卡的美食之路～

　　馬約卡島的帕爾馬有三個老饕最愛的市場，Mercado de San Juan和Mercat 1930是美食廣場，有許多美食攤位，Mercat de l'Olivar是島上最大傳統市場。

　　2009年開始，老城區的眾多酒吧就形成美食之路，叫做"Ruta Martiana"，每個星期二下午19:30以後有便宜Tapas和啤酒，讓大家一家一家逛酒吧，例如：Molta Barra、Quina Creu Tapas & Restaurant、L'Ambigú Palma、Restaurante Buscando El Norte、La Tortilleria de Palma等。

　　另外，千萬別忘了馬約卡的蝸牛甜麵包，以下都是以蝸牛甜麵包出名的甜點店：Can Joan de S'Aigo、Forn Sant Francesc、Forn des Teatre（Fornet de la Soca）、Pastelería Ca'n Molinas、Pastisseria Pomar、Forn Fondo、Pastisseria Ca Na Cati、Horno Santo Cristo等。

·伊比薩島·
Ibiza

　　巴利阿里群島的第三大島嶼，面積572.56平方公里，有200公里長的海岸線，布滿小海灣、沙灘和沙丘，有安寧的村鎮，也有享譽全球的夜生活，有耀眼的陽光，也有迪斯可舞廳的燈光，是清靜的度假小島，也是瘋狂派對的電音聖島。伊比薩島更因其生物多樣性和特有文化在1999年列入世界遺產。

伊比薩島。圖片提供：© Turismo de Islas Baleares, foto de Manuela Muñoz。

梅諾卡島。圖片提供：© Turismo de Islas Baleares, foto de Luis Real。

·梅諾卡島·
Menorca

　　巴利阿里群島的第二大島嶼，面積701.80平方公里，有216公里長的海岸線，北部海岸陡峭，海灘呈土紅色，南部則是帶有金色沙灘的平緩海岸，全島適合帆船、帆板、滑水到潛水。近年來因其壯觀的海底世界，一直是全球潛水愛好者的最愛之一。整個梅諾卡島因其豐富的生態和景觀資源，被聯合國教科文組織宣布為生物圈保護區。

加那利群島（Canarias）

位於伊比利亞半島西南方、摩洛哥西南方的大西洋上，面積7,447 km²，人口217萬，人口最多的是兩個首府聖克魯斯-德特內里費（Santa Cruz de Tenerife）和拉斯帕馬斯（Las Palmas）。

🥄 當地美食 🥄

加那利群島美食充滿對比，因為此地除了新鮮食材，火山土壤更讓當地美食擁有特殊風味。最有名的是香蕉、馬鈴薯、穀麥麩（Gofio）和蜜蘭姆酒（Ron miel de Canarias）。

加那利群島的馬鈴薯因其火山土質而具有特殊口感，也因此，加那利群島最有名的一道菜就是皺皮馬鈴薯佐辣味紅醬或香菜青醬（Papas con Mojo）。

穀麥麩是磨碎的烘烤穀物，常用的穀物是小麥和玉米，有時也會有豆類，這種穀麥麩可以當沖調飲品加在咖啡裡，甚至可以拿來做菜。

蜜蘭姆酒於18世紀開始生產，是用蘭姆酒加入甘蔗渣蒸白蘭地、水、糖、植物萃取和至少2%的蜂蜜而製成，酒精度在20至30度之間。

這裡還有一種非常有名的沾醬：Mojo醬，有兩種顏色：綠色的（Mojo Verde），用於搭配魚類海鮮，以特級初榨橄欖油、蒜頭、孜然、芫荽、醋、粗鹽調成。紅色的（Mojo Rojo），用於搭配肉類，用特級初榨橄欖油、小紅椒、紅椒粉、辣椒、蒜頭、孜然、醋、粗鹽調成。

這裡還有一種特別的「畜牧業」，就是胭脂蟲（Cochinilla）。胭脂蟲原產於美洲，是一種寄生在仙人掌葉片上的昆蟲，因為雌蟲體內有胭脂紅酸，可以

蜜蘭姆酒。圖片提供：© Turismo de Gran Canaria。

胭脂蟲寄生在仙人掌類植物上（左）；曬乾的胭脂蟲就是天然染料（右）。圖片提供：© Canaturex

製造緋紅色（胭脂紅）染料，馬雅和阿茲特克文明時期就已知道它的用途，甚至當作以貨易貨的商品、化妝品和天然染料。這些文化至今保留下來、色彩鮮豔的服裝就是最好證明。胭脂蟲曬乾做成的「染料」後來被哥倫布從美洲帶回西班牙，成為西班牙帝國的商業機密。為了壟斷整個歐洲紅色染料的市場，西班牙對外宣稱他們從美洲找到可以當染料的植物種子，並嚴禁把活的胭脂蟲帶離美洲，因而掌控了整個紅色染料市場。後來，美洲殖民地相繼獨立，西班牙才把胭脂蟲帶回本土，最後於19初抵達加那利群島，成為該地的特殊「畜牧業」，一直到現在，胭脂蟲還大量用於紡織業染料、食用色素和化粧品，如果光以飲食角度來看，胭脂蟲是現在很多食品例如草莓醬、糖果、番茄醬裡的「天然染料」。

　　其他法定的地理標示還有：奶酪、蜂蜜、穀麥麩、馬鈴薯、香蕉、胭脂蟲、DOP葡萄酒。

　　除此之外，加納里群島是歐洲最大的蘆薈栽種區，也是最大的蘆薈產區。蘆薈是群島的原生植物，可以長到三公尺高，西文裡有個形容靈丹妙藥的字叫做"Pomada Canaria"，直譯是「加那利藥膏」，指的就是蘆薈。據說，哥倫布在船上備以加那利群島的蘆薈為藥用，還把蘆薈帶到美洲栽種。

✎ 加那利群島的名菜 ✎

① 皺皮馬鈴薯佐辣味紅醬或香菜青醬（Papas Arrugadas con Mojo）：馬鈴薯水煮後瀝乾用中火蒸發其濕氣，直到馬鈴薯皮變皺，加上紅醬或香菜青醬。

② 烤奶酪佐辣味紅醬或香菜青醬（Queso Asado con Mojo）：山羊奶酪放在鍋上煎至金黃或放入烤箱烤至金黃，再佐以辣味紅醬或香菜青醬。

③ 穀麥麩糊（Gofio Escaldado）：穀麥麩裡加入鮮魚高湯調成糊狀，上面再以幾片洋蔥和幾片留蘭香的葉子點綴。

④ 燉湯麵（Rancho Canario）：醃排骨、鷹嘴豆、馬鈴薯、紅椒香腸、番茄、洋蔥、甜椒粉、大蒜、番紅花和粗短麵條燉成。

⑤ 雜燴肉菜鍋（Puchero Canario）：雞肉、牛肉、排骨、紅椒香腸和培根熬成濃湯，加上各式鷹嘴豆、馬鈴薯、紅蘿蔔、洋蔥、玉米棒、南瓜、節瓜、菜豆、地瓜等，煮成一大鍋。

⑥ 雜燴肉菜（Ropa Vieja）：Ropa vieja是舊衣服的意思，這道菜是雜燴肉菜鍋的剩菜回鍋做成，用肉塊和不同蔬菜，加上馬鈴薯和鷹嘴豆混合而成。

⑦ 香煎歐洲帽貝（Lapas）：香煎歐洲帽貝佐大蒜香芹醬或油醋醬。

⑧ 香煎兔肉（Conejo en Salmorejo）：兔肉用鹽、大蒜、胡椒粉、甜椒粉、醋及白酒醃過，直接煎兔肉後把醃漬醬料加熱，淋在兔肉上。

⑨ 杏仁糊（Bienmesabe Canario）：杏仁粉、糖漿、蛋黃、蜂蜜、肉桂和檸檬片做成的甜點，再放上一球冰淇淋。

⑩ 玉米糊（Frangollo）：牛奶、玉米粉、雞蛋、糖、檸檬、葡萄乾、杏仁、肉桂等做成的甜點。

皺皮馬鈴薯佐辣味紅醬（左）；穀麥麩糊（中）；雜燴肉菜（右）。圖片提供：© Turismo de Gran Canaria。

✎ 景點城鎮&歷史典故 🥄

加納利群島位於摩洛哥西南方的大西洋上，作家三毛曾住過這裡，由七個島嶼組成，具亞熱帶氣候，一年四季都適合度假，自然景觀遍布，有長達1583公里的海岸線，因其清澈湛藍的海水和蔚藍的天空而被媒體、旅遊網頁評為全球最棒的海灘。七個島嶼中有五個生物圈保護區、四個西班牙國家公園，其中兩個是世界自然遺產，群島居民只有210萬人，每年觀光客卻超過3000萬人。

加那利群島很久以前就有保護天文觀測站的法律，所以沒有光害，西班牙的觀星之旅起源於此。這裡也有西班牙最有名的狂歡節慶祝活動，就在特內里費島的聖克魯斯和大加那利島的拉斯帕爾馬斯舉行。

· 特內里費島 ·
Tenerife

加納利群島的最大島嶼，面積2034.38平方公里，擁有269公里的海岸線，北部陡峭，小海灣和天然泳池散布其間，南部有平緩的海灘，西南海岸可以觀賞

鯨魚，距海岸不遠的地方有多達26種不同的鯨類動物：鯨魚、海豚、虎鯨、藍鯨。

特內里費島的狂歡節十分著名，最有名的就是選狂歡節皇后的活動，參賽者身著重達200公斤、製作費7000到20000歐元的「禮服」，底下有輪子，一邊拖著「龐然大禮服布景車」，還要面帶笑容表演，令人讚歎！

特內里費島的狂歡節。圖片提供：
© Turismo de Islas Canarias。

特伊德國家公園 Parque Nacional del Teide

占地18900公頃，海拔3718公尺高，從海底算起有7500公尺高，是西班牙最高峰，也是大西洋島嶼的最高峰和世界第三大火山，當地土著視為聖山。景致隨著四季而變，是歐洲唯一的亞熱帶氣候高山，是西班牙的國家公園，也是世界自然遺產。現在，國家公園有37個不同難度的登山步道，共計155餘公里，每年有超過300萬觀光客造訪。

特伊德國家公園。圖片提供：© Turismo de Tenerife。

拉古納的聖克里斯托瓦爾
San Cristóbal de La Laguna

第一個依據科學原理規畫的理想城市區，城中寬闊的街道、開闊的空間後來成為許多美洲殖民城市的典範，列為世界文化遺產。

特內里費島的美食之路

拉古納的聖克里斯托瓦爾（上）。圖片提供：© Turismo de Islas Canarias。Guachinches（下）。圖片提供：© Turismo de Tenerife。

特內里費島雖是小島，跟美食息息相關的市場也不少，有傳統菜市場，還有農牧市集。這裡最有特色的美食活動叫做Guachinches，源於葡萄酒文化。此島是葡萄酒產地，Guachinches就是釀酒師或酒莊主人的老婆在自家鄉間莊園煮飯，跟朋友聚餐、品嘗美酒的一種活動。到現在，還是一種「私人廚房」的概念，提供四到五種典型的加那利鄉土菜、葡萄酒和水，除非是自製的飲料，不然絕不提供其他軟性飲料。Guachinches不是高級餐廳，別指望奢侈的一餐，盤子、杯子、餐巾紙、桌巾都沒有健康豐富的食物和親切愉快的氣氛重要。

·富埃特文圖拉島·
Fuerteventura

加納利群島的第二大島嶼，面積1659.74平方公里，擁有340公里的海岸線，北邊和南邊的白色沙灘、耀眼的陽光、清澈的海水聞名於世，東海岸則有懸崖和小海灣。風浪板和風箏衝浪已成為當地的傳統運動，而宏偉的火山景觀和純淨的海灘，整個島嶼列為生物圈保護區。

富埃特文圖拉島。圖片提供：© Turismo de Islas Canarias。

· 大加那利島 ·
Gran Canaria

　　加納利群島的第三大島嶼，面積1560平方公里，擁有236公里的海岸線，有將近60公里的海灘，可以享受溫暖的陽光以及潛水、衝浪、航海、風浪板等水上活動。島上46%的部分列為生物圈保護區，除了海上活動，還可以在不同的自然公園步行或騎自行車，也可以在南部海上乘船遊覽鯨魚和海豚。

大加那利島的天然景觀。圖片提供：© Turismo de Islas Canarias。

蘭薩羅特島（上）；拉帕爾馬島的塔布連特國家公園（下）。圖片提供：© Turismo de Gran Canaria。

· 蘭薩羅特島 ·
Lanzarote

　　加納利群島的第四大島嶼，面積845.94平方公里，是加那利群島最古老的島嶼，是2200萬年前火山活動的結果，島上的提曼法亞國家公園是火山生態系統最好的代表之一，18、19世紀的火山爆發以及岩漿流過的痕跡，形成現在特殊的地貌結構，看起來像月球景觀，整個蘭薩羅特島因此列為生物圈保護區。千奇百怪的火山地形、寧靜安詳的氣氛，可以讓人在火山、石窟或原始海灘放空。

· 拉帕爾馬島 ·
~~~ La Palma ~~~

　　加納利群島的第五大島嶼，面積708.32平方公里，有火山、森林、海灣，還有源於火山的黑色沙灘，適合觀星，整個島列為生物圈保護區。島上還有源於火山地形的塔布連特國家公園，因其鍋狀地勢而得名，涵蓋了一個直徑超過八公里的圓圈，圓圈外圍地勢較高，內側地勢較低，具獨特的地貌，高達兩千公尺的落差。

· 戈梅拉島 ·
~~~ La Gomera ~~~

　　面積369.76平方公里，從北到南僅20公里，是加那利群島的第二小島嶼，有伸入大海的蝕溝、綠色棕櫚樹覆蓋的山谷、黑色的沙灘和清澈透明的海水、綠樹成蔭的古老森林和山泉水，整個戈梅拉島列為生物圈保護區。此外，這個小島還有兩項世界遺產。

　　一項是非物質世界文化遺產的哨語（Silbo Gomero）。戈梅拉島地勢崎嶇，交通和通訊不便，當地居民自古便以口哨為語言。對著山谷吹口哨，讓哨音迴盪在群山之間，在這山頭的牧羊人可以用哨語跟在那山頭的牧羊人聊天。1999年起，島上的學校把哨語也列入課程，幾乎所有島民都聽得懂哨語。

　　另一項是世界自然遺產：加拉霍奈國家公園（Parque Nacional de Garajonay），擁有西班牙最獨特的森林，整個國家公園三分之二的面積由月桂樹森林覆蓋著，是歐洲最古老的月桂樹林之一。

　　島上最特別的美食是棕櫚樹糖漿（Miel de Palma），從棕櫚樹液熬煮出來。

🔺 棕櫚樹糖漿。圖片提供：© Turismo de Islas Canarias。

庇里牛斯山地區

山產的天堂、
滑雪的勝地

納瓦拉地區 （Comunidad Foral de Navarra）

位於西班牙北部，面積 10,391 km²，人口64萬，人口最多的是首府潘普隆納（Pamplona）。

🍴 當地美食 🍴

納瓦拉地區有出眾的農牧產品和高品質的食材，飲食以當季天然食材為主。庇里牛斯山上盛產牛奶，奶酪，羊肉、牛肉、栗子、榛子、馬鈴薯，田園間產番茄、琉璃苣、豌豆、萵苣、紅椒、乳薊、甘藍、高麗菜、白菜和葉用甜菜，河裡有鱒魚和鮭魚等。

最有名的美食是紅椒香腸、白蘆筍和黑刺李渣餡白蘭地。紅椒香腸（Chistorra）是以紅椒粉、鹽及其他香料當調味料，用腸衣把切碎豬肉灌製成肉腸，經過自然發酵、天然風乾和陳放而成，還可再加上煙燻過程，通常煎炸後食用，主要調味料為紅椒粉，通常以紅色為特徵，具有獨特的香氣和風味。

納瓦拉的白蘆筍（I.G.P. Espárrago de Navarra）受到地理標示制度的保護，是新鮮農產品，也可作加工品。白

🍴 紅椒香腸（chistorra）（左）；納瓦拉的白蘆筍（右）。圖片提供：© Reyno de Navarra。

蘆筍是沒有破土長出的嫩芽，因為沒有接受陽光，沒有葉綠素，味道清甜，質地軟嫩，幾乎沒有纖維，價格高於綠色蘆筍。春天產季時，納瓦拉的農民就在黎明破曉前以人工採摘，新鮮白蘆筍是高級餐廳的上好食材，還有白蘆筍罐頭工業，採摘的白蘆筍清洗、烹煮後成為不會比新鮮白蘆筍遜色的白蘆筍罐頭。

黑刺李渣餾白蘭地（Pacharán de Navarro）是用黑刺李浸泡茴香渣餾白蘭地蒸餾而來，酒精度在25至30度之間，是西班牙人餐後消化甜酒Chupito的一種。

黑刺李渣餾白蘭地。圖片提供：© Reyno de Navarra。

其他法定的地理標示還有：羊肉、牛肉、奶酪、橄欖油、紅椒、朝鮮薊、D.O.P.葡萄酒以及I.G.P葡萄酒。

🥄 納瓦拉的名菜 🥄

① 原味白蘆筍（Espárragos al Natural）：新鮮白蘆筍先削去外皮，然後用鹽水煮熟，可以佐美乃滋或油醋醬。

② 紅椒鑲鱈魚（Pimientos rellenos de Bacalao）：鱈魚塞入紅椒，放進由洋蔥、麵粉、紅椒和高湯調製出來的醬汁裡，燉煮而成。

③ 朝鮮薊佐蛤蜊（Alcachofas con Almejas）：用煮熟的朝鮮薊、大蒜、麵粉煮出來的蛤蜊。

④ 蛋炒野菇（Revuelto de Setas）：秋天是產菇季節，蛋炒野菇是秋天季節菜。

⑤ 納瓦拉式燉乳薊（Cardo a la Navarra）：煮熟的乳薊切成薄片，加大蒜、麵粉和火腿煮成。

⑥ 烤琉璃苣（Borrajas al Horno）：煮熟的琉璃苣加大蒜、鹽調味，再加入雞蛋和麵包屑放入烤箱焗烤。

▼ 紅椒鑲鱈魚；納瓦拉式燉乳薊；凝乳（由左至右）。圖片提供：© Reyno de Navarra。

⑦ 納瓦拉式鱒魚（Trucha a la Navarra）：鱒魚肚裡塞進一片火腿，然後下鍋煎成。

⑧ 羊肉煲（Calderete）：納瓦拉的羔羊加上青椒、洋蔥、大蒜、紅椒、馬鈴薯、白葡萄酒、橄欖油和蔬菜高湯燉煮而成。

⑨ 燉羊肉（Cordero al Chilindrón）：納瓦拉的羔羊以洋蔥、大蒜、白葡萄酒和紅椒調味，用橄欖油煮成。

⑩ 凝乳（Cuajada）：用羊奶和天然凝乳酶製成，質地柔軟細膩，通常加蜂蜜一起食用。

🥄 景點城鎮＆歷史典故 🥄

· 潘普隆納 ·
～ Pamplona ～

　　羅馬時期建城，位於朝聖之路經過的地方，10世紀因潘普隆納王國興起而具重要性。11世紀，桑喬三世國王規畫出現今納瓦拉地區的朝聖路線。現在，它有百年城牆和石板路，有公園和露天咖啡，有美味的pintxos和歷史古蹟，是結合傳統與現代的城市，也是歐洲最綠化的城市之一，而她的節慶奔牛節因為海明威而聞名世界。

城牆 Murallas de Pamplona

潘普洛納在歷史上有明顯的軍事防禦特徵，從羅馬時期就有城牆，費南多國王在16世紀初下令加強防禦工事。卡洛斯一世把城牆現代化，改進成堅固的防禦工事，賦予這座城市要塞的特色。從16世紀起，潘普隆納就是西法邊境的重要軍事城鎮，西班牙抵抗法國的防禦堡壘，城牆的轉角設立堅固的圓柱塔，城牆周圍是加深的護城河，成為西班牙在伊比利半島領土上的第一個星形要塞。至今仍保存著5公里長的中世紀城牆。

城堡 Ciudadela

16世紀建造，是個具五個菱堡的五邊形城堡，也是西班牙文藝復興時期最佳軍事建築的典範。歷史上，曾被攻下過一次，1808年，法國軍隊翻過庇里牛斯山，趁著大雪紛飛時，士兵在城堡前面演出一場玩雪球的遊戲，互丟雪球，守城的西班牙人放下戒心看熱鬧，其他的法國士兵趁混亂時成功占領城堡，沒有發一顆砲彈，也沒有傷到任何人。

城堡的原始結構是規則的五邊形，後來城市在建造第一個擴建區時拆除其中的兩個。現在的護城河、堡壘、防禦工事已成為當地居民休閒運動的公共空間，奔牛節期間每晚在此施放煙火。

城堡。圖片提供：© Reyno de Navarra。

潘普隆納主教座堂 Catedral de Santa María la Real de Pamplona

1397年建於仿羅馬式建築之上，1501年竣工為哥德式主教座堂，內有美麗的哥德式迴廊。主教座堂不只有宗教意涵，還有政治寓意，以前是納瓦拉國王加冕的地方，也是議會所在地，歷代納瓦拉國王必須對著主祭壇上的聖馬利亞雕像宣誓。

老城區

許多石板路和建築至今仍保存良好，大部分是步行街區。城堡廣場（Plaza del Castillo）是老城區的中心，從15世界開始就是舉辦節慶活動的地方，也是當年海明威駐足、喝咖啡的地方，市政府和主教座堂也位在此區。

城堡廣場。圖片提供：© Reyno de Navarra。

潘普隆納的美食之路

老城區有很多吃Tapas和Pintxos的酒館，例如城堡廣場周邊、San Nicolás、San Antón、Zapatería和 Estafeta街，其中190公尺長的San Nicolás街有超過20家酒吧，堪稱是西班牙酒吧密度數一數二的一條街。最著名的酒吧是Baserriberri、Vermutería Río、Gaucho、Fitero、Casa Otano、Bodegón Sarría、La Mandarra de la Ramos、Letyana、Iruñazarra、Mesón de la Tortilla、Hostería del Temple、Cervecería la Mejillonera、La Cocina Vasca等，而在各式小吃中，外面香酥裡面滑嫩的炸物是潘普隆納的特色。

Café Iruña從1888年開業至今，是潘普隆納近代史的見證，到現在仍保存著當年「美好年代」的風貌。到潘普隆納的名人有小提琴演奏家兼作曲家沙拉塞特（Pablo Sarasate）、導演奧森·威爾斯、西班牙男高音克勞斯（Alfredo Kraus）等都會到那裡喝杯咖啡，而依循海明威足跡的觀光客更不會錯過這裡，《妾似朝陽又照君》、《戰地春夢》、《戰地鐘聲》、《流動的饗宴》和《老人與海》都是在這裡寫的。

↑ 潘普隆納老城區的pintxos。圖片提供：© Reyno de Navarra。

阿拉貢地區（Aragón）

位於西班牙東北部，面積47,720 km²，人口130萬，人口最多的是首府薩拉戈薩（Zaragoza）。

特魯埃爾火腿。圖片提供：© Turismo de Aragón。

❧ 當地美食 ☙

阿拉貢最有名的是火腿和黑松露。特魯埃爾火腿（D.O.P. Jamón de Teruel/Paleta de Teruel）有受原產地命名制度的保護，雖然不是用伊比利豬製造，但在所有非伊比利火腿中，它是最特別的，比較清淡，比較不鹹，香氣精緻，別具風味。如果沒有預算買伊比利火腿，特魯埃爾火腿會是好選擇。

西班牙是全世界最大的黑松露產國，阿拉貢則是西班牙最重要的黑松露產區，因為氣候土質適合，以前就盛產天然野生松露，現在每年人工種植的黑松露土地越來越多，平均每年多70到150公頃。而薩里翁（Sarrión）小鎮更是全球最大的黑松露產地，這個人口才一千多人的小鎮竟然年產超過三萬五千公斤的黑松露，還成功發展出「松露旅遊」，讓黑松露成為當地最重要的經濟來源，並因此扭轉了阿拉貢鄉村人口減少的趨勢。

其他法定的地理標示還有：羊肉、橄欖油、洋蔥、水蜜桃、DOP葡萄酒以及IGP葡萄酒。

阿拉貢的黑松露（左）圖片提供：© Turismo de Aragón。；阿拉貢新興旅遊：挖松露。曾思凱攝影（右）。

🥄 阿拉貢地區的名菜 🥄

① 鹹麵包（Los Regañaos）：鹽漬沙丁魚或火腿放在麵團上面，放烤箱烘烤，
跟披薩很像。

② 炸羊肚團（Madejas）：洗淨、煮好的羊肚纏成一團，下鍋油炸而成。

③ 鱈魚炒蛋（Bacalao al Ajoarriero）：鱈魚要先泡水去鹽、撕開，然後下鍋
炒，再把事先炒熟的馬鈴薯和洋蔥加入，再加入蛋黃、大蒜和香芹炒成。

④ 番茄燉羊肉（ Ternasco al Chilindrón）：阿拉貢羊加上大蒜、洋蔥、紅椒、
番茄、月桂葉、百里香、鹽、胡椒和白葡萄酒燉煮而成。

⑤ 老式燉菜豆（Boliches de Embún Guisados a la Antigua）：四種不同的菜豆加
上大蒜、洋蔥、紅蘿蔔、韭蔥及香芹燉煮而成。

鱈魚炒蛋；老式燉菜豆；烤嫩羊腿；雞蛋佐香腸、里肌肉和蘆筍（由左至右）。圖片提供：© Turismo de Aragón。

⑥ 琉璃苣燉馬鈴薯（Borrajas con Patatas）：琉璃苣、馬鈴薯、橄欖油、鹽和水
一起燉煮而成。純素。

⑦ 雞蛋佐香腸、里肌肉及蘆筍（Huevos al Salmorrejo）：白蘆筍、雞蛋（有人
用煎的，有人用煮白蘆筍的熱水燙）、煎里肌肉和香腸做成。

⑧ 烤嫩羊腿（Ternasco Asado con Patatas a lo Pobre）：烤箱烘烤嫩羊腿。

⑨ 燉雞肉（Pollo al Chilindrón）：雞肉加入洋蔥、紅椒、月桂葉、大蒜、番茄
和特魯埃爾火腿一起燉煮而成。

⑩ 巧克力水果乾（Frutas de Aragón）：外面裹一層巧克力的糖漬水果。

🦯 景點城鎮&歷史典故 🦯

·薩拉戈薩·
Zaragoza

薩拉戈薩有悠久的歷史及多樣的文化，羅馬在此留下羅馬劇場的遺跡，伊斯蘭教、猶太教和天主教在此共處時期留下阿爾哈費里亞宮、穆得哈爾式建築。這個城市因為聖柱聖母在此顯靈過，所以是非常重要的宗教城市，有個華麗的巴洛克式聖柱聖母聖殿。這裡也是名畫家哥雅的故鄉，現在是摩登國際化都市，西班牙人口第五大城。

🔺🔺🔺 薩拉戈薩。圖片提供：© Turismo de Aragón。

聖柱聖母主教座堂 Basílica de Nuestra Señora del Pilar

現在教堂之地一直都有教堂建築存在，之前有建於1515年的哥德式、穆得哈爾式教堂，更早之前還有1443年焚毀的仿羅馬式教堂，現在的巴洛克式聖柱聖母教堂則建於17世紀末。1898年，西班牙歷史上第一齣電影就在這裡拍攝。西班牙內戰時，掉在教堂裡的四顆炸彈都沒有爆炸，教堂因而安然無損。教堂外觀有四座高大鐘塔、一個巨大圓頂及十個較小圓頂，內部有16世紀佛門特（Damián Forment）的祭壇畫、哥雅的壁畫，以及一尊39公分的聖柱聖母雕像，放在1.70公尺高的柱子上，柱子通常被一披布覆蓋，每月的2、12、20日，聖柱聖母雕像是直接站在柱子上。

據說，耶穌的門徒聖雅各是第一個到西班牙傳天主教的使徒。一天晚

上，他和門徒在現在薩拉戈薩的埃布羅河岸邊，突見神光顯現、天使唱著仙樂，聖母馬利亞站在一根大理石柱上顯靈，跟聖雅各說：「你必須在石柱矗立處建造教堂，把聖壇安置在這大理石柱旁邊，這個地方將永遠讓上帝創造奇蹟。」聖母消失後，石柱留在原地，聖雅各和門徒便開始在那裡建造教堂，新教堂祝聖後取名聖柱聖母教堂，Pilar就是「柱子」之意。這座教堂因此成為西班牙第一個供奉聖母馬利亞的教堂，供奉的聖母就尊稱為聖柱聖母。

每年的10月12日是聖柱聖母的節慶，是薩拉戈薩城最重要的節慶，也是西班牙國慶日，因此聖柱聖母就成為全世界西語系地區的主保聖人。

現在Pilar這個字也是西班牙的女生名字，他們的「聖人日」理所當然是10月12日。

聖柱聖母主教座堂屋頂（上）；聖柱聖母主教座堂（下）。圖片提供：© Turismo de Aragón。

救世主主教座堂 La Seo o Catedral del Salvador

薩拉戈薩有兩個主教座堂，先是救世主主教座堂，再來是聖柱聖母主教座堂。

救世主主教座堂的位置一直都是宗教聖地，最早有羅馬神殿，再來是西哥特教堂，後來有個大清真寺。現在的救世主主教座堂是12世紀時利用原有的大清真寺的結構建造，完成於18世紀，所以教堂的軸線跟傳統教堂不同，傳統教堂的主入口通常在西面，

聖壇在最東面（入口的對面），救世主主教座堂的入口在西面，聖壇卻在北面。而且，教堂的內外建築裝飾有不同風格，半圓型後殿有仿羅馬式的牆面，教堂北面有穆德哈爾式的牆面，鐘塔是巴洛克式的，正立面是新古典主義的。

救世主主教座堂是以前阿拉貢地區官方和王室宣誓的地方，2001年因其穆德哈爾式風格而列入世界遺產。

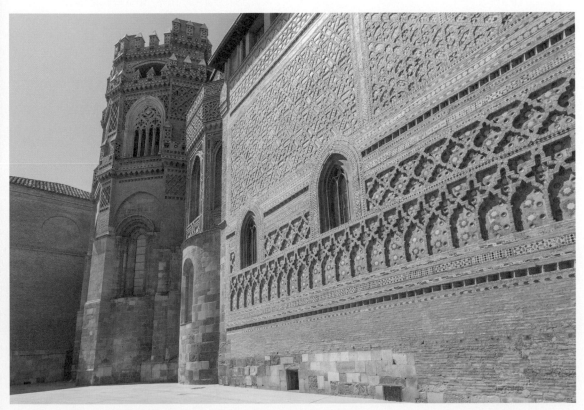

☆☆☆ 救世主主教座堂。圖片提供：© Turismo de Aragón。

阿爾哈費里亞宮 Palacio de la Aljafería

11世紀西班牙-伊斯蘭最重要的建築之一，原本是伊斯蘭小王國君主娛樂的居所，經過歷代改建修建，曾是堡壘、阿拉貢王國的皇宮、異端審判的教廷及監獄、天主教雙王的皇宮、軍營等。現在是阿拉貢自治區議會所在，是南歐伊斯蘭教建築的藝術瑰寶。訪客可以漫步在聖伊莎貝爾中庭美麗的門廊中，也可以參觀黃金廳和祈禱廳。阿爾哈費里亞宮和救世主主教座堂一樣因其穆德哈爾式風格而列入世界遺產。

↑ 阿爾哈費里亞宮。圖片提供：© Turismo de Aragón。

薩拉戈薩的美食之路

中央市場從13世紀就賣菜至今，現在的建築於20世紀初啟用，是阿拉貢現代主義建築最美麗的範例之一，販賣當地最新鮮的食材，裡面還有酒吧、熟食店及花店。

薩拉戈薩最有名的美食區是El Tubo，就在聖柱聖母廣場附近，那裡是酒吧雲集、當地人「逛酒吧」的地方。在Estébanes街和Libertad街之間，可以從一家酒吧吃到另一家酒吧，最有名的是：Bodegas Almau、Taberna Doña Casta、El Meli Del Tubo、El Hormiguero Azul、Lamaribel Escabechado、La Ternasca、El champi Zaragoza、El Balcón del Tubo、La Republicana、La Miguería、Restaurante Casa Lac、El Limpia、Bistró Emilio、Taberna El Carmelo等。如果還逛不夠，可以去Puerta Cinegia Gastronómica美食廣場，裡面還有十幾家小酒館，任君選擇。

薩拉戈薩不是只有鹹食，還有甜食。歐洲第一個做出巧克力的地方，彼得拉修道院（Monasterio de Piedra）就是位於阿拉貢地區，薩拉戈薩有各式各樣的

巧克力，白巧克力、黑色巧克力、糖漬水果巧克力、巧克力冰淇淋……市政府在每個星期六早上舉辦巧克力市區觀光，參觀幾個傳統的巧克力工坊和試吃巧克力。另外也別錯過百年甜點店Pastelería Fantoba，或去Chocolates Capricho學習做巧克力！

薩拉戈薩最有名的美食區El Tubo。圖片提供：© Turismo de Aragón 。

·特魯埃爾·
～ Teruel ～

這裡曾是被西班牙政府「遺忘」的地方，幾乎沒有分到中央政府的建設經費。1999年，它是西班牙唯一沒有高速公路經過的地方，當地人在那一年發起了一個口號：Teruel Existe（特魯埃爾是存在的），讓中央政府知道他們的存在，撥款建設地方。特魯埃爾是西班牙人口最少的省會，才三萬多人，卻是穆德哈爾式建築最密集的地方。

穆德哈爾是一種只存在於西班牙的特殊藝術風格，源於中世紀、天主教和伊斯蘭教人征戰時期的天主教王國，與西班牙收復失地運動後特殊的政治、社會和文化息息相關。當天主教人征服伊斯蘭教人的領土，天主教人允許伊斯蘭教人留在那裡，繼續信奉伊斯蘭教。伊斯蘭教人和天主教人和平共處下，建造出一種融合伊斯蘭教和天主教風格的建築，用磚、灰泥、陶瓷和木材代替天主教風格常用的石材，可以說是仿羅馬式建築、哥德式和穆斯林建築的共生體，仿羅馬式和哥德式的結構及裝飾元素，混合著木製天花板、泰法和阿爾莫哈德的拱門，在鐘樓建築上以高度複雜和巧妙利用磚和釉陶而聞名。西班牙阿拉貢地區的穆德哈爾式建築列為世界遺產，而特魯埃爾最重要的穆德哈爾式建築有：聖瑪麗亞主教座堂的塔、屋頂和窗簷；聖馬丁教堂的鐘樓；救世主教堂的鐘樓；聖彼得教堂和鐘樓。

▲▲▲ 特魯埃爾。圖片提供：© Turismo de Aragón。

聖彼得教堂除了穆德哈爾式建築，裡面還葬著西班牙版的羅密歐與茱麗葉：特魯埃爾的戀人。13世紀初，特魯埃爾有一對青梅竹馬的戀人：伊莎貝爾（Isabel de Segura）和迪耶戈（Diego de Marcilla）。長大後，伊莎貝爾的父親認為迪耶戈的家世不夠顯赫，要求他在五年內發財，才肯把女兒嫁給他。為此，迪耶戈離鄉背井去闖天下，五年後，他衣錦榮歸，卻發現大家正在慶祝伊莎貝爾的婚禮。悲傷的迪耶戈不願相信這個事實，堅持跟前往婚禮的伊莎貝爾見面，請求她給他最後一吻。伊莎貝爾為了忠於未來的丈夫，拒絕他的請求，迪耶戈因此悲傷地倒地氣絕。隔天，伊莎貝爾哀慟欲絕地出現在迪耶戈的葬禮上，她走近迪耶戈的棺木給他生前未得到的最後一吻。就在他倆雙唇接觸時，伊莎貝爾也倒地身亡。後來，他們的故事就成為西班牙家喻戶曉的愛情傳說。

　　此外，特魯埃爾省也是西班牙最大的黑松露產區，是老饕不能錯過的美食。

聖彼得教堂。圖片提供：© Turismo de Aragón。

Part Three

食食在在

觀光餐飲篇

人人都喜歡旅遊，
卻不一定每個人都對藝術有興趣，
或弄得清楚西班牙錯綜複雜的歷史。
但是，大家都在意要吃什麼，點什麼菜，買什麼伴手禮，
因為，觀光餐飲和伴手禮是旅行很重要的一部分！

食不相瞞

實用篇

西班牙人的飲食跟大家心目中的「西餐」差很多，
不但用餐時間不同，連習慣也不同。
你知道西班牙人一天吃五頓嗎？
你知道在西班牙普通餐廳下午七點吃不到晚餐嗎？
你知道在西班牙吃麥當勞很不划算嗎？
了解西班牙人生活中的飲食習慣，
可以讓旅遊更加精采。

餐廳用餐時間

網友抱怨：我下午五點半吃不到牛排。在西班牙下午五點半吃不到牛排，只能吃Tapas，因為不是用餐時間。

現在有些觀光大城有很特別的餐廳，從中午一點營業到午夜一點，中午一點做觀光客午餐的生意，中午兩點半再做西班牙人午餐的生意，傍晚六點做觀光客的晚餐生意，晚上八點半再做西班牙人晚餐的生意，只有在這種餐廳才能在下午五點半吃到牛排。

一般西班牙餐飲業分成：

❋ 餐廳：西文是Restaurante，標示是R，有正式的用餐廳和正式餐桌，只提供正式的午餐和晚餐。

❋ 酒吧：西文是Bar，標示是B，不一定有正式的用餐廳和正式餐桌，但是一定有吧台，提供Tapas、三明治、簡餐。

❋ 餐廳-酒吧：西文是Restaurante-Bar，就是身兼以上兩者，有正式的用餐廳和正式餐桌，用餐時間提供正式午餐和晚餐，非用餐時間提供咖啡、酒水飲料、Tapas、三明治等。

而純的餐廳Restaurante，一定只有中午一點或一點半開到四點，晚上八點或八點半開到十二點、一點，下午五點半吃不到牛排，因為餐廳還沒開！

巴塞隆納有些餐廳從早上九點營業到午夜一點，不是所有營業時間都供應正餐，通常早上九點到中午一點提供早餐、咖啡，中午一點到四點提供午餐，下午四點到八點提供下午茶、咖啡，晚上八點以後提供晚餐。

所以，觀光客必須入境隨俗，在西班牙人用餐的時間到餐廳吃飯。

❋❋ 西班牙下午五點半吃不到牛排。

推薦餐廳

若有人請我推薦餐廳，我都會問三個問題：① 預算多少？② 有什麼飲食禁忌、偏好？③ 幾個人吃？

因為我的口袋名單很長，沒有這樣篩選，就無法推薦餐廳。畢竟有些餐廳貴，有些餐廳便宜，有人吃素，有的不吃海鮮，有人不吃牛肉，有些餐廳最多只能接受六人的預定，有些餐廳不接受團體……我會依據不同的需求推薦。

至於網路上的遊記推薦，別太相信，時間跟金錢常常成對比，有錢的人沒時間，有時間的人沒錢，有錢又有時間的人不會寫遊記網誌，會利用時間花錢享受。所以，有預算花在美食上的人，沒時間寫遊記，有時間寫遊記的人，沒預算花在美食上，也就是說，絕大多數寫遊記的人沒吃過真正的美食，沒比較過真正的好餐廳，只能推薦吃粗飽的普通餐廳。

我帶過特別搭私人飛機到西班牙的老饕客人，只為了餐廳的晚餐而來，下午抵達，吃完晚餐隔天下午再搭私人飛機離開。他們有錢有時間吃遍全世界美食、全世界好餐廳，卻沒寫遊記！

所以，如果你是有預算的老饕，千萬別隨便參考網路上的遊記，最少也要參考一下米其林指南的評鑑。不然，參考TripAdvisor或Google也可以。

預約餐廳

在西班牙，上熱門或是米其林餐廳，一定要預約，個人要預約，團體更要預約。現在網路方便，大家可以事先上網預約。

但是西班牙觀光大城的餐廳不少，如果不是熱門或是米其林餐廳，可以不需要預約，但是建議中午在一點或一點半去吃，晚上在七點半或八點去吃，只要去餐廳的時間比西班牙人吃飯時間早半個鐘頭，一般餐廳都會有桌位。

△ 吧台通常不用預訂（左）；團體用餐要預定（上）。

　　西班牙的餐廳分成三種，一種是只有當地人去吃的餐廳，通常在住宅區附近或是公共交通到不了的地方，他們的食客都是老客人，一定要讓食客滿意才會再度光臨；一種是當地人和觀光客都會去吃的餐廳，通常在市中心附近，他們的食客中也有當地的老客人，也要讓食客滿意才會再度光臨；最後一種是只有觀光客才會去吃的餐廳，食客都是外國觀光客，不可能再度光臨，東西好不好吃不重要，重要的是好好賺一筆，最好的例子就是巴塞隆納蘭布拉大道上的餐廳，他們以觀光客為「唯一的食客」，不期望食客再來吃，水準可想而知。

西班牙人怎樣找餐廳

　　西班牙人慶祝生日、結婚紀念日等，會提前參考美食指南，詢問親友經驗來挑一家高級精緻的好餐廳，會事先預約。

　　如果臨時要在陌生的地方找餐廳，西班牙人不會參考旅遊書，也不找美食指南，而是另有方式。

　　如果在公路上，要找停滿卡車的公路餐廳，因為卡車司機知道哪家餐廳便宜又好吃，跟著他們吃沒有錯！

△ 可以找警察問餐廳。

　　如果在城鎮裡，要找警察去的餐廳，警察巡邏全城，認識城裡所有便宜又好吃的餐廳，相信他們也絕對沒錯。

　　而我也真的做過這種事，在不熟悉的城鎮找餐廳，直接把巡邏的警察攔下來，請教他：附近有便宜又好吃的 Menú del Día（當日套餐）的餐廳嗎？西班牙熱心警察的另一個「為民服務」項目就是推薦附近便宜好吃有Menú del Día的餐廳。

3-1 | 食不相瞞：實用篇　305

鹹的熱早餐

西班牙也有鹹的熱早餐，只是很多人不會點而已。

最常見的就是Sandwich Mixto，在巴塞隆納另稱Bikini，就是裡面夾火腿和起司的熱三明治，普通的小酒吧幾乎都可以點到。

裡面夾火腿和起司的熱三明治。

如果要更豐盛的早餐，還有Tapas可以吃，普通有Tapas的小酒吧一定有西班牙烘蛋（Tortilla），如果是一早做出來冷掉了，可以請店員加熱。巴塞隆納還有早上八點就開門的tapas餐廳，各式熱炒Tapas絕對會讓人滿意。如果不知道哪一家Tapas餐廳一早就開門，直接到市場就行，你想早上八點吃大龍蝦，市場裡有！

通常這種早餐稱為「用刀叉吃的早餐」，在加泰隆尼亞地區，最常見的「用刀叉吃的早餐」是Butifarra香腸，或是Butifarra Negra血腸。

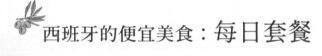

西班牙的便宜美食：每日套餐

到西班牙旅行千萬別吃麥當勞，因為西班牙很多餐廳週一到週五午餐有便宜的每日套餐Menú或Menú del Día，算是商業套餐，一份大約在10-20歐元之間，含前菜、主菜、甜點、麵包、飲料（有些地方還包括咖啡），算是物美價廉、節省餐費的好方式，不過只在平日的午餐時間才有，晚上、週末和假日都沒有。

◀◀◀ 每日套餐。

西班牙的便宜美食：烤雞

　　如果家庭主婦想休息，不想做飯，不會買麥當勞、肯德基外帶，而是買烤雞外帶，這算是傳統美食的「外帶速食」，一隻十歐元左右的烤雞可以分成四份，加上烤馬鈴薯和沙拉，就是四人份的一餐，跟速食相比更好吃，更經濟實惠，也更低熱量、更健康。

▼ 烤雞（左）；熟食外賣（右）。

西班牙的便宜美食：熟食外賣

　　熟食外賣可以當便宜的一餐，外賣的熟食包括西班牙媽媽不煮飯時最愛買的烤雞，以及其他做好的各式西班牙傳統美食，有魚有肉，有麵有飯，有冷盤也有熱食，有貴的也有便宜的，大部分秤重計價，有些則以「一塊」計算，外賣店可以幫你加熱、打包，絕對比速食還美味健康。

怎麼看菜單

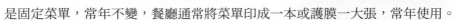

西班牙的餐廳跟台灣的餐廳一樣，都有固定菜單，隨時去都可點到固定菜單上的菜餚，因為是固定菜單，常年不變，餐廳通常將菜單印成一本或護膜一大張，常年使用。

當日套餐的菜單卻是天天換，寫在黑板上，或是簡陋地用印表機列印，通常是一張或半張A4的大小（一張A4列印出來之後裁成兩張），當天用完就丟。當你發現餐廳沒給當日套餐的菜單，記得跟服務生要，吃當日套餐會比單點便宜很多。

在西班牙，餐廳會先要求你點飲料，等到飲料上來之後，再點菜。

西班牙大城市的餐廳大都有英文菜單，小城鎮就不一定。菜單大都以「開胃菜」、「前菜」、「主菜」、「甜點」這種方式排列，魚肉類在中段，前段是開胃菜和前菜，後段是甜點，如果看不懂菜單，可以如此推論。如果有三個部分，就有兩種可能，可能是「開胃菜」、「前菜」和「主菜」，甜點另外有甜點菜單，或是「前菜」、「主菜」和「甜點」，餐廳把「開胃菜」和「前菜」全算成前菜。

很多餐廳要「點三次菜」，先點飲料，再點食物，然後點甜點，如果還要咖啡，最後再點。

用餐的順序

在西班牙吃一頓正式大餐，是一道道上菜。首先是開胃菜（Aperitivos），通常小小份，再來是前菜（Entrantes），接著是主菜（Platos Principales），然後是甜點（Postres），最後是咖啡和Petit Four點心，有時在不同道菜之間還會送冰沙（Sorbete）來清除前道菜餚殘留在口腔和味蕾上的味道。

以味道來說，每一道菜會越來越濃厚，開胃菜最清淡，再來是前菜，主菜

 開胃菜（左上）；甜
點（左下）；配咖啡
的Petit four（右）。

是味道最重的。而葡萄酒也是以這種方式搭配，先喝淡一點的，例如白葡萄酒，再來喝厚重一點的，例如紅酒，而甜點則用甜酒來搭配。

　　吃完甜點，喝咖啡時，餐廳會送上送一小盤各色小甜點，叫做Petit Four，是配咖啡的小甜點，不算「正式甜點」。

　　所以，這就是為什麼一頓飯最少要吃兩小時的原因啦！

餐廳的 dress code

　　基本上，西班牙餐廳很少要求穿西裝打領帶，就算是高級餐廳，大家也沒穿得多正式。

　　我吃過的西班牙米其林星星餐廳超過100顆。如果是午餐，大家都穿得較休閒，如果是晚餐，女生可能會打扮得較正式，男生很少有人穿到Black tie這樣的地步，如果你穿Cocktail或White tie到西班牙餐廳，餐廳的人應該會以為國王駕臨啦！

　　米其林餐廳也不是那種燈光美、氣氛佳、要穿禮服才能進去、有小提琴手演奏古典樂，像電影上看到的情人求婚場所。西班牙米其林餐廳的用餐氣氛比較輕鬆，比較重視跟朋友聚會聊天，共享美食。西班牙還有不很正式、專門提供下酒小菜Tapas的米其林餐廳，例如Tickets。所以，大家聽到米其林餐廳不需要驚慌，不需要穿很正式的禮服，普通casual就可以。

米其林餐廳的素食。

米其林餐廳

　　西班牙是美食大國，有不少米其林餐廳，價錢比法國和義大利便宜，是老饕的美食聖地。

　　到西班牙旅遊，想吃米其林餐廳，可以先網路預約。通常一頓米其林餐廳的Tasting Menu都需要最少兩個半小時的用餐時間，而西班牙米其林餐廳的晚餐都是20:30開門，如果預約晚餐，就要有吃到午夜的準備。不想太晚吃晚餐，可以預訂午餐，午餐也比較好預約。

　　預定前先上網看一下價錢，還要通知「對什麼過敏」、「不吃什麼食材」，根據我的經驗，到餐廳吃飯時還要再提醒一下。只要事先提醒，餐廳都會把原有的Tasting Menu做適度修改，還是可以做出很棒的素食大餐。

　　主廚不一定會在餐廳，服務生和侍酒師一定會在餐廳，從侍酒師那裡你會學到很多葡萄酒知識，服務生負責跟你解釋每道菜，教你要怎樣吃這道菜，例如「一口吃掉」、「放進嘴裡才能咬碎」、「用手抓」、「全部都能吃」（連裝食物的「盤子」、擺盤花卉等）、「先吃這一盤、再吃這一盤」等。吃飯時可以問還剩幾道菜？這個可不可以吃？因為Tasting Menu有很多道菜，如果想「中間休息一下」，要事先通知。

　　你可以要求配酒（Wine Pairing），米其林三星餐廳一份配酒最少要100歐元。想單點葡萄酒，可以請侍酒師推薦，也可以點一瓶便宜的葡萄酒。米其林餐廳有一瓶5000歐元的名酒，絕對好喝，但並沒有比一瓶50歐元的葡萄酒好喝100倍，所以，請餐廳推薦就可以。

海鮮飯

　　海鮮飯已成為「西班牙必吃」之一，到西班牙點海鮮飯要注意幾件事：
　　Paella是指「燉飯」，有很多種口味，海鮮飯是Paella de marisco，龍蝦飯

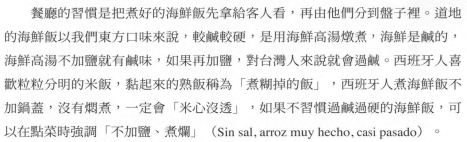

龍蝦飯（左）；冷凍預煮的海鮮飯（右）。

是Paella de Bogavante，雞肉飯是Paella de Pollo，魚肉飯是Paella de Pescado，蔬菜飯是Paella de Verduras，綜合燉飯是Paella Mar y Montaña或是Paella Mixta，而最有名的瓦倫西亞燉飯（Paella Valenciana）不是海鮮，而是用雞肉、兔子肉、豆子燉煮的喔！

　　餐廳的習慣是把煮好的海鮮飯先拿給客人看，再由他們分到盤子裡。道地的海鮮飯以我們東方口味來說，較鹹較硬，是用海鮮高湯燉煮，海鮮是鹹的，海鮮高湯不加鹽就有鹹味，如果再加鹽，對台灣人來說就會過鹹。西班牙人喜歡粒粒分明的米飯，黏起來的熟飯稱為「煮糊掉的飯」，西班牙人煮海鮮飯不加鍋蓋，沒有燜煮，一定會「米心沒透」，如果不習慣過鹹過硬的海鮮飯，可以在點菜時強調「不加鹽、煮爛」（Sin sal, arroz muy hecho, casi pasado）。

　　海鮮飯最少要煮20分鐘，趕時間就別點海鮮飯。

　　海鮮飯的份量很大，通常6個人點3人份就吃不完了。餐廳規定最好要點兩人份的海鮮飯，如果是一個人旅遊，兩人份的海鮮飯吃不完，可以在星期四到各個餐廳看一下他們的「每日套餐」，因為許多西班牙餐廳在星期四把海鮮飯當成「每日套餐」，這樣就可以吃到個人份的海鮮飯了。

　　要吃海鮮飯要到海鮮餐廳，在觀光區常會看到一些「騙」觀光客的「冷凍預煮海鮮飯」，都是冷凍預煮的食品，在店門口都會有個這樣的招牌，上面還有「冷凍預煮食品」的品牌名字。

常見的米飯和麵食

　　西班牙還有其他的米飯和麵，常見的是：

❀ 燉飯（Paella）：海鮮燉煮的就叫海鮮飯。

❀ 墨魚飯（Arroz Negro）：加入墨魚的天然墨汁和海鮮高湯燉煮。

❀ 燉稀飯（Arroz Caldoso）：海鮮燉稀飯的味道跟海鮮飯差不多，有湯汁，飯較軟。

❀ 海鮮麵（Fideuá）：海鮮高湯燉煮的細短麵條，搭配蒜蓉醬風味獨特。吃素的人可以點蔬菜麵Fideuá de verduras。

❀ 墨魚麵（Fideuá Negra）：加入墨魚的天然墨汁和海鮮高湯燉煮的細短麵條，搭配蒜蓉醬風味獨特。

❀ 燉麵（Fideos a la Cazuela）：豬肉、香腸燉煮較粗的短麵條，略帶湯汁，是有湯汁的麵。

❀ 湯麵（Fideos Caldosos）：味道跟海鮮麵差不多，也是細短麵條，但是有很多湯汁。

牛肉

‧不同的牛肉‧

　　西班牙人什麼都吃，但是在買菜、點菜時，牛肉最麻煩，因為牛肉不同部位的肉有不同的名稱、厚薄、帶骨頭、不帶骨頭等的區分，還分成Ternera、Añojo、Novillo、Vaca、Buey以及Toro！

❀ Ternera：0-8個月的小牛，只喝牛奶，肉色較淡，是淡粉紅色或是接近白色。

❀ Añojo：8-18個月的牛，已開始吃草和飼料，肉色是粉紅色，味道較清淡，但是比Ternera還有味道。

❀ Novillo：14個月-3歲的牛，肉色較紅，較有味道。

❀ Vaca：3-5歲的成年母牛，肉色最紅，味道鮮美。

❀ Toro：3-5歲的沒閹過的成年公牛，肉色最紅，味道鮮美。

❀ Buey：3-5歲的閹過的成年公牛，肉色最紅，味道最鮮美。

　　以肉價來說，Buey最貴，原是幫忙載重，現代已不需要，數量很少，一

‡ 熟成90天的Buey。

年只宰殺40多頭，物以稀為貴下，一公斤要100歐元。

飼養Buey者大都不是以此為業，而是「業餘愛好」的加利西亞農民，一頭沒閹過的公牛價錢在15000到25000歐元之間，一天吃30公斤飼料，每天最少要6歐元的飼料費，養上五年，光是飼料費就要上萬歐元，只有特別的餐廳如DiverXo（Madrid）、Casa Paloma（Barcelona）、Casa Pena（La Coruña）、La taberna de Elia（Pozuelo）、Ca Joan（Altea）, Tickets Tapas Bar（Barcelona）或是Kabuki Wellington（Madrid）才可能吃到。

·在餐廳怎麼點牛肉·

吃全熟的牛肉，建議直接點Filete或是Bistec，這是切得薄薄一片的牛肉，很容易煎得全熟，因為薄薄的，煎全熟之後還不算太硬。

五分熟的，建議直接點Chuletón（帶骨頭的）或是Entrecot（無骨頭的），這是有油花的厚牛排，切開來裡面還是半生、帶血的，肉味鮮美、肉汁潤滑，是愛肉者最喜歡的。

千萬別點全熟的Chuletón或是Entrecot，因為厚厚一塊全熟就像西班牙人口中的「硬得跟鞋底一樣」，根本不能吃。

如果不會西班牙語，點菜前要研究菜單，點肉時還要先講清楚熟度是多少。基本上，以大塊牛肉為例，肉的熟度從生到熟可以分成：一分熟：Muy poco hecho（azul）；三分熟：Poco hecho；五分熟：Al punto；七分熟：Hecho；全熟：Bien hecho。

在西班牙大家比較常要求廚師做五分熟，除非是小酒吧，餐廳（不分大小餐廳）都很尊重客人的喜好，如果在點菜前沒事先講好，上菜後不滿意，他們都可以再煮熟一點，或是再做一份較生的，或是換一種菜色。

怎麼點素食

　　餐廳可以做素食，但是變化不多，這裡有幾道適合素食者的常見西班牙菜，但是，一定要先強調「我是嚴格素食者，對大蒜洋蔥過敏」。常見的素食有：

素食前菜：蔬菜濃湯（Crema de Verduras）；南瓜濃湯（Crema de Calabaza）；蘑菇濃湯（Crema deChampiñones）；鷹嘴豆佐菠菜（Espinacas con Garbanzos）；蔬菜沙拉（Ensalada Verde）；白蘆筍（Espárragos Blancos，通常佐美乃滋或焗烤）；烤蔬菜（Parrillada de Verduras）；烤朝鮮薊（Alcachofas al Horno或Alcachofas a la Brasa）；烤紅椒、青椒跟茄子（Escalivada de Pimientos y Berenjenas）；炒蔬菜（Salteados de Verduras）；炒菌菇（Salteado de Setas）；加泰隆尼亞式菠菜（Espinacas a la Catalana）；香煎蘆筍（Espárragos a la Plancha）；香煎蘑菇（Champiñones a la Plancha）；什錦蔬菜（Menestra de Verduras）；油封朝鮮薊（Alcachofas Confitadas）；香炸朝鮮薊（Alcachofas Fritas）；香炸甜小青椒（Pimientos de Padrón）；香炸蔬菜（Frituras de Vegetales）；鑲紅椒（Pimientos Rellenos Vegetarianos sin Cebolla sin Ajo（Con Verduras, Patatas, Pimientos, Champiñones, etc.）；辣味香炸馬鈴薯（Patatas Bravas，蛋奶素）。

素食主菜：蔬菜燉飯（Paella de Verduras）；蔬菜燉麵（Fideuá de Verduras）；麵條佐菌菇醬（Pasta con Salsa de Setas）；麵條佐蔬菜（Pasta con Pisto y Champiñones）；焗烤茄子鑲蔬菜（Berenjenas Rellenas de Verduras，蛋奶素）；西班牙蛋餅（Tortilla de Patatas，蛋奶素）；洋菇/菌菇/奶酪可樂餅（Croquetas de Champiñones/Setas/Queso）；碎蛋（Huevos Rotos Vegetariano，Solo Patatas, Huevo y Salsa Brava，蛋奶素）；燉馬鈴薯（Patatas Vegetarianas a la Importancia Sin Cebolla Sin Ajo）；燉馬鈴薯（Patatas a la Riojana Veganas Sin Cebolla Sin Ajo）；雞蛋佐青菜（Huevos a la Flamenca Vegetariano Sin Cebolla Sin Ajo）；香炒麵包屑（Migas Vegetarianas sin Cebolla sin Ajo, con Pimientos, Champiñones, etc.）。

❤素食甜點：大部分甜點都適合蛋奶素，想嘗試西班牙傳統（素食）甜點，可以點：米布丁（Arroz con leche）；雞蛋布丁（Flan）；加泰隆尼亞焦糖布丁／烤布蕾（Crema Catalana）；聖雅各伯蛋糕／杏仁蛋糕（Tarta de Santiago）；炸土司（Torrijas）；西班牙式奶黃（Natillas）；加利西亞式可麗餅（Filloas）；炸牛奶（Leche Frita）。

　　以上這些常見的西班牙菜，都屬於西班牙素食者可以吃的，不過一定要記得強調不要蔥蒜（sin cebolla sin ajo）喔！

▲ 蔬菜燉飯。

怎麼吃朝鮮薊

　　朝鮮薊有很多烹調方式，可以水煮、燒烤、切薄片去炸、切掉硬殼去煮。

　　朝鮮薊看起來很大一顆，但可食用的部位不多，水煮或燒烤的朝鮮薊因為沒有切掉硬殼，只能吃內部淺綠色和白色軟軟的芯，通常是把朝鮮薊的「花瓣」一片一片拔下來，「花瓣」底部沾一下醬汁，只咬最嫩的部分，也可以把「花瓣」底部偏白色的部位放進嘴裡，用牙齒把最嫩的部分刮下，剩下的則會丟棄。食用後再喝一口水，就會覺得滿口甘甜之味。

怎麼吃烤大蔥

　　大蔥一定要烤到焦黑，一手抓住上面的綠葉，一手把焦黑的頭往下拉，這樣就可以把焦黑部分剝下了，然後沾上Salsa Romesco醬，就可以往嘴巴送。

　　剝大蔥是熟能生巧，多吃幾回就可以輕輕鬆鬆的把外面焦黑的部分拔除，把裡面鮮嫩的大蔥吃進肚！

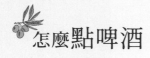

怎麼點啤酒

·桶裝生啤酒·

　　如果是桶裝生啤酒，酒保會不會拉生啤酒很重要，真正拉得好的啤酒在泡沫底下還有一層氣泡，提升出啤酒的味道和香氣，這樣才可以把一杯啤酒從第一口享受到最後一口。在西班牙，有不同的用字來點不同大小的生啤酒。

🍺 Corto、Zurito 或 Penalti：如果要開車，不想喝太多，就點一小杯生啤酒，份量大約是100ml，這個「一小杯」在西班牙不同地區有不同說法，在中北部叫做Corto，在巴斯克地區叫做Zurito，在阿拉貢地區叫做Penalti。

🍺 Caña：一杯大約200ml的桶裝生啤酒。

🍺 Doble或Tubo：至於Caña的份量，要看地方，馬德里的Caña不大，如果要大一點的，要點Doble（雙倍的Caña），有些地方叫做Tubo（一管的啤酒），大約是350-400ml。西班牙有些地區的Caña份量較大，例如畢爾包一杯Caña跟馬德里的Doble（雙倍的Caña）一樣大。

🍺 Jarra或Pinta：不是普通的一杯啤酒，而是一壺啤酒，份量在500-550ml左右。

🍺 Litro、Mini或Katxis：節慶時，一壺啤酒可能還不夠，還可以點更大的啤酒，叫做Litro（公升），顧名思義，就是一公升裝在超大塑膠杯的生啤酒。這個稱法因地而異，在馬德里叫做Mini，在北部叫做Katxis。

·瓶裝啤酒·

🍺 Botellín或Quinto：Botellín（小瓶）或Quinto（五分之一）是指一瓶200ml的瓶裝啤酒。

🍺 Tercio或Mediana：Tercio（三分之一）或Mediana（小瓶）是指一瓶330ml的瓶裝啤酒。

🍺 Litrona：一瓶一公升的瓶裝啤酒。

怎麼點咖啡

咖啡加牛奶。

　　很多人點「拿鐵咖啡」，會直接說：latte，問題是latte是義大利文，不是西班牙文，不是每個服務生都聽得懂。就算服務生聽得懂義大利文，也不會端出一杯拿鐵咖啡，而會端出一杯牛奶來，因為，latte的義大利文是「牛奶」的意思。

　　如果要點拿鐵咖啡，義大利文是Caffélatte，西班牙文是Café con Leche，是指「咖啡加牛奶」。咖啡和牛奶的比例一樣（一杯裡面一半是咖啡，一半是牛奶），咖啡味道比台灣的拿鐵多很多。

　　西班牙最常見的咖啡有：Café Solo：黑咖啡。Cortado：黑咖啡加一點牛奶（比黑咖啡淡、比拿鐵濃）。Café con Leche：拿鐵咖啡，是「咖啡加牛奶」，一半咖啡，一半牛奶，咖啡的味道比較濃厚。Café con Hielo：冰咖啡，是「咖啡加冰塊」，咖啡廳給一杯黑咖啡，外加一個裝有冰塊的杯子，要喝咖啡的人把糖加入咖啡，再把咖啡倒入裝有冰塊的杯子裡，不加牛奶，基本上是DIY的「冰濃縮咖啡」。Bombón/Biberó/Goloso：黑咖啡加煉乳。

餐廳小費

　　西班牙給小費很隨意，服務生不會有特別期望，有給沒給、給多給少都沒關係，沒有給也不會追出來要小費，更不會期望窮學生給小費。只要有工作的社會人士，大家多少會給一點，比方說，如果當日套餐是13.9歐元，就給15歐元，如果是14.5歐元，也給15歐元，如果是14.9歐元，會給15歐元，再加點10-50分的小零錢，也就是說，西班牙人都習慣給些零錢當小費，基本上都是0.5-2歐元而已。

在西班牙，餐廳收的小費大都是全體（內場和外場）工作人員一起平分，所以當服務生忙不過來時，其他服務生會幫忙，廚師也會好好跟服務生配合，因為小費大家都有得分。

買魚買肉

西班牙賣魚賣肉的店（包括市場的魚攤肉攤）很特別，可以依照家庭主婦的要求客製化處理，還可以依據客人的要求包裝。如果當天要煮，就用防水紙包起來，如果要放進冰箱冷凍室，就用薄的寶麗龍盒包起來，讓人覺得買肉是件很優雅的事。

我見過不同的要求，例如：① 把一公斤的里肌肉切絲，一半用防水紙包起來，一半用薄的寶麗龍盒包起來。② 切一公斤的牛肉、一公斤半的里肌肉絞碎、壓成漢堡肉，每兩個漢堡肉包一盒。③ 16隻雞腿、去骨頭去皮、每四隻雞腿包一盒。④ 一整條羊腿、連骨頭切成帶骨羊排，每六塊包一盒。⑤ 切六片2公分厚的牛肉（煎牛排用），每兩片牛排包一盒。⑥ 把魚去鱗去頭，切成2公分厚的魚片，每四片包一盒。⑦ 沙丁魚從中間切開，去骨頭、魚刺，每半公斤包一盒。

魚店肉店不會再加收工錢，而且服務周到，家庭主婦買完菜可以直接把一盒盒的肉標示，直接放進冷凍庫，超級方便。其實某些方面上，西班牙人不是大而化之的喔！

◀◀◀ 市場魚攤。

買蔬菜水果

西班牙是歐洲的農產重鎮，逛過西班牙市場的人都知道，西班牙蔬菜水果的種類相當多。不過，在西班牙買蔬菜水果還有不同的方式：

超市的水果有編號，在超市自己買果自己按編號秤重。

❋ **在市場買**：市場攤販一大早就辛苦地把一個個水果、蔬菜疊起來、排出來，所以在市場買蔬果切忌自己動手拿，如果要買，就直接跟攤販說，由他們拿給你，不然整堆垮下來就糟了。這就是西班牙市場只能動口不能動手的規定啦！

❋ **在蔬果專賣店買**：如果你習慣自己動手拿、自己挑蔬果，蔬果店就是你會喜歡的地方，自己把同蔬果裝進塑膠袋，最後到櫃檯，由蔬果店員幫你一袋一袋秤重，結帳付錢。

❋ **到超市蔬果區買**：超市都有蔬果區，運作方式跟蔬果專賣店差不多，也是自己動手拿、自己挑蔬果，然後找磅秤。大型超市通常在放磅秤的櫃檯有店員幫你一袋袋秤重，貼上每一袋的價錢，小型超市在放磅秤的櫃檯沒有店員，你要自己秤重，自己挑標籤，最後跟你在超市買的其他東西一起在結帳區付錢。

怎麼選罐頭

西班牙的罐頭價位從幾歐元到幾十歐元，要怎樣選？

主要的價位是由數字來區分，罐頭上的數字代表裝在裡面的數量，但不是數量越多就越好喔！

以淡菜、蘆筍、鳥尾蛤、蛤蜊等罐頭來說，數量越少，表示體積越大，價位也越高。但是以沙丁魚、竹蟶等罐頭來說，數量越大，表示體積越小，價位也越高。鮪魚罐頭則是看部位，整塊完整背肉較貴，碎掉的零星魚肉較便宜。

逛市場的學問

西班牙每個城市都有傳統市場，大城市還不只一個，每個「社區」都會有一個。通常最大的稱為中央市場，裡面有各種新鮮農牧產品，也有西班牙火腿臘腸起司，有高級食材如松露，也有內臟攤，可以一邊逛一邊吃。

一進到市場就會看到繽紛色彩，有當季新鮮的蔬菜水果，各類蔬果、魚肉、香料甚至各色糖果巧克力，都經過精心擺排，色彩美麗，非常吸引人。我常說，西班牙人強烈的色彩美感就是這樣從小跟媽媽上市場培養出來的。

有些市場還有現成的美食，有果汁、水果、烘餅、餡餅，還有炸海鮮、生蠔、生鮪魚肚，也有熟食攤，不想花大錢上餐廳的人只要在熟食攤買些現成的西班牙美食，就可以便宜地吃一頓道地美食，根本不需要去吃速食，美食控在裡面可以吃（逛）一天。

西班牙市場有幾個觀光客不知道的規矩：

❀ 星期一不是上市場買菜的日子，因為星期天漁夫沒有捕魚、屠宰場關門，所以市場許多魚攤肉攤都沒有營業，星期一的市場因而失色不少。大家排行程時要記得，盡量避開星期一。

❀ 很多市場只營業到中午，兩點左右就收攤。如果是開一整天，魚攤、肉攤、小吃攤到下午三、四點就關門，蔬果攤開到晚上八點。

❀ 市場價錢算公道，競爭的攤位多，較貴的蔬果魚肉真的貴得有理（比較大、比較好或是比較新鮮），較便宜的蔬果魚肉也真的便宜有理。

❀ 蔬菜水果不能動手挑，由攤販拿給你，買多少都隨你，就是不能挑。所以裡面摻雜著「壞的、醜的」蔬果，比例就看你和攤販的交情了，熟客拿到必較多「好的、美的」蔬果，生面孔和觀光客拿到必較多「壞的、醜的」蔬果。

建議在接近中午或下午收攤前去傳統市場，因為「壞的、醜的」比例較少，早被攤販混在「好的、美的」裡面賣掉了。

◀◀◀ 傳統市場。

雞蛋的學問

　　買雞蛋也有學問，因為西班牙的雞蛋有編號。第一個數字是按照飼養方式分類，用另一個說法是「依照蛋雞受虐待程度分級」，可以由雞蛋上面印的編號查出來：

🌿0開頭的編號：有機雞蛋，養在戶外、可以活動、吃有機食物、沒餵食賀爾蒙、抗生素等的蛋雞生的雞蛋。

🌿1開頭的編號：養在戶外，可以活動的蛋雞生的雞蛋。

🌿2開頭的編號：關在室內，但是可以站在地面上，有機會到戶外的蛋雞生的雞蛋。

🌿3開頭的編號：關在層層上疊的格子籠裡的蛋雞生的雞蛋，工業化生產，應該有餵食賀爾蒙、抗生素等。

　　第二、三個字母是國家代號，其他數字則分別代表生產雞蛋的省分、農場等。

米的學問

　　稻米則有以下區分：

🌿依據米粒形狀：長米（Grano largo，類似在來米）、中型米（Grano medio）和短米（Grano corto，類似蓬萊米）。

🌿依據包裝：Extra（92%是完整的顆粒）、Primera（87%是完整的顆粒）、Segunda（80%是完整的顆粒）。

🌿依據加工：Arroz vaporizado（用蒸氣去除大部分澱粉，但保留維生素和礦物質）、Arroz precocido（預煮米）。

真情食意

伴手禮

很多人問我，到西班牙要買什麼伴手禮？
我的第一句話永遠是，「要買吃的？用的？穿的？」
絕大部分的人都會回答「吃的」。
西班牙各式美食相關的伴手禮是大家最有興趣的，
也因此，「西班牙特產」就成為大家最想知道的
「西班牙常識」。

糖果

杏仁糖 Turrón

聖誕節的應景甜點，最有名的產地是Alicante、Jijona和Agramunt，10月底至1月期間，可在普通超市看到，其他季節可在某些專賣店買得到。

怎樣打開杏仁糖到包裝也有學問，如果你買的是硬的杏仁糖，還沒打開塑膠包裝前要先敲碎硬的杏仁糖（用刀子不好切，直接敲打桌面比較快），先打開再敲碎，杏仁糖會滿天飛。軟的杏仁糖則可以直接打開，再用刀子切。

不同口味的杏仁糖。

咖啡糖 Caramelos de café con leche

歷史悠久的咖啡糖品牌，從1886年迄今仍是按照傳統配方、古法製作。原產於潘普隆納，如今很多地方都可以買到。

超市的咖啡糖。

糖果零食

西班牙人對色彩的敏銳度應該是從小吃糖果零食培養出來的，不論是在市場或是零食店，都可以看到各式色彩繽紛的零嘴。有家連鎖零食店「快樂藥丸」（Happy Pills），顧客可把各色糖果裝在不同大小的藥罐裡，自己貼標籤，看是要治失戀、治思鄉病、治球隊輸球、治假期後症候群都可以。

巧克力

巧克力有季節性，夏天買巧克力當伴手禮常會在半路融掉，巧克力是春秋冬人見人愛的伴手禮。

西班牙有歷史最悠久的巧克力品牌Xocolata Jolons，創立於1770年。其他百年品牌還有創於1852年的Lacasa、1854年的Chocolates La Colonial de Eureka、1881年的Valor、1882年的Clavileño、1891年的Trapa等。

嘴刁的老饕如果覺得超市品牌不夠精緻，西班牙也有知名巧克力師傅，例如Christian Escribà、Oriol Balaguer、Paco Torreblanca、Julio Blanco、Ramón Morató、Enric Rovira等，可以買到精緻的手工巧克力。

創於1770年的巧克力品牌Xocolata Jolons。

無花果巧克力 Bombón de higo

外層裹上巧克力的無花果乾，最常見的牌子是Rabitos Royale、Bombones Valcorchero、La Dama de la Vera、Ecoficus等。

泡濃稠巧克力的巧克力塊、巧克力屑、巧克力粉

在西班牙傳統裡，巧克力是「液體」的，是拿來喝的，傳統做法是直接把巧克力塊融在牛奶裡，這種巧克力塊叫做Chocolate a la Piedra，其中以Jolonch這個品牌歷史最悠久。後來有些廠商做出巧克力屑、巧克力粉，方便大家在家做出濃稠的熱巧克力。現在在超市可以看到Valor、Paladin、Torras、Zahor、Lacasa、La Plata等品牌。不是每一種巧克力粉都可以泡出濃稠熱巧克力，一定要找上面有寫A la Taza的那一種才可以。

▲ 泡濃稠巧克力的巧克力塊、巧克力屑、巧克力粉。

巧克力粉

西班牙也有可以泡出稀釋一點的巧克力牛奶的巧克力粉，最大的兩個品牌是Cola Cao 和Nesquik。傳統的Cola Cao不是即溶的，泡起來有顆粒、泡沫；Nesquik是即溶的，泡起來沒有顆粒、泡沫。

▲ 巧克力粉。

巧克力醬

西班牙人以麵包當主食，除了三餐吃麵包，連點心也是直接拿麵包夾東西來吃。如果吃甜的，最常見的就是塗巧克力醬。Nutella和Nocilla是西班牙最大的兩個巧克力醬品牌，各有支持者。如果比較成分，最大的差距應該是榛果的含量，Nutella的榛果含量比Nocilla多三倍， Nocilla含的可可略高，Nutella含的牛奶略多。

糕餅甜點

～ 天然手工餅乾 ～

西班牙有不少天然手工餅乾品牌，用最純的原料，不添加人工色素和防腐劑，用傳統方式慢火烘培。

百年品牌有創於1896年的La Luarquesa、1908年的Trias Galetes、

1910年的Galletas Birba。也有歷史沒那麼久，卻讓人難忘的天然手工餅乾品牌Galletas de la Abuela和Paul & Pippa，前者還採用有機原料，是天然有機手工餅乾。

～ 橄欖油脆餅 La Torta de Aceite Inés Rosales ～

1910年，住在塞維亞郊外小鎮的Inés Rosales拿家傳食譜做出橄欖油脆餅，由鎮上婦女帶到旅人必經的路口和火車站叫賣，漸漸的，這個橄欖油脆餅就成為安達魯西亞省的特產，傳到西班牙各地。如今還是沿襲傳統配方和技術，採用100％特級初榨橄欖油、以手工製麵、壓平、烘烤而成，咬其來滿口香脆，有橘子、迷迭香、百里香、肉桂、杏仁、芝麻等口味。

↑↑ 橄欖油脆餅。

～ 無花果餅＆無花果乾 Pan de Higo & Higo Seco ～

西班牙產無花果，可以吃到新鮮無花果，還可以買到無花果餅和無花果乾。無花果餅是聖誕節的應景甜點，無花果乾則可以拿來烹調、做甜點。

榅桲醬 Dulce de Membrillo

榅桲是一種水果，但是班牙人很少直接來吃，而是做果醬，果醬濃稠到可以切塊、切條，吃起來像羊羹，蠻甜的，顏色是褚紅色，也有其他有色榅桲醬。西班牙人沒有單吃榅桲醬，而是拿來搭配其他食物，做成開胃菜，例如榅桲醬佐乳酪、佐鯷魚、佐番茄和羊乳酪、佐鵝肝等。

零食點心

堅果

西班牙生產許多種類堅果，例如杏仁、榛果、葵花子等，除了原味堅果，還有烘過加鹽的、油炸過加鹽、外裹焦糖、外裹蜂蜜的等，吃起來脆香脆可口。

薯片 Patatas Fritas

西班牙常見的下酒零食，有各種口味，最常吃的是「家常原味」薯片。最近這幾年的美食專賣店有越來越多「美食薯片」，標榜以橄欖油製作，撒上高級岩鹽或海鹽，連知名主廚艾伯‧亞德里亞（Albert Adrià）的品牌La Cala都有生產。另一個讓你吃個夠的是桶裝薯片Bonilla a la vista。

▲▲ 超市賣的薯片。

花草茶&草藥茶

西班牙人愛喝花草茶和草藥茶，菊花茶、薄荷等是大家熟悉的，還有一些是台灣沒有的，例如：Tila（椴樹花）跟Valeriana（纈草），這兩種西班牙常用的助眠安神的草藥茶，加水煮一下，或用熱水直接沖泡幾分鐘後就可以加蜂蜜直接喝。

Tila（椴樹花）是西班牙最常見的舒緩情緒的花草茶，能安定神經、情緒、舒緩失眠、撫平焦慮。

Valeriana（纈草）具有安定心神、舒緩失眠、安撫焦慮的功效，而人體必需胺基酸中的纈胺酸就是根據此植物命名。另外，纈草根除了能幫助人類抗焦慮，還能讓貓咪開心，效果跟貓草一樣！

◀◀◀ 花草茶 & 草藥茶。

甘草糖&潤喉糖 Pastillas de Regaliz & Juanola

瑞士有利口樂Ricola潤喉糖，西班牙有甘草糖，有非常好的潤喉生津止咳效果，在草藥店或是藥局都可買到，而最有名的就是Juanola潤喉糖。這是1906年創始於西班牙的草本喉糖，用甘草、薄荷、桉樹和其他植物精油製造，是西班牙最傳統常見的喉糖。

香料

各式香料 Especias

　　西班牙的超市不分大小，都會有一個香料區，裡面有各式香料，在市場、市集或是食材專賣店也可以買到零買秤重的香料，而西班牙最常見的香料有：Ajo en Polvo（大蒜粉）、Albahaca（羅勒）、Anís（八角）、Azafrán（番紅花）、Bayas de Enebro（杜松子，歐刺柏種子）、Canela（肉桂）、Cardamomo（豆蔻）、Cilantro（芫荽）、Clavos（丁香）、Comino（小茴香）、Cúrcuma（薑黃）、Curry（咖哩）、Estragón（龍蒿）、Finas Hierbas（細混香辛料）、Guindilla（辣椒）、Hierbabuena（留蘭香，綠薄荷）、Hierbas Provenzales（普羅旺斯香料）、Jengibre en Polvo（薑粉）、Laurel（月桂樹葉）、Mejorana（墨角蘭）、Nuez Moscada（肉荳蔻）、Orégano（牛至，奧勒岡葉）、Perejil（香芹，亦稱巴西里、洋香菜、洋芫荽）、Pimentón Dulce（甜紅椒粉）、Pimentón Picante（辣紅椒粉）、Pimienta Blanca（白胡椒）、Pimienta de Cayena（紅辣椒）、Pimienta de Jamaica（牙買加胡椒）、Pimienta de Sichuán（四川花椒）、Pimienta Negra（黑胡椒）、Pimienta Roja（紅胡椒）、Pimienta Verde（綠胡椒）、Romero（迷迭香）、Tomillo（百里香）。

超市賣的各式香料。

加工食品

海鮮燉飯調味包＆海鮮燉飯平底鍋

到西班牙吃過海鮮燉飯之後，一定有人想回家試做一下西班牙各地菜市場、超市、食材店都可以買到海鮮燉飯調味包（Sazonador para Paella）。在西班牙各地的五金行、超市也可以買到海鮮燉飯平底鍋（Paella），可以回家試做海鮮燉飯了。

▲ 五金行賣的大小不同的海鮮燉飯平底鍋。

蜂蜜 Miel

農牧市集可以買到品質優良的蜂蜜，雖然貴一些，卻很值得。因為氣候的關係，西班牙是歐洲最大的蜂蜜產國之一。西班牙蜜蜂採的花蜜不同，蜂蜜的顏色也不同，不同的蜂蜜對健康有不同的功效。

▲ 蜂蜜。

各式乾燥菇類＆菇類罐頭

西班牙物產豐富，一年四季都有不同農產品。秋天是採菇季節，市場可看到各式菇類，對於愛好烹調的人來說，各式乾燥菇類以及菇類罐頭也很好買。

罐頭

西班牙的罐頭品質有目共睹，好到受法定地理標示的保護。光是白蘆筍罐頭就可以打敗某些地方的新鮮白蘆筍，如果你是老饕，可以從西班牙買些罐頭扛回去。

▲▲ 白蘆筍罐頭。

乳酪 Queso

西班牙乳酪出口量不大，沒有國際名聲，但是每年在世界乳酪獎佔重要一席之地，分成牛乳酪、綿羊乳酪、山羊乳酪、混合牛奶和羊奶做出來的乳酪，各地區都有其特色乳酪。

抹醬 Paté

Paté 是每個西班牙家庭必備的食品，是用肉、魚、肝臟、橄欖或香菇菌類去做成的抹醬，有不同的口味，塗在麵包上或是夾在三明治裡就成為簡易方便的早餐、點心或是開胃菜。

▲▲ 超市賣的抹醬。

橄欖 & 橄欖油

～❧ 橄欖 Aceitunas ❧～

西班牙是全世界橄欖樹種植面積最大的國家，是全世界橄欖油產量最多的國家，也是全世界橄欖產量最大的國家。西班牙的橄欖種類實在太多了，到西班牙一定要試一下，因為不是你不喜歡橄欖，而是你沒有吃到你喜歡的那一種，吃到喜歡的就會上癮。很多市場市集都會先讓你試吃一顆橄欖，再決定要買哪一種。

～❧ 橄欖油 Aceite de Oliva ❧～

西班牙是世界第一大橄欖油產國，品質卓越，到西班牙不買橄欖油有點愧對自己。「要買哪個牌子的橄欖油」是我常被問的問題。

基本上，我自己不會買西班牙的大廠牌，較偏好中小型獨立農莊生產的橄欖油，他們自己種植橄欖樹，自己採收，自己榨油，因為橄欖樹種植面積不大，所以產量不多，也沒有特別打廣告，反正生產的橄欖油都可以賣得出去，他們也無法大量生產更多的橄欖油，打再多的廣告只是多花錢。

西班牙有不少這種中小型獨立農莊生產的橄欖油，品牌很多，產量不多，不一定每家店都可以買到某個特定品牌，我通常建議團員，買橄欖油要注意三個標示：

① 特級初榨橄欖油（Aceite de Oliva Virgen Extra）：特優等級的橄欖油，有濃厚的橄欖果實香氣、味道和營養，最好酸度在 0.1°。

② 最佳賞味期限：特級初榨橄欖油會隨著時間光線溫度空氣而慢慢氧化，建議

看最佳賞味期限的日期，大部分橄欖油廠標示的最佳賞味期限是裝瓶後12-18個月。所以，從最佳賞味期限可以推算收成日期（有些包裝會直接寫收成日期），建議在收成一年內開罐（如果是六個月內更好），三個月內用完。

③ 有原產地命名保護制度（Denominaciones de Origen Protegidas，縮寫是DOP）的標誌：只要是有原產地命名保護制度標誌的特級初榨橄欖油就有一定的品質保證，不一定要找某個特定品牌，因為有可能找得很辛苦還找不到。

至於橄欖油罐子上寫的Arbequina、Cornicabra、Hojiblanca和Picual，則是橄欖的品種，不同品種的橄欖做出來的橄欖油味道不同。另外還有橄欖油罐子上寫Coupage，就是把不同品種的橄欖做出來的橄欖油混在一起而成。

買金屬罐裝的橄欖油是最方便的，直接放行李託運即可。

酒類

葡萄酒 Vino

西班牙是世界上種植葡萄面積最大的國家，葡萄酒算是民生必需品，物美價廉。除非你是非常懂酒的人，普通超市一瓶二、三十歐元的葡萄酒對西班牙人來說已是相當好的酒了。如果要選有法定地理標示的產區，最建議的是Rioja（DOCa Rioja）和Priorat（DOCa Priorat），因為這是西班牙唯二的優質法定產區酒（Denominación de Origen Calificada）。

葡萄酒專賣店。

各地特色伴手禮（Productos Típicos Regionales）

除了以上可以在普通超市買得到的伴手禮之外，各地特色伴手禮還有：

＊西班牙北部＊

① 加利西亞地區（Galicia）：海鮮罐頭、糖漬栗子（Marrón Glacé）、聖雅各杏仁蛋糕（Tarta de Santiago）。

② 阿斯圖里亞斯地區（Asturias）：蘋果西打酒（Sidra）、海鮮罐頭、白豆（Faba）、核桃餡酥餅（Casadiellas）。

③ 坎塔布里亞地區（Cantabria）：海鮮罐頭、鰻魚、坎塔布里亞式蛋糕（Sobao Pasiego）、坎塔布里亞式乳酪蛋糕（Quesada Pasiego）、蝴蝶結千層酥餅（Corbatas de Unquera）。

④ 巴斯克地區（País Vasco）：海鮮罐頭、奶油雞蛋糕（Pastel Vasco）、杏仁奶黃餡酥餅（Pantxineta）。

＊西班牙內陸＊

① 馬德里地區（Madrid）：紫羅蘭糖（Caramelos de Violeta）、聖伊西多祿甜甜圈（Rosquillas de San Isidro）。

② 卡斯提亞-雷昂地區（Castilla y Leon）：火腿、牛腿火腿、醃製香腸、豆類（罐頭）、蔬菜罐頭、阿維拉的聖女大德蘭蛋黃糕（Yema de Santa Teresa）、阿斯托爾加的奶油蛋糕（Mantecadas de Astorga）、阿斯托爾加的酥餅（Hojaldres de Astorga）。

③ 卡斯提亞-拉曼恰（Castilla La Mancha）：番紅花、鷓鴣或鵪鶉罐頭、杏仁糖糕（Mazapán）、拉曼恰花型酥餅（Flores Manchegas）。

④ 拉里奧哈地區（La Rioja）：蔬菜罐頭、豆類（罐頭）、檸檬杏仁糖糕（Mazapán de Soto）。

⑤埃斯特雷馬杜拉地區（Extremadura）：紅椒粉、火腿、酥餅（Perrunillas）、埃斯特雷馬杜拉花型酥餅（Flores Extremeñas）。

＊西班牙地中海沿岸＊

①加泰隆尼亞地區（Cataluña）：氣泡酒（Cava）、Salsa Romesco醬、杏仁巧克力（Catànies）、杏仁餅乾（Carquinyolis）、蛋捲（Neula）。
②瓦倫西亞地區（Valencia）：米、油莎漿（Horchata de Chufa）、甜麵包（Fartón）。
③穆爾西亞地區（Murcia）：蔬菜罐頭、鹹魚乾、魚子、香炸檸檬葉（Paparajotes）、葉克拉的酥餅（Libricos de Yecla）。

＊西班牙南部＊

①安達盧西亞地區（Andalucia）：火腿、雪莉酒（Jerez）、醋、海鮮罐頭、鹹魚乾、魚子、杏仁糕（Polvorón）、豬油糕（Mantecado）、杏仁捲（Alfajor de Medina Sidonia）、甜酒圈（Rosco de Vino）。

＊庇里牛斯山地區＊

①納瓦拉地區（Navarra）：蔬菜罐頭（白蘆筍、朝鮮薊、紅椒等）、紅椒香腸（Chistorra）、奶皇酥卷（Canutillos）
②阿拉貢地區（Aragón）：火腿、黑松露、糖漬水果巧克力（Frutas de Aragón）、聖柱聖母糖（Adoquines del Pilar）。

＊西班牙外島＊

①巴利阿里群島（Islas Baleares）：紅椒肉醬腸（Sobrasada）、蝸牛甜麵包（Ensaimada）、梅諾卡花型餅（Pastissets de Menorca）、
②加那利群島（Islas Canarias）：蘆薈汁、五穀麩（Gofio）、蜜蘭姆酒（Ron miel de Canarias）、Mojo醬。

∽ 致謝 ∽
Agradecimientos

西班牙各地旅遊局：Turismo de Andalucia,Turismo de Aragón, Turismo de Asturias, Turismo de Baleares, Turismo de Palma de Mallorca, Turismo de Canarias, Turismo de Tenerife, Turismo de Gran Canaria, Turismo de Cantabria, Turismo de Castilla y Leon, Turismo de Consuegra, Turismo de Extremadura, Turismo de Galicia, Turismo de La Rioja, Turismo de Navarra, Turismo de Pais Vasco, Turismo de Valencia

穆爾西亞官方導遊：Ignacio Benedicto Albaladejo （info@mediterranean cartagenatours.com), Pedro David Quiñonero Urrea （www.abctourguides. com)

西班牙機構：Consejo Regulador de La Denominación de Origen Queso Manchego, Centro Nacional de Información Geográfica

西班牙企業：Canaturex, USISA, Carrasco Ibéricos

攝影：Roser Salvadó、Elena Pérez Ruiz、Lola Naranjo、Pablo Zunzunegui、Skaja Lee 李斯克、Allen Ko、Aven Cheng、劉靜宜、曾思凱、林真如、梁郁萱、繆建國、高瑜璟、黃嫦媛